从增长到发展

[印]阿马蒂亚·森（Amartya Sen）
刘民权　夏庆杰　王小林　等　著

中国人民大学出版社
·北京·

前　言

　　17世纪从英国开始并席卷全球的工业革命将人类社会由古代推进到了现代，工业化的不断扩展和深入也不断推进了现代社会的进步。古代农业社会和现代工业社会对国家经济社会制度安排的要求有着极大差别。古代农业社会和现代工业社会的区别是生产方式的不同。农业社会以农业为主，其主要生产单位是家庭，经济增长极为缓慢；农业社会需要产权，劳动力和土地的关系相对固定，即土地对劳动力的需求有限，也不需要劳动力流动；由于一家一户的小农经济不需要高素质劳动力，因而也不需要大众教育体系。但是需要精英教育，其目的是为政府培训官员。

　　而现代工业社会以工业为主，其主要生产单位是企业，经济增长迅速。熊彼特认为企业和企业家是工业社会经济增长和创新的主要动力。然而，以工商企业为主体的工业社会对一国经济社会制度安排具有与农业社会不同的几个基本要求。

　　首先，工业社会的主体是工商企业和企业家，因而要求致力于经济发展的国家在其社会政治经济架构中允许各种所有制的工商企业和企业家的存在和发展。

　　其次，以工商业企业为主体的工业社会需要大量可以雇佣的劳动力，这就要求在一国制度安排设计中允许劳动力市场的建立和劳动力的流动。

　　第三，工业社会需要大量的白领职工，因而要求政府提供大众教育体系，从而为工商业企业培训源源不断的技术职工、管理和经理人员、销售人员、工程师、科学家、会计师、律师等。

第四，企业生产的产品和服务需要销售，因而工业社会需要产品市场的存在并需要保证其正常运行。

第五，工业社会的企业和企业家需要产权保护制度。只有如此，企业和企业家的创新才能得到保护。

第六，工商业企业需要灵活稳定的融资体系。在熊彼特看来，企业家最先需要的就是"信贷"，在现代企业发展中，信贷构成了经济发展的要素；只有把这种生产要素托付给企业家才可能从完全均衡状态的简单循环流转中实现经济的发展。Levine et al.（2000）发现银行给私人部门的贷款每增加一倍（相对于所占 GDP 的比例来说）几乎能为长期经济增长率贡献两个百分点。

最后，Acemoglu（2012）还认为，现代工业化社会的经济可持续发展需要强有力的中央政府以保持社会稳定和秩序。

由于现代工业社会的经济主体是企业和企业家，而且与农业社会相比，工业社会在一国社会经济制度安排上（或者说在生产关系上）具有很多不同的要求，因而在工业化时代实现经济增长的一个核心目标就是逐步形成有利于各类企业，特别是非国有企业发展的包容性制度安排。用马克思的话说，就是生产关系适应生产力从农业社会向工业社会的转变。迅速适应这种转变的国家（如英国、法国、德国、美国等）变成了世界强国，没有能够及时适应这种转变的国家则暂时落后受辱。

20 世纪 70 年代末以来中国的改革开放是逐渐摒弃对经济社会发展的限制和建立"包容性"经济社会发展制度安排的过程。农村"家庭联产承包责任制"使农业劳动生产率大幅度提高，粮食产量由 1978 年的 3 亿吨迅猛增长到 1990 年的 4.5 亿吨（国家统计局，1991 年，第 346 页），农村贫困率由改革开放初的 75% 下降到 20 世纪 80 年代末的不到 20%（Ravallion and Chen，2007）。另外，农村包产到户制度的实施还释放出了数以亿计的工业社会所需要的可雇佣劳动力,并催生了大量非农经营企业和企业家。20世纪90年代,以国企改革为核心的社会主义市场经济制度的建立成就了新世纪以来中国经济的高速增长和民生的大幅度改善,同时也加速了多种所有制企业并存的局面和城镇劳动力市场的形成。

新中国成立特别是改革开放以来,中国居民的能力建设和社会经济状况得到了根本性的改善。以世界上人口最多的两个发展中国家中国和印度为例,新中国成立以来的土地制度,特别是改革开放以来的土地承包制避免了贫困家庭食物不足导致的妇女和儿童营养不良的现象,九年制义务教育的普及极大地提高了落后地区贫困家庭子女的识字率和受教育水平。自1977年恢复高考以来,中国高等教育获得了长足发展,普通高等院校招生人数由1977年的27万人稳步上升到1998年的108万人(1977—1998年期间累计录取1 355万人)。1999年实施高校扩招政策后,高校招生的规模更是以空前速度扩大,如1999年为160万,2002年为320万,2005年为504万,2008年突破600万人,2012年进一步增加到685万人,其规模是1998年的6倍以上(从1999—2012年累计录取6 568万人)。按照这个速度,到2025年中国的大学毕业生存量将达到2亿人,而美国全国的人口仅仅略高于3亿。再看印度,印度的土地私有制一方面造成粮食大量堆积腐烂,另一方面因大农场主集团通过游说政府而得到的高粮价又导致大量妇女儿童营养不良(Gragnolati et al.,2005;IFPRI,2011);就义务教育而言,印度政府在2002年才开始在全国范围内实施义务教育(Nussbaum,2013)。

从以上讨论可以看出,新中国成立后特别是改革开放以来,中国政府基本提供了工业社会经济增长和发展所需要的必要条件,包括各种所有制企业能够生存的环境、劳动力流动、劳动力市场、大众教育体系、融资体系、产权保护制度、强有力的中央政府。尽管在一些领域还需要进一步完善，如融资体系、产权保护等。换句话说，西式民主可能不是工业社会经济增长和发展的必要条件。此外，中国政府还成功实现了社会稳定和秩序、提供了优良的公共设施（如水、电、交通、通讯）。这是中国发展模式能够成功的深层次原因。

日本明治维新后、第二次世界大战前的政体也不是西式民主政体，但是日本在此期间也实现了经济起飞成为亚洲强国。第一次世界大战前的德国也不是西式民主政体，但是德国当时的工业成就已超过了英国。这些经济发展事例也说明西式民主可能从来不是工业社会发展的前提。

就目前来看，中国经济基本完成了可以依靠出口导向和大规模基础设施建设投资而实现高速增长的追赶阶段。换句话说，未来中国经济的增长将主要依靠以满足市场需求为目标的高科技产品和服务的不断开发。为了实现中国经济由追赶型经济向创新型经济转型，中国需要不断涌现的创新型企业和企业家。当然，这只是表面现象。从制度安排角度看，中国需要拥有允许、鼓励、支持创新型企业家涌现并发展壮大的经济社会制度安排。能否建立鼓励和保护创新型企业家大量涌现的机制关系到一个国家的长期兴旺发达。建立和健全保护市场竞争和创新的社会经济金融制度安排，如允许、鼓励、支持技术创新型企业家的涌现和成长，同时，还要允许大量的风险投资银行家寻找有利可图的创新型投资项目。

日本制造业之所以未能转型，是因为缺乏一批新型的具有前瞻能力的企业家的不断出现（池田信夫，2012；Hubbard and Kane，2013）。产业升级不断推进，只有站在生产前沿的企业家才能洞悉瞬息万变的市场规律，因而需要把引领产业升级换代的任务交给千千万万个企业家而不是政府的经济计划部门。也许其中的某些企业家会犯错误而被市场淘汰，但是只要少数企业家感悟到并抓住国际上经济技术发展的最前沿技术和方法，这些少数创新型企业家就可能引领中国走向创新。

　　为建设创新型国家，中国面临三项任务：第一，为从事经济活动的千千万万个企业家提供一个公平竞争框架，包括一视同仁、不偏不倚的法规，对违法行为的惩罚。第二，建立完备的产权制度。只有完备的产权制度，才能保证和鼓励技术创新、企业家精神，才能让富裕阶层不再移民并把财产转移到国外。第三，建设稳健的能够为非国有中小企业融资的金融银行体系，其中包括能否为高新科技技术开发融资的风险投资体系。尽管我们也有银行体系，但那基本是由国有银行占主导地位，而国有银行基本是为国有企业服务的，非国有企业很难从国有银行得到贷款。因而严格说来，我们缺乏为非国有企业服务的融资体制。关于如何建立灵活稳定的银行金融融资体系，这确实是一道难题，美国等西方国家到现在也没有完全解决这个难题。1929—1933年大危机后，美国制定了旨在限制金融机构过度冒险和不负责任行为的格拉斯—斯蒂格尔法案（Glass-Steagall Act），这个法案保证了美国约半个世纪的金融稳定；然而20世纪70年代末期以来美国的金融监管力度放松和金融自由化以及由此而来的不受监管的金融机构的过度冒险行为再次导致了2007—2008年美国及全球范围内的金融危机（Roubini，2011）。美国在金融融资体系建设上的惨痛教训警示世界各国要加强对金融机构的监管以防止其过度冒险和不负责任的行为。第二次世界大战后凯恩斯学派的主要代表人物Minsky（1992）提出了一个金融不稳定性假说（financial instability hypothesis），即金融行业本身在经济情况良好的状态下大幅度扩张信贷，从而导致经济过热和泡沫；而在经济不景气的情况下，银行金融业又快速收缩信贷，导致泡沫破裂，从而连累整个经济。1929—1933年大危机、2007—2008年世界性金融危机以及Minsky的金融不稳定性假说都指向一个目标，即加强对银行金融业的监管，而且越是经济情况良好的状态下，越需要强化对银行金融业的监管。只有如此，才能避免经济泡沫的形成。

这本书的由来是北京大学经济与人类发展研究中心第三次人类发展论坛的成果汇总。2012年10月19日第三届人类发展论坛暨诺贝尔经济学奖获得者阿马蒂亚·森（Amartya Sen）教授的讲座在中国人民大学成功举行。出席本次论坛及阿马蒂亚·森讲座的嘉宾有诺贝尔经济学奖获得者阿马蒂亚·森教授、中国人民大学校长陈雨露教授、中国人民大学校长助理兼中国人民大学出版社社长贺耀敏教授、中国人民大学经济学院院长杨瑞龙教授、北京大学经济与人类发展研究中心主任刘民权教授、北京师范大学李实教授、中国国际扶贫中心研究处处长王小林教授、北京大学经济与人类发展研究中心执行主任夏庆杰教授、英国政府国际发展部驻北京办公室主任Shan Mitra博士、中国人民大学劳动人事学院赵忠教授、中国人民大学经济学院郑新业教授、武汉大学乔洪武教授、中国发展研究基金会俞建拖研究员、中国人民大学出版社费小琳老师、北京大学人口研究所庞丽华博士、北京大学经济学院袁诚博士、哈佛大学博士后张玲玲博士、北京大学经济与人类发展研究中心孙梦洁博士等。第三届人类发展论坛暨诺贝尔经济学奖获得者阿马蒂亚·森教授讲座汇集了阿马蒂亚·森的两个学术演讲、与会学者的关于中国经济与人类发展研究成果。北京大学经济与人类发展研究中心决定出版一个集子推介上述科研成果，并根据阿马蒂亚·森教授的演讲题目把这个集子定名为《从增长到发展》。

刘民权、夏庆杰
2014年9月于北京大学

目 录

1 正义与世界 ································· 1
    一、我的关于正义的著作的出版 ················ 1
    二、从地区到全球 ···························· 2
    三、消除不公正 ······························ 3
    四、中国在寻求全球正义中的角色 ················ 5
    五、一个与正义相关的分析的例子 ················ 7
    六、结　语 ·································· 9

2 从增长到发展 ································ 10

3 为何要特别关注儿童的发展问题？ ············· 17

4 中国的增长与公平模式 ························ 23
    一、引　言 ································· 24
    二、近来的经济增长与公平模式 ················ 25
    三、1978年前的基础 ························· 28
    四、1978年之后的改革 ······················· 34
    五、"规模"负担 ····························· 38
    六、启　示 ································· 45
    七、结　论 ································· 53

5 经济增长与农村反贫困 57
一、引　言 57
二、数据和研究方法 62
三、农村收入差距及贫困的变化 64
四、农村绝对贫困变化的非参数分解 70
五、总　结 78

6 包容性发展与减贫背景下的中国-东盟关系 83
一、引　言 83
二、国际关系视角下的包容性发展 84
三、中国与东盟国家的经济增长、贫困与不公平 88
四、中国-东盟关系的简要回顾及主要挑战 90
五、政策建议 97

7 中国的多维贫困：现实与政策含义 102
一、为什么关注多维贫困问题 102
二、方法、维度、指标和样本 104
三、基本的结果与趋势 106
四、小　结 108

8 阿马蒂亚·森的"正义理念"评析 109

9 全球化视角下的中国国际人口迁入 128
一、中国国际人口迁入的趋势 129
二、中国国际迁入人口的特征 130
三、结论和建议 138

10 地方教育投入对城镇家庭教育支出行为的影响 …………… **142**

一、引言：研究家庭教育支出行为对于教育财政的意义 … **142**

二、文献综述：公共教育投入与家庭教育投入之间的关系 … **144**

三、经验研究：数据、模型与估计方法 ………………… **146**

四、经验结果 ……………………………………………… **151**

五、结论与政策建议 ……………………………………… **155**

11 影响我国儿童医疗服务利用的家庭、社会和经济因素分析…… **159**

一、引　言 ………………………………………………… **159**

二、数据与描述统计 ……………………………………… **161**

三、计量模型分析 ………………………………………… **165**

四、结论和建议 …………………………………………… **169**

12 中国社区卫生人力资源的探讨………………………………… **173**

导　言 ……………………………………………………… **173**

一、卫生人力资源分析的理论框架 ……………………… **176**

二、中国全科医学和中国式全科医生的发展历程 ……… **180**

三、现状分析 ……………………………………………… **183**

四、问题诊断 ……………………………………………… **195**

五、政策建议及相应的国际经验 ………………………… **203**

六、结　论 ………………………………………………… **218**

13 中国农村患者的医疗需求行为研究…………………………… **224**

一、引　言 ………………………………………………… **224**

二、文献综述 ……………………………………………… **226**

三、实证模型 ……………………………………………… **228**

四、数据说明和变量描述 …………………………………… 230

五、实证结果及分析 ………………………………………… 235

六、结论和政策建议 ………………………………………… 243

1 正义与世界[①]

一、我的关于正义的著作的出版

《正义的理念》是关于什么的呢？这本书试图重新检验和审视数千年来不断带领全世界的人们前进的那个——或那些——关于正义的理念。有许多种理解正义的要求的方式，在这本书中我对这些可供选择的方式进行了分析和评估。我也尝试形成自己的一套方法，这套方法汲取了全世界的历史思维，包括印度的和中国的，而不仅仅是西方的传统思维。显然我不能在此讨论我在书中分析的所有思想，但是我认为应该介绍一些基本的观点，这些观点与我们在拓展关于正义的理念时需要持有的世界观相关。

[①] 这是诺贝尔经济学奖获得者阿马蒂亚·森教授2012年10月19日在第三届人类发展论坛暨诺贝尔经济学奖获得者阿马蒂亚·森教授讲座、阿马蒂亚·森专著《正义的理念》中文版首发式上的主旨演讲，略有删减。

二、从地区到全球

马丁·路德·金，这位伟大的非裔美国领袖，在一封写自伯明翰监狱的信中说："任何一处的不公正都是对每一处公正的威胁。"这封信写于1963年4月，将近50年前。那个时候，马丁·路德·金正在与发生在美国的、尤其是针对非裔美国人（也就是美国的黑人）的种种不公正作斗争。他因为在自己的国家呼吁消除有色人种所遭受的不公正而被捕入狱，不久被一个持不同观点的、在政治上反对马丁·路德·金所倡导的民权运动的人刺杀。在马丁·路德·金的一生中，他所积极从事的政治活动几乎全部与发生在美国的不公正现象有关，但是马丁·路德·金的哲学却并没有仅仅局限于关注地域性的不公正问题。作为一位有远见的领导者，马丁·路德·金看到了在全球范围内存在大量的不公正现象。他认为，生活在任何地方的、有理性的人都有理由去帮助世界各地那些遭受不公正、剥削和歧视的人。

从对涉及自己国家的地区性公正的追求，过渡到对世界范围内的全球性公正的关注，对充分理解关于正义这一学科来说是非常重要的。尽管对公正的诉求可以在某个地方发起（像马丁·路德·金在美国所做的那样），但是其基础必须是普遍性的：它们不能只局限于某个地方。马丁·路德·金为什么要拓展其伦理思维的范围？这一问题是关乎准确理解正义这一概念的大议题：如果我们将注意力仅仅局限于自己所在之处看到的情况，认为发生在其他地方的不公正"与我们无关"，那么我们就没有与不公正进行全面的斗争。

为了民族狭隘性或只把注意力局限于某个地区而辩护的借口常常是，如果尚不清楚一个"全球公正"的世界究竟是什么样子的，我们就不能够对世界上的公正和不公正进行思考。这里，我想谈谈在我所努力陈述的，关于正义的理念的分析中一个极其重要的方面。我认为以下观点是错误的，即认为有关公正和非公正的任何创造性思考都需要首先——至少对一个国家来说——就"绝对公正"达成某种一致的见解。我要说的是，全世界几千年来对正义理念的基本运用并不是为了追求某种绝对公正的乌托邦，而是为了消除那些可辨识的而且能够得到解决的不公正。

三、消除不公正

政治哲学和伦理学的旧称是"实践理性"，请注意，这一名称中对实践的强调是有启发性的。它说明，"实践理性"的终极目标必须是为行为和政策选择提供指导。与此相反，实践理性在哲学中却常常被视为非常理论化的东西。实际上，在"社会契约"推理的传统下构建起来的主流正义理论，常常脱离了实践理性中的实践性，而把精力集中在对相当抽象的、绝对公正的要求的研究上，尤其是对如何辨识"理想的公正制度"的研究上。当代政治哲学中主流的正义理论之间有许多不同之处，但是它们有一个共同点，即都从"社会契约"的视角来思考问题，并寻找相应的理想的公正制度。

社会契约方法由托马斯·霍布斯创立于17世纪，从18世纪到今天，它一直极大地影响着对公正的分析。该方法的一个显著特点是，将对"公正制度"的描述作为公正理论中一项主要的——并且常常是唯一的——可辨识的任务。用这种方法看待正义会有许多不同的方式，但它们均围绕一个想象中的"社会契约"——一个假想中的、得到生活在某个主权国家的人们所支持和接受的、关于社会组织的契约——展开。

如果具体描绘理想中的公正制度真的是正义理论的中心任务（而这正是社会契约法所持有的观点），那么除了那些被"理想的安排"奉为神圣的东西之外，任何其他安排都可以被视为是不公正的，而这就削弱了在现实世界范围内对寻求"更多公正"的重视：我们必须寻找绝对的公正（按照这种有限的视角），任何不是绝对公正的事都不值得去做。事实上，如果我们只是局限地分析怎样去取得绝对公正——而且仅仅这么做——那么所有关于消除世界上这种或那种不公正的大规模辩论和诉求就似乎都变得不合理了。这不仅对实践理性的实践性来说是个巨大损失，而且对其理论性来说也是如此。社会契约方法似乎以一种追求绝对完美的理论取代了关于实践的理论。结果，社会契约方法变成了一种关于公正和非公正这样的实践理性问题的非常格式化的探究——无论是对一个国家来说，还是对整个世界来说。这可能使我们最终一无所获，因为实际上对什么是绝对公正的确切要求也许并不存在完全一致的看法，甚至在以公平的立场来思考这一问题的理性人中间也是如此。

为社会契约方法作出主要贡献的有霍布斯，后来的约翰·洛克、让-雅克·卢梭，相较于其他人，伊曼努尔·康德的贡献尤为突出（尽管康德同时也提出了其他推理路径）。在当代最著名的政治哲学家约翰·罗尔斯的引领下，契约论方法一直是当代政治哲学中的主导力量。他的经典著作——出版于1971年的《正义论》，提出了一种研究公正问题的特别的社会契约方法，产生了深远的影响。当代政治哲学中关于正义的主要理论，不仅来自罗尔斯，而且来自罗伯特·诺齐克、罗纳德·德沃尔金、戴维·高蒂尔等人。尽管他们对社会契约究竟隐含哪些要求的判断上各不相同，但是他们在对社会契约方法的认同上，以及在由这一契约来确定社会制度的思想上，是一致的。既然这些制度需要实施，就需要一个主权国家根据其认定的社会契约来建立这些理想的制度。

当然，这就意味着几乎没有任何关于"全球公正"的思想，因为根据社会契约方法，正义这一理念完全依赖于存在一个主权国家以及由它所发挥的作用。然而，现在还没有一个全球性的主权国家，而且不远的将来也不可能有。因此，如果我们遵循这一方法的严格要求，在社会契约的传统下，就不可能产生有关全球公正的理论。实际上，当罗尔斯谈到国际关系时，他没有提到公正的要求，而仅提及了人道主义和尊重。与此相类似，我们这一时代的另一位伟大的哲学家——托马斯·内格尔——将寻求全球公正说成是一头"怪兽"，他建议关于全球关系的讨论不应该援用正义的理念，而是应该以"最低的人道主义"为基础。

的确，在现今社会契约理论主导下构想出来的关于正义的理论，使许多关于最实际的正义问题的讨论都成为空话。但是，当全世界的人们为争取更多的全球公正而激烈争论时——这里我强调的是"更多"——他们并没有大声疾呼要求某种"最低的人道主义"，也没有要求一个涵盖全球的"绝对公正的"社会，而是主张消除世界上某些令人发指的不公正的安排，从而促进全球正义。正是从这一信念——正义是个实际的挑战，甚至可能是全球的挑战——出发，我才开始写这本有关正义的书。

四、中国在寻求全球正义中的角色

想一想关于正义的理念在当今的中国知识分子的思想中的位置。首先，中国发生了许多变化，这些变化改善并提高了这个曾经非常贫穷的国家中人们的生活水平。有许多值得庆祝的事情，对于其他国家来说，也有许多值得学习的地方。事实上，中国有许多突出的经验值得学习。学习这些经验并不等于认为，当今的中国社会是理想中的公正的社会。中国政府和中国大众都不认为中国的一切都是绝对公正的，已没有什么值得争取的了。中国值得骄傲的是它已取得的成就，但无须否认中国政府和大众可能还想对更进一步的变革进行检验、审视，并将其作为实际政策分析的一部分。同样，要向中国学习，其他国家也无须认为中国的一切都是完美的。其实，这是一种认可——对世界上许多国家（包括我的祖国印度）来说，这是一个非常重要的认可——即中国取得了巨大的成就，其他国家可以从中汲取具有实践意义的非常积极的经验。

在我即将完成的关于印度的《不确定的荣耀：印度及其矛盾》一书（与让·德雷兹合著）中，专门讨论了可以从中国有关教育、医疗保健和公共服务管理方面的公共政策中学习的不少经验。印度可以有选择地学习中国的经验，而无须考虑对自身的政治体制或文化优先性进行全方位的改变。我们也探讨了一些发生在印度的事情，这些对中国来说也可能是经验和教训。采取比较的方法并无矛盾，尽管它基本上是反社会契约理论的，反对该理论只关注绝对公正。

尽管与过去相比，中国有理由庆祝消除了许多过去存在的不公正现象，比如贫困和妇女受限制的生活，但是中国的知识分子不必将对公正的思考仅仅局限于对中国社会和经济的本质的讨论，而可以扩展到对全球公正的要求，以及中国该怎样帮助其他国家的人们消除他们那里的不公正。消除其他国家的贫困可以是中国自身的道德关注和政治关注的一部分，我认为，对于这一点，中国人是普遍赞同的。刚好我这次来中国的原因之一是参加在北京举行的有关消除国际贫困的会议。我认为，我们有理由把这看作中国寻求全球公正的一次努力。

在这方面，中国帮助世界的能力可能是巨大的，也是非常重要的。同样重要的是承认，即使认为中国作为一个国家还没有取得绝对公正，但提供这种帮助还是可能的。这一参与旨在减少不公正。完全可以强有力地推动这一参与，而无须就一个绝对公正的世界——或一个绝对公正的中国——是什么样子的这样的问题达成一致看法。正义的理念，正如我在书中所主张的，是相对公正实践的参与，而并不需要对一个绝对公正的世界的本质事先有一个全面的承诺。

五、一个与正义相关的分析的例子

现在我来谈谈正义理论中另一个关键思想，和你们一起探讨我在《正义的理念》一书中讨论过的一些问题。分析消除不公正的核心是怎样评估生活在社会之中的人们的生活状况。有限的经济分析常常只侧重于个人的收入（或者经济学家常说的"实际收入"，即由物价变动所修正的收入）。由于只注重收入，这种观点相当于将发展只看成是经济增长，抑或也考虑到收入分配。但是正如我在之前的《以自由看待发展》一书中所论述的，发展更多是关于人们所能拥有的生活质量的提高，而这不能够仅凭实际收入来判断，虽然收入也确实是人们能否过上好的生活的决定因素之一。

约翰·罗尔斯在他的《正义论》中超越了经济学中把人们过上好的生活仅仅看作与收入有关的狭隘思维，认为收入只是帮助人们过上好的生活的一种基本资源，从而大大拓展了讨论范围。他把基本资源的涵盖范围从只有收入扩大到他称之为"基本品"的更广泛的内容，包括"权利、自由和机会、收入和财富，以及自尊的社会基础"。一个人的贫困可以被视为他对各种基本品的支配权较低，而并非只是针对收入而言。一个人的收入虽高，但是如果他所在的区域没有为其子女提供教育的体面的学校，或者没有一所条件不错的医院，则我们不能仅仅因为他的收入高而认为他生活得好。

罗尔斯对人类生活富庶程度的考量标准的修正方向当然是正确的，因为如果一个人不能按照他所希望的方式生活，可能是因为他缺乏许多种资源，而低收入只是其中一个原因。尽管罗尔斯拓展了社会分析和政治分析的信息基础，但是他做得远远不够。的确，仅仅从基本品的角度来定义缺失这一概念，实际上将遭遇仅仅把贫困视为收入低所遇到的同样的根本性困难，即它忽视了那些手段——罗尔斯所说的基本品——是如何转化为（或提升）我们的目标的，以及这些手段是如何促进了我们的自由，从而实现这些目标的。

基本品（包括收入和其他资源）与生活得好的可行能力之间的关系由若干个人的、社会的和环境的因素决定。例如，一个患有需要昂贵费用治疗的疾病（比如尿毒症）的人，可能要比另一个从收入上来说更"穷"但不患有这种疾病的人，受到更多的剥夺。同样，一个身有残疾的人常常有特殊的需要，他可能需要更多的资源才能生活得不那么困难。或者举一个不同类的例子，虽然怀孕不是残疾，但是社会还是必须注意到这样的事实，即孕妇有与生育行为相关的额外的需要。

人们在个人特点和环境上的差别不只是"例外"，虽然有时候它们是这样被认为的。恰恰相反，人与人之间的差异是普遍存在的，它们大多与人们在"个人"特点上的差异相关，比如性别、年龄、是否容易患病，也与他们在"社会"特征上的差别有关，比如流行病及其他环境因素。这些因素常常影响到个人资源如何转化为让人们过上免受剥夺的生活的自由权利。

在判断一个人的全部优势时，显然有必要重点考虑他能过上他所珍视的生活的可行能力，比如能够过上不罹患疾病、受到体面的教育、能自由地迁徙，以及能参与公众生活的能力等。从这一视角出发，贫困可以被认定为对某些基本能力的剥夺，其重要性几乎尽人皆知。

在考虑通过消除全球不公正来提升全球公正的时候，我们不仅要考虑到提高人们的收入和增加其他基本品（如罗尔斯所称的）的供给，而且要考虑到将这些基本品转化为过上那种我们有理由想过的生活的能力。这表明全球公正的范围必须涵盖这样一些内容，如医疗服务及药品的可及性和可负担性，优质的医疗保健和防治流行病设施的提供，学校设施的可及性，我们有理由珍视的个人自由，以及其他影响我们能够过上的生活的更广泛的因素。

六、结　语

　　我冒昧地选择了几个书中所讨论的有关世界公正的问题，此外书中还讨论了许多其他这样的问题。我们生活在一个以国家为重要政治体的时代，许多对社会公正的寻求都是在国家内部进行的。这种状况不可能在短时间内得到改变，但是这不等于说我们只能在国家层面上思考公正。在理解公正的要求时，我们必须考虑到世界范围内的不公正。马丁·路德·金说得对："任何一处的不公正都是对每一处公正的威胁。"

2 从增长到发展[1]

一

增长和发展是不同的，但二者紧密相连。仅有增长是不足以实现发展的，我们要承认这一点很重要。同样重要的是，我们要清楚地理解经济增长所创造的资源将如何促进发展进程。下面就让我介绍一下这两个概念，先讲二者的区别，再讲联系。

增长和发展有何不同呢？这是一个基本区别，如果问题提得尖锐，人们似乎很容易接受。但将二者混淆，即使并不明显，也是发展思路中一直存在的一个特点。经济增长速度反映了一个经济体真实收入扩张的速度，它与收入和产出有关，尤其与收入总额以及全国产出的真实价值总额有关。相反，经济

---

[1] 这是诺贝尔经济学奖获得者阿马蒂亚·森教授2012年10月17日在"包容性发展和减贫北京研讨会"上的主旨演讲。

发展主要关注的根本不是收入和产出，而是人们的生活质量及其享有的幸福和自由。

增长和发展有区别的中心理念是亚里士多德在两千多年前提出的，即我们追求收入和财富不是为了它们本身，而是要实现我们的其他追求。在《尼各马可伦理学》中，亚里士多德指出："财富明显不是我们追求的物品；因为它只是有用而已，只是可以用来换得其他东西罢了。"经济发展的最终目标不能仅仅是收入或财富的增长和扩张，它们只是诱人的衍生物——是为了实现其他的追求。我们重视这些追求本身，比如可以自由地做我们认为有价值的事，自由地过我们重视并且值得过的生活。评价发展就必须看它是如何扩大实质自由的。

因此，经济增长和经济发展明显是不同的，但这并不能说明二者毫无关联。事实上，经济增长非常有助于实现经济发展，这取决于我们如何利用经济扩张的成果，即更高的收入和产出所创造的机遇。通过增长加强发展的进程是可行的，并且可以获得巨大的成功。在与让·德雷兹合著的《饥饿与公共行为》一书[①]中，我们将这一进程称为"增长调和型"发展进程。

当然，可持续性也是一个重要问题，要实现可持续发展就必须关注环境问题。不可持续的增长可能只是幻想。但可持续的经济增长可以释放巨大的力量，通过改善人的能力和自由，不仅可以提高收入，也可以提高人们的生活水平和质量。应该承认，如果配套公共政策能有效地利用增长成果，那么经济增长将对人们的生活水平产生更大的影响。

即使经济增长的成就十分显著，人们也不会自动地就平等地共享经济扩张的成果，分配上的考虑也不能保持其重要性。但在关注一国

[①] 让·德雷兹、阿马蒂亚·森：《饥饿与公共行为》（Hunger and Public Action），牛津，牛津大学出版社，1989。

人民生活和自由的同时，增长必须具备为所有人带来好处的潜力，因为收入多少决定了人们能否实现繁荣和幸福，并且自由地做自己重视的事情。这一点很好理解，虽然还有更多可说的内容，但二者的基本联系是非常直接的。

还有不那么明显的联系，即经济增长增加了一国的资源，使其可以做必要的事情，比如维护法律秩序、进行物质和社会基础设施建设。这是经济发展分析中一个非常重要的问题。但那些热衷于市场而忽略国家的支持行动的人常常忽略了这一点。现代经济学创始人和市场经济的捍卫者亚当·斯密早在两个世纪前就对经济增长这一方面的重要性——即增加公共收入用于提供公共服务的能力——进行了清楚的探讨和强调。

我们的确希望有良好的经济状况和运行良好的市场经济，但是我们必须问为什么会有这样的希望。斯密继续解释说，政治经济的任务就是追求"两个不同的目标"："第一，为人民提供足够的收入或生活保障，或更确切地说，是使人民有能力为自己提供足够的收入或生活保障；第二，为国家或联邦提供足够的收入用于公共服务。"增加国家可以用于追求公共目标的资源与运行良好的市场经济、私人收入的增加是同等重要的目标。遗憾的是，市场原教旨主义者往往忽略了这一点，即亚当·斯密对于市场经济应该实现哪些目标的讨论本质上并没有倾向任何一方。

二

实际上，承认经济增长和公共收入扩张之间的联系是发展经济学的重要组成部分。公共收入非常重要，因为不仅内部和外部安全以及法律秩序需要它，而且追求一国有理由追求的目标也需要它，比如良好的公共教育（这一点斯密深有感触）和公共医疗（基于欧洲、美洲和包括亚洲在内的其他地区的发展经验，这一点的重要性也日益明显）。

值得指出的是，通过经济增长创造公共收入对于实现许多其他的目标也非常重要，比如减少财政赤字和削减公共债务。今天，不论是在亚洲、非洲和拉丁美洲，还是欧洲和北美，增长可以带来的结果都应得到强调。欧洲似乎陷入了一个削减财政赤字的困境，其减少公共支出的方式会大幅削弱经济增长，因此使其更难——而不是更容易——减少财政赤字。我个人认为今天欧洲经济政策背后的经济学是很不恰当的，欧洲大陆的主要国家何时才能从深陷的泥潭中脱身尚不明确。然而，我们目前的主要关注点并不是欧洲和美国的问题和混乱，而是亚洲、非洲、拉丁美洲国家和世界上发展中国家的总体状况。

增长调和型发展可以成为消除贫困、缺失和发展不足的一项重要策略，前提是这一策略的各项要求得到充分理解。经济增长与提高个人执行能力和质量的关系取决于许多因素，包括经济和社会总体不平等的状况。因此，增长的"包容性"，即经济增长成果的惠及范围是非常重要的。同样重要的是，如何利用经济快速增长创造的公共收入对于追求增长调和型发展也十分关键。

国民生产总值快速增长，不仅仅通过提供人民的收入促进发展，也通过创造公共收入而强有力地推动发展。事实上，公共收入往往比国民生产总值增长得更快。比如，印度的情况表明，当国民生产总值的年增长率在7%～9%之间时，公共收入的年增长率通常会更高，在9%～12%之间。目前，根据不变价格计算，印度政府的净税收总额是1990—1991年的四倍多——远远高于经过价格调整后的国民生产总值增长幅度。而制定政策的一些主要挑战就在于这些公共资源的利用，因为经济增长的成果很大程度上取决于政府如何使用经济增长创造的公共收入。

三

不仅确保经济增长进程会促进公共部门手中资源的增加，而且必须审慎地分配公共资源来实现发展。极其重要的是，要详细检查公共领域的运行情况，强调对该部门运营的问责制和效率。这两个问题都很重要。最近，我和让·德雷兹在合写一本关于印度经济问题的书——《不确定的荣耀：印度及其矛盾》几个月后就会出版。我们指出，需要更关注公共支出重点的评估检查以及强化对公共部门的问责。

在这两个方面，印度可以向中国学习。① 很明显，中国正在更好地利用公共收入促进发展。比如，中国在医疗领域的政府支出几乎是印度的五倍。当然，中国人口更多，人均收入比印度高，但即使相对来看，中国在医疗领域的政府支出占国民生产总值的2.3%，而印度仅占1.4%。这样的对比可以很好地说明了为何中国的医疗成就会远远超过印度。

印度在公共医疗领域相对较低的投入致使全国许多穷人非常依赖私人医生，而许多私人医生几乎未接受过任何医疗培训。因为健康也是"信息不对称"的典型例子，当病人可能不了解医生（尤其是"所谓的医生"）的知识程度及其开的药方的时候，发生诈骗和欺骗的可能性就很大。我于1998年用诺贝尔奖奖金成立了一个公益基金，它的一项研究发现，有很多案例都是诈骗者利用贫穷病人的无知，欺骗病人用攒下的救命钱交付了治疗费，最后病人却得不到医治。这不仅仅是可耻的剥削造成的，根本原因在于印度许多地区公共医疗服务的匮乏。

印度正在向依靠私人医疗的方向发展，而不是以建设公共医疗提

---

① 参见阿马蒂亚·森2011年5月12日发表在《纽约书评》的论文《生活质量：印度和中国》。

供的坚实基础作支撑。而世界上每一个成功的医疗服务转型都以国家公共医疗为基础、以私人医疗为补充，从英国到日本，从中国到巴西，从韩国到哥斯达黎加，无不如此。即使在印度国内，使用私人医疗的辅助设施来丰富一个运作良好的国家公共医疗体系（这在喀拉拉邦获得了成功）和在国家几乎不提供公共医疗设施的情况下依赖私人医疗（在比哈尔、中央邦、拉贾斯坦邦或北方邦是这种情况），是完全不同的两种情况。

现代的学术研究对信息不对称提出了警告，包括试图通过补贴私人医疗来弥补鸿沟，或试图提供私人医疗保险，因为在医患对医疗情况了解程度不同的情况下，追逐利润的市场交易不仅是经济贫困的问题。从大部分衡量生活水平的社会指标来看，比如人均寿命（中国为73.5岁，印度为64.4岁）、婴儿死亡率（中国为17‰，印度为66‰）、平均受教育年限（中国约为7.5年，印度仅为4.4年）和免疫覆盖率（中国儿童接种百白破疫苗的比例为97%，印度仅为66%），中国的情况远远好于印度。虽然印度的经济增长率几乎赶上了中国，但印度在使用公共资源提供社会支持和相关的社会指标方面还远远落后于中国。虽然两国的差距背后无疑还有其他因素，但在利用增长成果提供社会支持上的不同似乎是最重要的一点。

四

这并不是说印度没有取得任何值得骄傲的成绩。印度的民主充满活力，社会大众积极地参与公共讨论，在主要语言群体和区域传统的差异作用下仍能保持团结，公民政府对军队拥有领导权，这些都是印度所取得的成就，可以视为其发展成功的组成部分。但即使这些成就也不能掩盖印度不够重视发展分配带来的问题。

这不仅仅是中央决策的问题。在印度的民主制度下，政府必须满足公众提出的要求，而相对富裕的中产阶级选民的呼声往往盖过了社会最底层民众的微弱呼声。在公共政策讨论以及与此相关的决策方面都需要更强调发展的价值，决策时政府不要担心可能会被呼声更高的民众推翻，即使他们不是最需要帮助的群体。我们在《不确定的荣耀：印度及其矛盾》，一书中广泛地探讨了这一问题，也探讨了如何加强公共服务的问责和效率。

印度有什么值得中国学习的地方呢？在此我不谈两国民主的差异，因为这是一个政治问题，比发展涵盖的范围更广。但我相信印度的一些做法对中国的政策讨论是非常有益的。举个例子，印度建立了积极的中小学午餐制度，虽然并不是所有地区都取得了同样的效果，但在一些邦还是获得了成功，比如泰米尔纳德邦。责任和低效问题并没有阻止这一目标的实现。中国儿童的营养状况总体上好于印度，这得益于中国对医疗更为重视（这一点我之前提过了），但全国仍然存在营养不良的地区。中国有理由考虑引入午餐制度来解决这一问题。

印度的一些邦在儿童发展的学龄前干预上也取得了良好的成果。中国拥有更多的资源，更致力于实现发展目标，因此也可以在这方面借鉴国际经验，向运行情况良好的印度各邦学习。

事实上，世界上任何一个国家都有很多的机会相互学习。全球经验是一笔巨大的财富，可供世界上任何一个国家利用来促进本国发展。相对于其他原因而言，这一点更突出了此次研讨会的重要意义。

3 为何要特别关注儿童的发展问题？①

弗朗西斯·培根说："孩子们之所以害怕进入黑夜之中，主要是因为他们听了许多在黑夜中发生的恐怖故事。"然而，并不需要那些捏造的或者想象中的故事让世界上的孩子们产生深深的恐惧。恐惧并不仅仅出现在黑暗的夜晚，还出现在阳光普照的白天。事实上，有太多的因素会引发忧虑——比如，有些孩子们的一天可能伴随着饥饿开始，没有一个友好的学校可以上学，即便在病痛中也得不到足够的医疗与照料，这些悲惨的事实常常萦绕在他们动荡的童年之中，甚至是他们的未来也没有什么值得期待。这些孩子们的生存状态才是这个世界上的许多地方真正的贫穷的写照。

经济发展是正在改变这一全球范围内的可怕的景象吗？在某些意义上，答案是肯定

---

① 这是诺贝尔经济学奖获得者阿马蒂亚·森教授于 2012 年 10 月 18 日在中国发展研究基金会主办的第三届减贫与儿童发展研讨会上的主旨演讲。

的。大量人口已经越过了贫困线而使他们的家庭不再被定义为所谓的"低收入"群体。在这一方面，中国的贡献极大，巴西、印度尼西亚、印度等国家也取得了不小的成就。在世界的许多地方，尤其是中国，贫困线以下人口占比大幅下降，但在亚洲的其他国家、拉丁美洲和非洲各地，"收入贫困"现象仍然没有太大的改观。

毫无疑问，家庭收入的增长能够在很大程度上减少儿童贫困。由于这个及其他原因，人们对经济增长——尤其是可持续增长——的重视极为强烈。那么问题是，单纯的收入增长能否解决世界上很多地方大量存在的、被忽略的儿童问题？如果不能，我们要问为何不能。

实证研究显示，即使当消除收入贫困取得全面进展时，这种成果既不能稳定地转化为给予儿童充足的营养，也不能有助于消除其他形式的儿童利益被剥夺现象。我们要弄明白这是为什么。我认为儿童贫困是发展经济学中的一个中心议题（尽管这一议题经常被主流的发展文献所忽视），并且我将要简洁地叙述消除儿童被剥夺现象中涉及的几个关键问题对于人类发展的重大作用。

所以，隐藏在家庭收入提高与儿童发展迟滞这一不和谐现象背后的原因究竟是什么？以及为何仅仅依靠家庭收入增长不足以解决儿童被剥夺问题？与此相关，我们需要知道，除了收入增长之外，还有什么可以帮助减少儿童利益被剥夺现象。

这可能是一个新的研究课题。基于我们现在所知来思考这一在人类发展领域具有挑战性的问题，我认为有五个因素是值得注意的。

第一个问题是减少收入贫困方面的成功与消除儿童利益被剥夺之间存在着缺口，产生此问题的一个原因就是家庭对于钱财的竞争性需求，以及有时这些需求的急迫性。从长期来看，满足儿童对于营养的需求也许比其他需要钱财的事情更重要，在座的詹姆斯·赫克曼（James Heckman）教授的研究就表明：除短期影响之外，儿童利益被剥夺将造成严重的长期后果。那些把钱财和优先处置地位从消除儿童利益被剥夺现象转移到其他的竞争性需求方面的做法，也许有这样或那样的原因。在很多情况下，短期紧急需求与长期重要性之间的冲突使得很多家庭常常倾向于优先解决前者。

还有一个显而易见却难以解决的参与家庭竞争预算的项目就是所谓的"成人商品"，比如烟和酒。事实上，儿童需求与成人需求之间的确有严重的冲突，这其中以香烟最为典型：在中国和印度等众多国家，抽烟是病弱体质的主要原因。抽烟以多种渠道极大地增加了中国和印度的死亡率，这两个国家不久就会更有力地解决这一问题。然而，可以直接观察到的作用是易于研究的，但是对于香烟等"成人商品"的过度开支对于儿童健康成长所需所造成的破坏性影响，至今为止仍没有得到学术界的重视，更罔谈进行系统性的研究。不过，许多初步的实证研究表明，在诸如中国和印度这样的国家里，抽烟的流行和烟民增长会成为阻碍社会前进的主要反向推力。

第二个问题就是许多人对以下知识缺乏认知，诸如关于健康和营养、儿童时代被剥夺对人类生命的长远影响等方面的知识。由詹姆斯·赫克曼发起和推动的健康研究以及与此相关的执行力研究已经得到很多重要且被学术界认同的研究成果。在现在，我们还不能指望这种相当复杂的关联能够被纳入世界各地的家庭决策中，尤其对于那些在社会上的不同方面处于弱势地位的家庭来说更是如此，比如父母往往缺乏足够的教育，也很少接触到这方面的现代文献，或者因为外出务工而使他们的孩子无人照顾。将这些复杂的知识传播给普通人显然障碍重重。的确，世界上现存的知识比许多普通家庭日常决策中使用的知识多得多；对于在教育、经济和其他方面上处于弱势地位的家庭来说，这个问题就变得更为尖锐。所以，对学校教育在覆盖面和质量上的忽视使得现有的知识得不到应用，这使得仅仅依靠提升家庭收入来解决这一问题变得更加困难。

第三个问题则是由市场经济的天性所致。教育与医疗在很大程度上可以归类为"公共品",即人们在一起消费这些服务或物品。针对这一类服务或物品,保罗·萨缪尔森在将近七十年前就对其进行了研究并表示,如果仅借助市场机制,这一类服务或物品的供给总是不足的。总的来说,营养品和儿童的综合发展具有社会生活各方面交织在一起的特点,这使得单纯的市场购买逻辑不足以有效利用家庭资源,除非有公共干预介入这个过程。许多国家,尤其是中国,在这一方面树立了值得效仿的典型。而印度,这些年来尽管在经济增长速度上十分接近中国,但在将新创造的财富分配于医疗与教育等公共服务领域这一方面则大为落后。在我即将出版的与让·德雷兹合著的《不确定的荣耀:印度及其矛盾》一书中,我们将阐述这种忽视所引发的后果的严重性。

第四个问题则是性别歧视。如果说中国在儿童发展、教育、医疗等其他领域大幅度领先印度的原因是其增长速度更快,将其新增财富投入公共服务领域的力度更大的话,那么孟加拉在许多方面超越印度的原因则是其极大地改善了孟加拉妇女的社会地位。可以说,女权主义在孟加拉经济与社会生活的诸多领域是随处可见的,无论是工作还是教育方面。事实上,孟加拉是现今世界上唯一在学校接受教育的女孩数量多于男孩的国家。

倾向于女性的权力平衡对于儿童生活质量的提高作用需要更细致的研究。在过去二十年里,孟加拉在这一方面的进展迅速,尽管印度的 GNP 或 GDP 增长速度要比孟加拉快得多。1990 年时印度的人均收入要比孟加拉高出 50%,而如今印度的人均收入更是后者的两倍之多。然而在另一方面,标准社会发展指标却呈反向关系,印度已被社会迅速进步的孟加拉甩在身后。例如,在 1990 年,孟加拉的儿童死亡率比印度高出 24%,而如今则比印度低 24%。可见性别平等对于儿童发展的关键作用。

第五个问题是困扰包括中国与印度在内的所有发展中国家的问题。

当生活在贫困线以下人口占比迅速降低的时候，仍然停留在贫困线以下的家庭更需要被注意，即使反贫困的战役已经被宣称在总体上取得了胜利。的确，在某种程度上，在反贫困战争取得总体胜利的情况下，我们尤其需要对依然处于收入贫困线以下的人口的被剥夺问题给予足够的关注。贫困人口数量的逐渐减少也许会产生可以自我欺骗的胜利幻觉，这会不利于那些被甩在后面的家庭和儿童得到应有的关注。这样一来，消除贫困的成功仅仅是基于平均标准下的测量结果，而许多人却没有足够的运气分享这一平均意义上的胜利。

因此，即便是在收入水平实现跳跃式增长、收入贫困情况迅速缓解的情况下，依然需要对儿童利益被剥夺问题给予特殊的关注。与印度相比，中国的儿童利益被剥夺问题不那么严重和普遍，而这两个国家所面对的问题的相似性表明，处理特殊的儿童利益被剥夺问题的政策工具具有较强的相互借鉴意义。

虽然，中国在减少人类与儿童被剥夺方面的大量成功经验值得其他国家学习，不过其他国家在政策方面的探索和成果也同样值得关注和借鉴。当我2009年访问中国发展研究基金会的时候，我提出中国也可以从其他国家的成功或失败的政策中汲取经验，比如印度在学校午餐制度方面就探索出不少成果，特别是由泰米尔纳德邦推展开来的政策措施：（1）使用学校午餐制度这一能够增强孩子们的营养并促进学校教育的重要工具；（2）借鉴印度给予学龄前儿童营养支持和教育培养的"儿童全面发展"政策。

我非常兴奋地得知，仅仅三年过后，在中国发展研究基金会卢迈先生地带领下，对于学校午餐和学前干预措施的实验性尝试已经在中国变成了全国性的行动。尽管总体来说，中国在儿童发展方面已经相当成功，但这样的外部干预依然是十分关键的。因为在经济与社会的不均衡进步中可能还存在一些容易被忽视的问题（这一方面，中国发展研究基金会已经做了许多开创性和深入的研究）。我们将关注中国这个社会进步的国家对这些新发展战略的追求。我们也将持续地关注印度各邦在学校午餐项目方面的不同程度的成功（如泰米尔纳德邦、喜马偕尔邦、喀拉拉邦、马哈拉施特拉邦等相较于滞后的北方省、中央省所取得的成功）。同样，我们还会对印度不同地区儿童综合发展中的学前干预措施的效率进行对比。

言而总之，儿童营养问题绝不是仅仅依靠收入方面的显著进步就能解决的——收入增加有助于解决这个问题，但绝非充分条件——只有实施系统性的公共干预并促进社会公平（尤其是性别平等），才能解决这一问题。对于儿童发展这一至关重要的领域而言，不同国家之间可以通过观察对方的情况达到相互学习的目的，并思考如何取得更大的进步。在这一方面，我们所知甚少，最为关键的是，可做的更多。

4 中国的增长与公平模式[①]

摘要：我国目前的增长和公平模式是由许多因素共同作用造成的，其中包括1978年以前打下的基础，尤其是在与土地相关的制度改革和社会部门投资方面。这些因素成功地配合了1978年之后实施的出口和外资促进型战略。然而，由于我国巨大的经济规模，尽管这些战略对于国家的经济起飞起到了巨大作用，但我们并不能依靠它们来保证长期的经济增长。对于我国而言，在未来几十年内扩大内需和更新社会部门投资十分重要。在诸多因素中，我国特别需要改善目前的收入分配状况。尤其同增加工薪收入一样，扩

[①] 这是刘民权2011年9月在汉堡召开的2011 PEGNet会议上的发言（见Liu, 2011）。刘民权，牛津大学经济学博士，北京大学经济学院教授，北京大学经济与人类发展研究中心名誉主任，亚洲开发银行研究所高级研究员。这篇文章仅代表作者观点，不代表亚洲开发银行研究所的观点或政策。文中使用的术语不一定与亚洲开发银行研究所的官方表达相一致。作者感谢李实、俞建拖、夏庆杰、Milo Vandemoortele、Kate Bird、Peter Morgan、Mario Lambert、于敏、Narayan Poudel、王悦、吴昕、谢志梅、崔玉明、千谷川穗和台航在文章的写作、完稿及翻译过程中所提供的各种帮助。当然，所有错误与遗漏均由作者负责。

大社会保障项目对我国来说非常重要。这些措施将不仅有助于扩大我国的国内需求，而且有助于促进人力资本积累的扩大再投资。在长期，如果我国想要继续保持目前的增长势头，实现现代化并且赶上当代发达国家，没有什么比增加人力资本积累更为重要的了。在刚刚过去的几十年中，1978年以前出众的人力资本积累使得我国在与其他处境相似的经济体的竞争中脱颖而出；而在未来的几十年内，如要保持经济的持续增长和人民生活水平的不断提高，进一步对人力资本进行大规模的投资将至关重要。从这点出发，无论是通过直接支出还是通过提高社会保障水平，增加政府对人力资本的投资将被证明具有特殊的重要意义。

一、引　言

提及我国目前的经济增长与公平模式及其起因，不得不追溯到改革开放之前，即1978年以前，或者按照我国的通常说法——新中国成立后的头30年。正如我将要论证的，一方面，新中国头30年和第二个30年的发展战略之间存在重大差别；另一方面，它们之间也有重要的互补性。具体而言，我将论证：如果没有在改革开放前的30年里所进行的制度改革，尤其是与土地和社会部门投资相关的体制改革，我们将很难解释在1978年实施市场导向型和出口导向型发展战略以来，会发生后30年的经济快速增长和随之而来的公平状况。同时，相对于世界上其他国家而言，我国庞大的经济规模对形成近期的经济增长和公平模式与路径也发挥了重要作用。

不少观察家和分析者常把我国最近30年的经济增长成就归功于诸如市场导向型改革、所有制变革以及采取了出口和外资促进型发展战略等因素。尽管这些因素毫无疑问地促进了我国自1978年以来的经济增长，但把全部成就归功于它们却似乎并没有多少说服力。试问：这些因素是（单个地或共同地）构成我国最近 30 年经济成就的必要条件还是充分条件？如果是必要条件，那么还有哪些其他重要因素起了作用？如果是充分条件，那么为什么世界上其他与我国具有相似背景的国家没有取得同样显著的经济增长成就？事实上，无论是在与我国同时，还是早于或晚于我国开始大力发展经济的国家中，有不少国家的经济体制更加市场化，所有制结构更加私有化，并且也采用了类似的出口和外资导向型发展战略，但它们的经济增长成就却远不如我国显著。

一旦深入考虑这些问题，就会逐渐明白还存在其他起作用的因素：它们并非可以取代上面提到的各种因素，但是对后者的重要补充。在解释我国最近 30 年来经济增长的成功和并不那么乐观的公平记录时，也许它们还是十分关键的因素。本文将强调两个这样的因素：我国在 1978 年之前打下的基础以及庞大的经济规模。

接下来，我将在本文的第二部分简要概述中国近来的公平和经济增长模式，然后在第三部分指出这一模式在 1978 年以前的一些重要的起源。之后，一方面我将讨论这些因素是如何与随后的市场导向型和出口引导型的发展战略产生互动的（第四部分），另一方面还将讨论我国庞大的经济规模所产生的影响（第五部分）。第六部分就这些分析对于我国未来经济发展的含义提供一些简要的评论。第七部分为结论。

二、近来的经济增长与公平模式

在刚刚过去的 30 年乃至更长一段时间里，我国实现了与其先前的记录相比以及与大部分国家（发达或发展中国家）的记录相比都可以被称为史无前例的经济增长。图 4—1 显示了 1978—2009 年间我国的 GDP 年增长率与世界平均增长率的比较。如图所示，我国的 GDP 年增长率持续高于世界平均年增长率，其差距有时竟达 10 个百分点。除了 1989、1990 两年，普遍来讲，中国的 GDP 年增长率比世界平均水平高出 5～10 个百分点。在过去的 30 年中，世界的平均增长率是 2.98%，我国的这一数字却是 9.9%。

同时，无论就农村与城市还是整个国家而言，我国收入分配状况却出现了持续恶化的趋势。表 4—1 提供了由世界银行估计的 1989—2004 年间我国的农村、城市以及整个国家的收入分配基尼系数。如表所示，该系数的数值均稳步上升，意味着在农村和城市乃至整个国家，都出现收入分配状况恶化的趋势。确实，就全国而言，该系数甚至于 20 世纪 90 年代中期超过了国际上公认的警戒水平（0.4）。最近的一次估计表明，该系数已显著地高于这一水平。

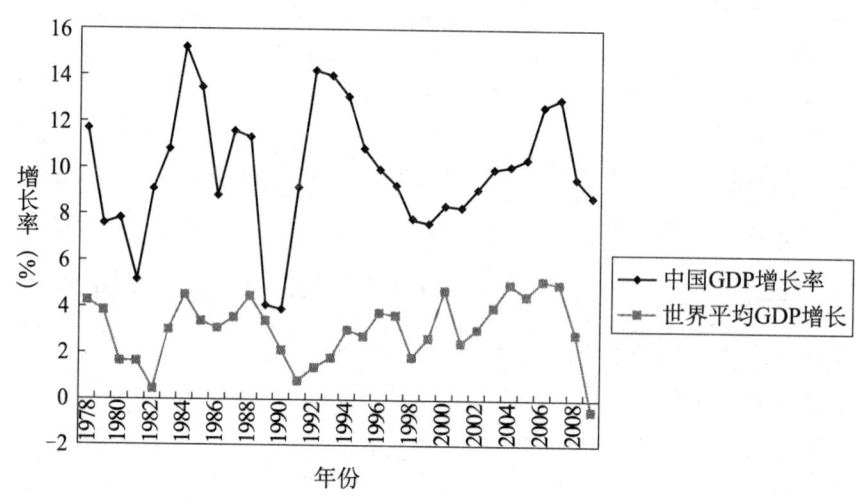

图 4—1 增长率的比较：中国和世界平均水平

资料来源：中国统计年鉴。

表 4—1　　　　中国改革期间的收入不平等状况（基尼系数）

年度	农村	城市	国家	年度	农村	城市	国家
1980	0.25	n.a.	n.a.	1993	0.34	0.27	0.42
1981	0.25	0.18	0.31	1994	0.34	0.29	0.43
1982	0.24	0.16	0.29	1995	0.34	0.28	0.42
1983	0.26	0.17	0.28	1996	0.33	0.29	0.4
1984	0.27	0.18	0.29	1997	0.33	0.29	0.4

续前表

年度	农村	城市	国家	年度	农村	城市	国家
1985	0.27	0.17	0.29	1998	0.33	0.3	0.4
1986	0.28	0.21	0.32	1999	0.34	0.3	0.42
1987	0.29	0.2	0.32	2000	0.36	0.32	0.44
1988	0.3	0.21	0.33	2001	0.36	0.32	0.45
1989	0.31	0.24	0.35	2002	0.364	0.32	0.457
1990	0.3	0.23	0.35	2004	—	—	0.47
1991	0.31	0.23	0.37	2007	0.377	0.339	0.491
1992	0.32	0.24	0.39				

资料来源：1980—2001 的估计值来自 Ravallion & Chen (2007)，2004 年的数据来自世界银行数据库，2002 年和 2007 年的数据来自 Li et al. (2011)。

的确，中国收入分配的一个重要方面是城乡间的收入差距。1978年，全国经济改革刚刚开始，城市人口的平均收入只是农村的2.5倍。20世纪80年代早期，这一差距下降至约1.7倍，此后，在1994年扩大至约2.8倍（Lie et al., 2007），在1997年又略微下降至2.5倍以下，此后到2009年，一直呈持续上升趋势并最终超过3.3倍，在2010年又有轻微回落（见图4—2）。当然，这一轨迹所呈现的短期波动与政府在不同改革阶段采取的具体改革措施有关，但是就整体趋势而言，直到最近，是持续上升的。这仅仅反映了这样一个事实：尽管我国在很长一段时期中经历了史无先例的经济增长，但是其仍然处于

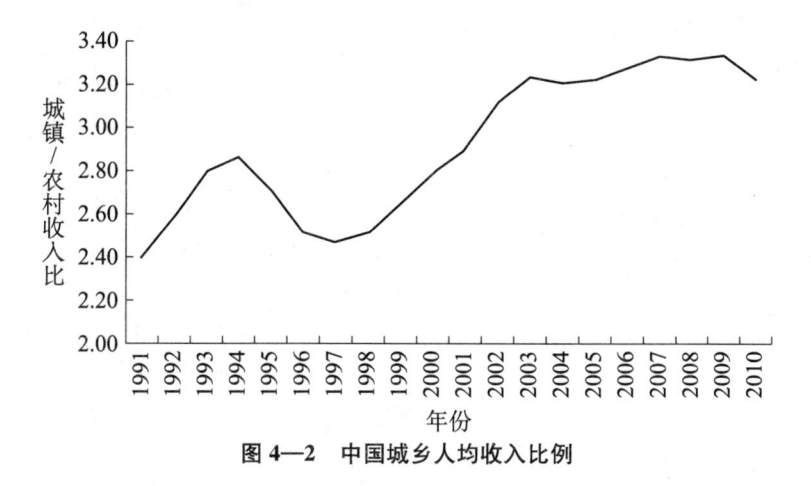

图4—2 中国城乡人均收入比例

资料来源：Li et al. (2011)。

发展的初级阶段，即不外乎将农村的剩余劳动力吸纳到生产率更高的工业和服务业部门，实现国家由农业主导型经济向工业主导型经济的转型。这一任务不仅过程较长，而且十分艰巨。这正是本文要说明的情况。在本文的其余部分，我将对此进行阐释。

三、1978年前的基础

历史常以一种比人们所想象的更为复杂和微妙的方式发挥作用。我国的土地改革就是一个很好的例子。新中国成立不久，政府就在全国范围内推行了土地改革（和新中国成立前在解放区所进行的一样），所有超过一定限额的私有土地都被没收并分配给无地或少地的农民。尽管无偿没收土地这种做法本身的伦理依据有待商榷，但是这一运动的激励效果和分配结果却是十分明显的：土地所有权的给予和确认通常能够给农民更多的激励来耕种土地，因此具有提高生产率的效应；并且农民们自然会看到，同作为一个工资劳动者、固定租金或分成制的佃户相比，他们的收入将有所提高。[①]

然而，于20世纪50年代中期开始的农业集体化运动在一定程度上挫伤了农民的生产积极性。首先，作为一个合作社或人民公社社员，农民能从自己的劳动产出中获得的份额，甚至比在分成制佃租下还少（从全球历史来看，在分成制佃租下，一个农民通常能得到其产出的大约一半）。另外，农民也显然不是剩余索取人（即像在固定租金下那样），即使集体的所有产出最终会按照每个人的劳动投入状况来分配（Liu，1994）。

对农民生产积极性的这一打击直到20世纪70年代末80年代初集

---

① 在自有土地上劳作可以使农民获得其劳动的全部产出（有税的情况下为税后产出）。然而，完全占有自己的劳动成果也伴随着承担全部风险和成本的责任。

体制度被完全废除才得以消失。然而，20世纪70年代末80年代初的这一改革事实上并没有将土地全部归还私人所有，注意到这一点非常重要。尽管在新制度下土地使用权被或多或少地平等分配给了个人，但理论上土地仍为集体所有。具体来说，每个农民都可以在分配到的土地上耕种他喜欢的作物，并获得所有劳动成果，但是他不能出售土地或购买更多土地（因为他并没有土地所有权，并且也不能通过购买行为来获取新增土地的所有权）。在下文中我们将会看到，被称为"家庭承包责任制"的这种集体土地使用制度，对农村的公平和增长模式、城乡间劳动力迁移以及中国的整体公平与经济增长，都产生了极大的影响。

从上述对1978年之前农村集体制度的叙述中，人们可能会得出结论：这一制度的设计是完全不合理的，并且对于农村和农业以及整个中国的发展都产生了消极影响。然而，这样想也是片面的。尽管1978年之前的集体农业制度有其重要缺陷，但在支持农村社会部门的投资和农村基础设施的建设方面，也做出了很大的贡献。

产生这一情况的关键在于集体制度下的报酬制度。按照这一制度，每个成员将根据他相对于其他成员的劳动贡献而获得报酬（或者说决定其在集体收入中的分享份额）。一个人的劳动贡献是通过"工分"来衡量的（这就是实际情况），他从集体获得的（货币）收入仅仅是他的工分总和乘以每个工分的货币价值，后者则由集体总收入除以集体中所有成员的总工分得到。

这样一种报酬支付制度有两个重要的特点，它们均起到了支持农村社会部门和基础设施建设的作用。首先，并不是所有的集体收入都必须分配给社员；其中一部分可以积累起来用作社会福利或其他目的。这种积累通常包括两类："公积金"和"公益金"。前者用来扩大再生产，后者则用于教育和健康等社会部门的投资。在这一时期，真正对农村医疗卫生服务和教育事业起到加速发展作用的，主要就是这两种集体基金，而不是来自政府的资金。

但是，这一制度不仅仅以这种方式对农村的医疗卫生和教育事业的发展做出贡献。上述的集体报酬制度也使得集体有能力以另一种重要方式为这些事业的发展筹集"资金"。任何用于发展这些事业的劳动力投入，既包括某些护理人员（如赤脚医生等）和某些特殊类别的教师（如民办教师）所贡献的小时数，也包括其他社员为建设当地校舍、诊所，或其他公共项目所贡献的小时数，这些可以一并以工分的形式给予报酬。诚然，给定集体总收入，随着总工分的增加，每一工分的分红收入也会相应减少。因此，这种做法实际上相当于将相关的劳动投入的成本，按照各社员的劳动总贡献的大小，按比例分摊给各社员。在这个意义上，它类似于一种收入税。

同对社会部门的投资一样，集体也在很大程度上支持了农村物质基础设施的建设。这方面的投资通常包括建设新的、或者改进已有的灌溉和排水系统来保证农地的及时和适量的灌溉和排水；也包括建设或改进农村道路系统，来保证机械和劳动人员能够迅速、顺利到达地块，改善相关农用物资和庄稼运入和运出地块的条件；还包括对地块的规模和形状进行标准化以促进农业机械化。我在下文还将解释为什么对农业基础设施基本条件的改进对于理解我国随后的公平和增长模式是重要的。但就目前来说，我们只需注意到上文提到的能够为社会部门投资提供资金支持的机制同样也可以用来为农村物质基础设施的建设提供资金支持：与这些投资相关的经费可再次来自上面提到的从集体收入中提留的公积金，而通常占有总成本更大部分的劳动投入可一样通过向劳动人员支付工分来提供报酬。

如果没有集体经济，这些投入能否达到同样的水平？能否通过其他方式——比如税收和政府拨款——来实现？如果答案是肯定的，那么集体制度就是多余的（即使针对以上投资来说）。我认为，如果没有集体经济，也许一部分这样的投资和建设是能够实现的，但绝不可能达到同样的规模，或具有同样的效力和效率。这里不再就相关原因作进一步说明。同样应该注意的是，除了集体投资于农村社会部门和物质基础设施的建设之外，中央和地方政府也贡献了一些资金，但它们的资金通常只用于满足一些"高端"需要（比如，以健康为例，中央和地方政府的资金一般只用于支付构建并维持县级或乡级医疗卫生设施的成本，包括成员开支，但通常不包括支付构建和维护村级的设施成本和人员经费）。因此，虽然存在来自各方的贡献，但是最大的贡献还是来自集体，没有集体，这一时期的大规模投资是不可能实现的。

无论是用在社会部门（教育、健康及其他）的投资上，还是用在农村物质基础设施的建设上，我们都不可能为这些投资提供一个货币总额，也不可能将这一总额准确分解到各相关组成部分（集体资金、政府资金，等等）上。我们缺少支持进行这种分析的系统数据。但是，某些健康和教育指标的改进程度可以反映该时期社会部门投资的大致规模。从某种程度上说，中国医疗保健的改进是众所周知的——世界卫生组织（WHO，1978）就把当时中国的农村医疗保健系统作为一个极好的榜样让其他发展中国家仿效，以显示一个发展中国家如何在资源极少的情况下最大限度地提高人口的健康水平（但是正如我们所知，事实上，并非所有的资源调动都可以为这项评估做出解释）。但是我们的评估不需要仅仅依赖于当时WHO的支持。图4—3对我国1978年前后两时期所实现的预期寿命的提高与世界其他国家（包括发达国家和发展中国家）进行了比较。对比结果非常显著，1978年前，中国在这方面所取得的成就远远超过了所有其他国家，但在1978年以后，其成就与其他国家相比则极其普通。

就教育而言，表4—2提供了根据1990年国家人口普查数据计算得到的每五年组适龄人群的受教育状况，以各年龄组中达到或没有达

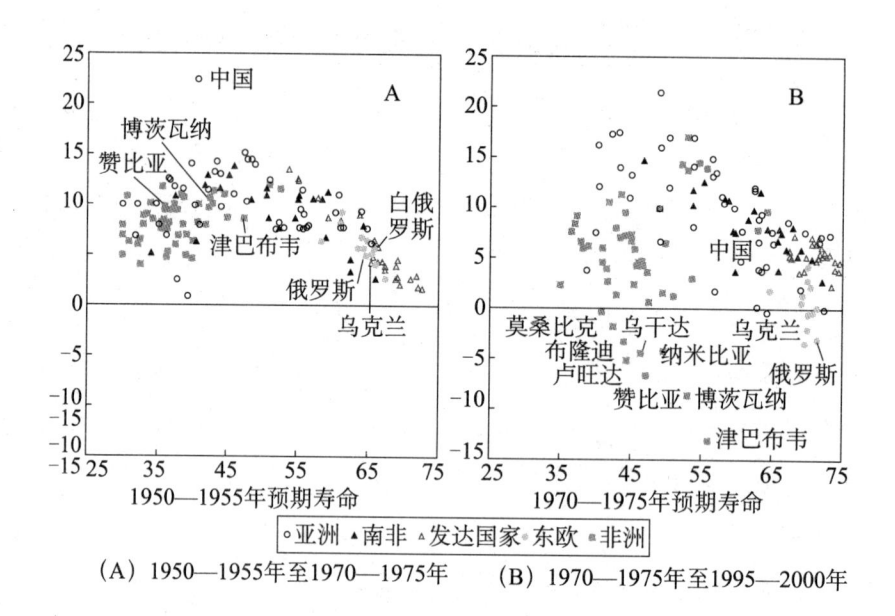

(A) 1950—1955年至1970—1975年　　(B) 1970—1975年至1995—2000年

图 4—3　预期寿命初始水平与增长的关系两时期国际比较

资料来源：Caselli et al. （2002）。

到一定受教育程度的人口比例来衡量。可以看到，与前一年龄组相比，在1946—1950年出生的人群中文盲和半文盲率急剧下降，幅度达16个百分点之多，而这正与1949年新中国的成立相吻合。表格的其他部分也同样有意义。分别与前一年龄组相比，在1961—1965年出生的群体中，初中文化程度者占比出现了11个百分点的上升；在1956—1960年出生的群体中，高中文化程度者占比则出现了12个百分点的上升，尽管该占比在1966—1970年出生的群体中呈现了几乎同样急剧的下降（达10个百分点）。在我国的教育体制中，一般而言高中教育在18岁完成[①]，而"文化大革命"开始于1966年，至1976年正式结束，但是其影响直到20世纪80年代初才完全结束。因此，仔细观察

---

① 在我国的教育体制下，典型的小学教育从6岁开始，到12岁结束；初中教育从12岁开始，到15岁结束；高中教育从15岁开始，到18岁结束，只有一部分孩子可能通过高考进入高等教育。然而，学生在校时间在"文化大革命"期间普遍缩短，经常是每类教育（小学，初中，高中）各缩短一年，依据时间和地区而定。

表中的数据我们会发现，尽管在其他方面有着明显的消极后果，但是这些年间教育（以及健康）的状况并没有明显恶化。事实上，真实的情况是可能正好相反。①

至于物质基础设施的投资方面，Liu et al.（1998）对那段时期在这方面所作投资的可能规模以及对中国农村和农业发展贡献进行了详细研究，这里不再赘述。

表4—2　　各年龄组不同文化程度者占比

出生年份	1990年年龄	文盲与半文盲	小学	初中	高中	高等教育
1981—1984	6～9		100			
1976—1980	10～14		83.5	16.5		0.05
1971—1975	15～19	5.5	35.91	46.78	11.25	0.40
1966—1970	20～24	6	34.31	44.65	12.27	2.82
1961—1965	25～29	7	25.11	43.71	21.95	3.07
1956—1960	30～34	12	32.56	32.56	20.77	1.89
1951—1955	35～39	17.25	44.69	27.72	8.61	1.74
1946—1949	40～44	20.5	50.28	21.07	6.24	1.87
1941—1945	45～49	36.5	37.31	17.46	6.19	1.94
1936—1940	50～54	41	39.24	11.80	5.58	2.45
1931—1935	55～59	54.5	33.22	7.51	3.39	1.46
1926—1930	60～64	62.5	28.22	5.91	2.40	0.94
1925年及之前	65岁以上	73.5	21.07	3.84	1.30	0.53

说明：表中数据基于原文中的相关图表计算得来。尽管尽了最大努力来确保基于原始图表所获得数据的准确性，但是仍然不能确保所列数字是绝对准确的。

资料来源：国家教育发展研究中心（1995），基于中国1990年全国人口普查数据。

---

① 事实上，在完全否定"文化大革命"以前，对于表4—2提供的数据并没有太多的关注和研究。尽管有些人可能争论说按量而论"文化大革命"期间的教育受影响不大，或许还有发展（不包括高等教育），按质而论影响则较大，不少增加的量都是不合标准的。从某种意义上说，这一评论可能是成立的。当时的教育强调实践知识的获得。然而，考虑到我们关注的是通识教育而不是高等专业教育，该评论虽然成立并没有太大说服力。当然，这并不意味着表4—2数据中所表明的在"文化大革命"期间受到严重摧残的高等教育是不重要。相反，正如本文中将要强调的，高等教育当然重要，特别是对于中国未来几十年而言。注意，表4—2中提到的数据，事实上是针对整个国家而言的，而并非局限于农村地区。然而，考虑到当时的农村人口比例超过了80%，并且当时城镇儿童已经基本全部获得小学和初中教育（尽管高中教育没有全面普及），因此教育改进成果的大部分一定来自农村部门。进一步参见Goldman et al.（2008），该文将中国和印度在1978年前后的教育投资和教育产出进行了对比，发现尽管在高等教育方面印度普遍比中国表现要好，但是中国在中小学教育方面的表现更为突出。

四、1978 年之后的改革

现在我们开始讨论 1978 年以后的改革。从 1978 年开始的经济改革最先发生在农业领域，在农业部门废除了集体制度。这一改革解放了受集体制度压抑而不能得到释放的生产力，正如集体制度解体后农业产出的急剧上升所展现的那样。之后，随着出口导向型和外资促进型发展战略的启动，改革的范围向工业和城市扩展。这些改革共同促进了我国经济的持续快速发展，同时也带来了收入分配的恶化，正如本文第二部分所示。

改革本质上否定了以前的发展战略：对市场资源配置作用的强调取代了过去对计划经济的依赖；与以前坚持自力更生的立场相反，中国开始积极寻求国外市场、先进的管理模式、资本以及技术。尽管新的发展战略与以前的发展战略有着显著不同，但是它们之间仍有重要的互补性，许多之后的成功可以部分追溯到以前打下的基础。

前面概括的 1978 年以前的发展过程是如何影响 1978 年以后的发展过程，并产生我们今天所见到的增长和公平模式的呢？首先，许多 1978 年之后的经济增长可被视为工业和服务业部门的持续扩张，这种扩张模式在日益扩大的出口市场规模和 FDI 资金流入的影响下，吸纳了大量的农村剩余劳动力。尽管我们经常用廉价的劳动力成本来解释我国出口和 FDI 规模的扩大以及我国的经济增长绩效，但事实上至关重要的是，当经济改革开始以及出口和 FDI 开始发挥作用时，正是由于 1978 年以前在健康和教育上的社会投资，中国才拥有了一支文化素养较高并受过合理教育的劳动力队伍。

这些潜在的劳动力只是等待动员和雇佣，其重要性似乎并不需要过分强调：没有这些劳动力，即便有市场机会，增长也会停滞。尽管这些劳动力可能没有接受过良好的教育，并且不具备较高的技能，但是他们所接受的文化教育以及整体良好的健康状况，无疑使得他们能够快速学习新技能，并且有体力和精力从事长时间的工作。[①] 确实，他们如果留在农村地区会获得相对较低的收入水平，这会为他们设置一个较低的保留工资，这部分地有助于吸引那些能为他们提供新工作机会的投资。但问题是，如果他们缺少文化和基本的受教育水平，或者快速学习新技能的能力，只凭单纯接受低工资的意愿可能并不能使他们以自己的方式对经济增长做出贡献并从中受益。

其次，1978年以后的经济增长过程通常也是一种城市化过程。然而，与不少（但并不是所有，Liu，2011b）·经历相似变化的国家相比，我国的城市化进程推进较慢（主要发展中国家的城镇人口比例与人均GDP见图4—4）。这通常被归因于我国的户籍制度（1978年之前行政

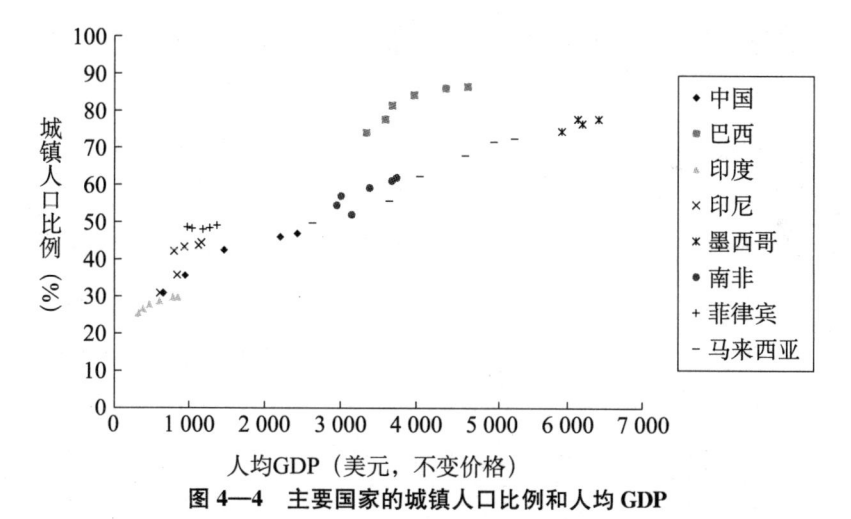

图4—4 主要国家的城镇人口比例和人均GDP

说明：各年份的观察是混合在一起的，但是每个国家都选取了1990年、1995年、2000年、2005年、2009年和2010年的观察结果。需要格外注意的是，不同国家比较时使用了不同标准来区分城市和农村人口。

资料来源：世界银行数据银行：世界城市化前景：人口数据库（2009）。

---

① 对于那些可能从来没有经历过或观察到过任何由于经济贫困（当然新中国在建成之初是十分贫穷的）而导致严重的健康和营养问题的人来说，强调良好的健康和营养状况良好对于工人用于长时间工作所需的身体（或精神）精力所产生的作用，似乎显得有些牵强。对于有些人来说，健康和营养因素是经济增长和国家发展的一个主要障碍可能是不可思议的。如果读者对此存在疑惑，请参见Dasgupta（1997）。

管理的遗产）。根据这项制度，居民（农民以及城市人口）的权利——土地承包、工作机会和其他社会福利（如就学机会、医疗保险等），被严格绑定在了他们的户籍所在地（通常是出生地）。尽管户籍制度确实对于城市化产生了不利的影响，但是怎样理解和估计其全部影响仍是个需要研究的问题。事实上，根据近来的观察，农民定期返乡，或者即使离乡入城工作但将部分家属留在家乡，还有另外一个重要原因，即他们仍然在他们的村里拥有所承包的土地。也就是说，他们绝不是背井离乡和失去土地的那种农民（如在其他发展中国家所经常见到的），他们在乡村仍然拥有一定的收入来源。如果这一收入来源不复存在，那么农民大规模举家向城市迁移是完全可能发生的，即使有户籍制度的束缚。

毋庸置疑，城市化是一个国家经济和社会发展的必经阶段（以增加的城乡人口比例为特征）。但是，在任何时期，农村人口向城市的过度迁移都有可能扭曲这一过程，给社会带来沉重负担。当失地农民超量涌入城市边缘，他们面临的常常会是失业，或只能从事一些"非正规"经济活动来勉强维持生计，而又不能返回他们的家乡，此时一个新的贫困阶层就在城市出现了。这对于一个社会的收入分配和公平都会产生消极的影响。尽管在我国的城市已有一个这样的贫困阶层出现，但是农村土地承包制度防止了这样的阶层大量地在城市或城市边缘出现。对这种约束性力量必须进行评估。这一点在表4—3中得到了很好的印证。表4—3比较了中国和印度的城市贫困程度。[①] 究其原因，中国的农村土地承包制度一定起到了其重要的作用。虽然这一制度起自1978年之后的农村改革，但其根源却是1978年前的相关土地

[①] 尽管中国与印度的城镇贫困率对比在这张表中异常明显，但需要注意的是，对中国的估计可能低估了其真实的城镇贫困程度。原因是在对中国城镇贫困的抽样调查中，流动人口部分的样本经常偏小，而城镇流动人口群体总体来说其收入要比当地户籍城镇人口的低。然而，即便考虑到了这一可能的偏误，也不大可能扭转表中的基本对照。

制度。

表4—3 部分年份中国与印度的城镇和农村贫困率 （%）

年份	国家	城镇	农村	总计	贫困的城镇所占份额	人口的城镇所占份额
1993	中国	3.3	39.1	29.1	3.2	29.8
	印度	40.1	48.9	46.6	22.5	26.2
1996	中国	1.7	24.8	17.4	3.1	32.2
	印度	40.5	46.8	45.1	24.1	26.8
1999	中国	1.6	27	18.2	3	34.9
	印度	37.4	44.3	42.4	24.2	27.5
2002	中国	0.8	22.4	14	2.2	37.7
	印度	36.2	42	40.3	25.2	28.1

说明：贫困人口衡量指标采用以1993年PPP为基准的1.08美元/天贫困线。
资料来源：Ravallion et al. (2007)。

再者，尽管一些农业剩余劳动力可能离开农村去城里工作，但是仍有许多人留在了农村，他们并不仅仅从事农业生产。由于在一个典型的中国农村里，人均土地资源极度稀缺，仅从事农业生产无异于坐等贫困，因此，多元化就业（即同时从事农业和非农活动）是很重要的。在大多数案例中，对一个农民来说完全放弃农业生产并非好事，因为非农活动也并非足够有利可图或者易于从事。一个理性策略是个人充分利用所能获得的所有收入机会。

但是如果没有特定的条件，将农业和非农业活动结合起来对个人来说并非易事。能够同时从事二者在很大程度上依托于集体时代所实施的农村物质基础设施投资（如前文所述）。这些投资不仅提高了农业产出和劳动力生产率，而且更重要的是，它们以另外一种方式改变了农业生产基础设施（主要是农业道路系统和地块大小及其布局），使得兼职农业生产成为可能。首先，改善后的农业道路系统改善了交通状况，节省了农民前往农地的时间。第二，同改善后的地块大小和布局相结合，大范围的农业机械化操作有了可能性和可行性（良好的道路系统可以使农用机械更易到达农地，更合适的地块面积和更好的布局也促进了农业机械化的实施）。总体来说，这些条件改善了农民耗费在农业生产上的时间，使他们有足够的时间从事其他活动，以便更好地维持生计。

确实，兼职农业生产已经成为我国农村普遍存在的一个现象，但是前一时期所进行的农村物质基础设施投资所起到的重要作用却经常被人忽略。在非集体化制度改革后，由于之前提供资金支持并组织建设的集体制度实际上不复存在，因此农村物质基础设施投资一度停止。直到20世纪80年代末，这些投资才通过中央和地方政府的预算资金而得以继续，但是其规模依然达不到集体制度时代的水平（Liu et al.，1998）。

因此，正是由于前面提到的改革之前的制度安排和社会部门投资，无论是迁移到城市但保留家乡的土地所有权，还是留在农村从事其他多样化的非农活动，我国农民都拥有了更好的收入机会。在较长的一段时间内，1978年以前的贡献对1978年以后的增长和公平所起到的重要作用被普遍地忽视了，但是如果对当前国家增长和公平模式的贡献因素进行全面的审视将会发现，这些因素是如此重要以致不容被忽视。

五、"规模"负担

我这里讨论的规模主要指一个经济体的人口规模而非地理空间，尽管后者同样很重要——地理空间的大小通常与自然资源的丰腴程度相关联（同时在交通运输业方面，也意味着需要覆盖更长的距离）。然而，地理空间主要通过对供给方发挥作用来对经济体产生影响，人口规模则通过对供需双方同时发挥作用来对经济体产生影响。在供给方，若其他条件均相同，更大规模的人口数量意味着更多的劳动力和更充足的人力资源，这二者都是经济增长的必要条件。在需求方，更大规模的人口数量将为经济体所生产的商品和服务提供更大的内需市场。在贸易壁垒较高和存在规模经济与范围经济的条件下，平均而言，更大规模的人口数量将促进一个经济体人均 GDP 的更快增长。①

地理空间规模（地形地势）与人口规模都对一个经济体内的收入分配有重要的影响。自然资源（包括有无人海口等）的地理分布并不均匀，一般而言，地理空间越大的国家，这些差异也就越大。类似地，人力资源的受教育程度和培训水平也并不均匀，尤其在一个发展中国家中，部分劳动力以非熟练或半熟练的农村"剩余劳动力"的形式存在，而让经济体中更具生产力的部门吸纳这些劳动力则是一个关键的发展目标。正如下文所述，剩余劳动力越多，经济体就需要越长的时间来吸纳他们，而这对其收入分配模式意义重大。

我们不可能在这里对这些问题进行详细的讨论。Perkins & Syrquin（1989）通过借鉴 Kuznets 和 Chenery 的工作提供了一个关于早期文献的详细综述。尽管早期经济学家在解释跨国之间的经济增长和收入不平等时已将规模作为一个重要的因素加以考虑，然而，后继的经济学家并没有对此给予更多的关注。不过，一个经济体的规模的确很重要，且在解释一个国家（比如中国）的增长和公平问题时，经济体的规模具有特别的意义，以至于我们不能把它简单地忽略掉。

在下文中，我将通过考察我国的经济规模对出口扩张和外资流入（两者均为近来经济奇迹的关键引擎）的影响，来探讨我国的经济规模对增长和公平模式的作用。总体而言，我国庞大的经济规模是一件福祸参半的事情。一方面，这对国家的出口扩张有着显著的积极影响。首先，加工贸易在中国的出口总值中占有很大的份额，尤其在改革的早期阶段（见图 4—5）。但若要由此使得推动出口扩张变为现实，正如前所述，我们需要大量廉价但接受过一定教育的熟练或半熟练劳动力。在没有这样的劳动力的情况下，很难想象中国的珠江三角洲或其

---

① 毋庸赘言，规模经济和范围经济是有局限的。超过某一拐点，这些因素将不再起作用。

他东部地区能够有较大发展并最终成为世界上加工贸易行业的领头羊。其次，与拥有大量廉价且受过一定教育的劳动力同等重要的是，我国作为世界上最大的潜在消费市场所具有的吸引力有助于吸收更多的外国直接投资（见图4—6）。在我国经济改革的过程中，许多国有企业在市场力量的作用下被迫关闭（如在20世纪90年代所普遍发生的那样），在此期间，这些外资的流入代表了颇受欢迎的出口、就业、收入以及增长的新源头。此外，它们还提供了我国迫切需要的市场竞争的新源头、调整企业管理和企业文化调整的动力，当然还有新技术。一些研究表明[①]，它们甚至在促进我国的劳动力市场改革和其他方面的改革中发挥了作用。因此，外国直接投资对我国经济改革和增长具有很多重要的作用。但是，在肯定外国直接投资和贸易的以上这些积极作用的同时，我们也不能否认我国拥有大批廉价且受过良好教育的劳动力和其潜在的市场规模在最初吸引外资大量流入中所起的重要作用。

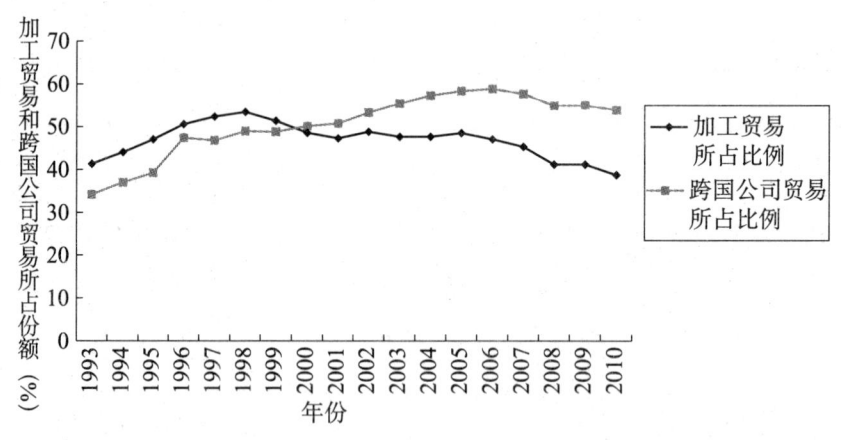

图4—5 加工贸易和跨国公司贸易占我国贸易总额的份额

资料来源：CEIC数据。

[①] 例如，参见Liu et al. (2006) 对FDI及其在中国劳动力市场改革中的作用进行的讨论。

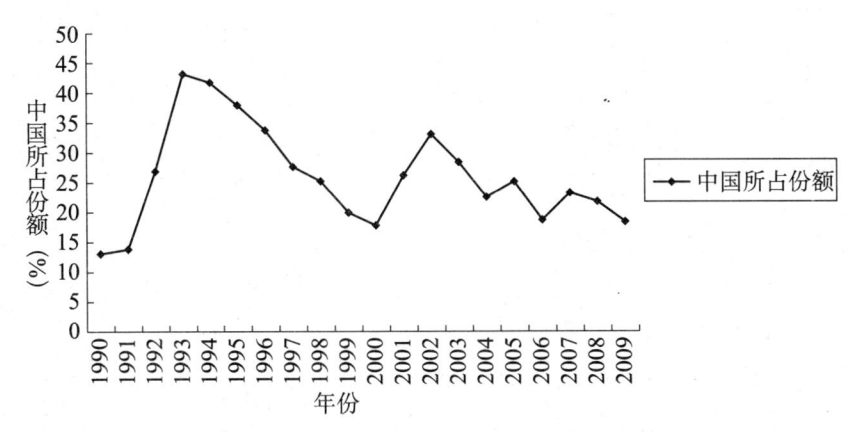

图 4—6　中国外国直接投资流入占非经合组织国家外国直接投资总额的份额

资料来源：CEIC 数据。

另一方面，虽然我国的经济规模对于出口导向型发展战略的成功实施做出了重大贡献，但是也对这一增长以及公平方面的成就造成了重要的限制。首先，在增长方面，在经历了初期出口和经济多年的快速增长后，正是由于上面提到的几个因素（以及其他因素），我国主要出口商品（那些我国已经拥有比较优势的商品）的出口量在世界相应商品和服务出口总额中已占有了相当大的份额（参见表 4—4，纺织品和服装出口情况），并产生了压低出口价格的作用。[①] 除了贸易争端的不断增加外，较低的出口价格也导致了国内工人工资持续走低。现在我们来探讨这一情况对我国收入分配产生的影响。现在需要强调的是，对于像我国这样一个大国而言，在追求出口导向型发展战略时，会受到很多重要的限制，它们是许多中小发展中国家所不会面临的状况。出口增长会带动我国经济的腾飞，但是我国经济的长期增长却不能依

[①]　我国这些商品和服务贸易的出口总额在一些目标市场（美国、欧盟、日本等）中已经占据显著的市场份额。这些市场中的消费者的境况从未这么好过——来自中国（以及其他发展中国家）的大量出口，有助于让这些市场上的大量最终消费商品保持在较低的价格水平（有时候相当低），从而显著地降低这些国家普通消费者的生活成本，并提高他们的实际收入和福利。

赖于此。①

表4—4 中国纺织品和服装出口/进口占世界纺织品和服装进出口份额（%）

年份	服装出口	服装进口	纺织品出口	纺织品进口
1980	4	0.1	4.6	1.9
1990	8.9	0	6.9	4.9
2000	18.3	0.6	10.3	7.7
2009	34	0.6	28.3	6.7
价值（2009，10亿美元）	107	2	60	15

资料来源：世界贸易组织：国际贸易数据（2010）。

确实，对于我国这样一个大国而言，通过降低出口价格和保持工人的低工资来追求长期的出口扩张，将对国内需求增长产生严重的负面影响。在理想状态下，当产品和服务的对外出口达到某个瓶颈时，应通过拉动内需来保持商品和服务的总需求不断增长，同时保证经济的增长。如果在出口扩张阶段，工人和其他利益相关者的收入也随之增长，经济的持续增长有可能实现。然而，通过压低出口价格和工人的工资来追求长期出口扩张，将抑制国内需求。如果缺乏需求的持续增长，经济增长也将最终停滞不前。

在公平方面，我们已经注意到了过度的出口扩张对出口价格和工人收入的不利影响。但是，我们还应意识到当出口价格下降时，并非所有的利益相关者（工人、管理人员、债权人和业主）都按比例（与他们的收入成比例）承担收益损失。通常情况下，工人们实际上承担了更大的损失，尤其是当找到替代工人较为容易时。确实，只要有大量的剩余劳动力有待吸纳，就不难找到替代工人。然而，工人们恰恰正是一国中低收入阶层的主体。因此，就一个大国而言，过度依赖出

---

① 显然，出口方面的成功也将有可能产生越来越多的经常账户盈余，但如果进口也相应上升，这样的情况就不一定会出现了。事实上，由于种种原因，中国经常出现经常账户余额的高额积累，从而对汇率产生巨大的上升压力。随着人民币升值，国内出口企业的利润空间进一步被挤压，并且由于出口量巨大也导致了出口价格的进一步降低。但是，如前所述，这并非一定受到一个国家规模的影响。

口扩张不仅会对国内需求的增长产生不利影响（如前所述），而且会对收入分配产生不利影响。

此外，还存在其他渠道使得国家的经济规模对其收入分配模式产生负面影响。比如，如果我们按刘易斯的思路来构想发展的路径（即将剩余劳动力从生产效率较低的活动，如农业活动，吸纳到生产效率较高的活动中，如工业和服务业），外国直接投资显然将有助于一个国家实现这种发展，尤其当国内资本稀缺时。然而，当一个国家的经济规模很大且有大量的剩余劳动力时，对于外国直接投资的依赖显然就有其局限性。虽然对于一个小国而言，相对较少的外国直接投资也许就足以帮助其吸收大部分剩余劳动力到工业和其他非农产业，并且能在相对较短的时期内完成这一过程，但对于一个追求同样发展目标的大国而言，则显然需要吸引几倍甚至几十倍于这一投资流的外国直接投资，并且需要更长的一段时间。而在任何一个时间点上，一定存在外资直接投资可获得额的上限，而且即使能获得所需的投资额，其成本也会更高。

这一分析思路对于考察一个发展中大国的收入分配和经济增长模式轨迹具有直接影响。根据定义（而事实也确是如此），在将剩余劳动力吸纳进生产效率更高的工业和服务部门之前，剩余劳动力的经济境况很差，而且可能仅生活在温饱线上。这意味着，对于一个国家而言，如果需要更多的时间来吸纳剩余劳动力，一个大国内的剩余劳动力将比一个小国内的剩余劳动力在贫困中停留更长的时间。从一个国家的收入分配模式来看，随着该国将剩余劳动力吸纳到高收入的职业里，其收入分配开始会有所恶化，但之后将逐步得到改善[1]，但相比于小国而言，大国实现这一改善的进程更加缓慢。两个国家可能是在同一时点开始发展的，但收入分配格局和轨迹将沿着各自的发展路径而表

---

[1] 关于这一点，见 Liu (2011)。

现迥异。①

再进一步，与小国相比，大国中自然资源禀赋的地理分布差异更大，这又会加剧收入分配的不平等。因此，相对于小国而言，大国的收入不平等情况不但会持续更长时间，而且后果更加严重。②

以上大部分的分析都直接适用于我国。尽管经历了 30 年的出口、外资流入以及整个经济都表现出高速增长，我国仍存在规模庞大的剩余劳动力以及与之相关的贫困③；很长时间以来，在广东及其他地区的出口加工工厂中，工人的工资并没有发生实质性的改变（见图 4—7）④，而整个国家的收入分配状况一直在恶化，现在已经远远超过了国际公认的警戒线水平。对于一个小规模的经济体而言，相似水平（在绝对数量上）的出口扩张和外资流入可能早已吸纳所有的剩余劳动力，消除相关的贫困问题，迅速提高工人工资，并促使整个国家走上收入更加平等的道路。但是由于我国庞大的经济规模，还没能做到这些。我们只希望，假以时日，这些终将实现。

---

① 严格地说，这里的讨论仅关注如果发展在大小经济体中都得到实现，那么其所需时间是不一样的，收入分配最终改善的时间也是不一样的。随着一国经济规模的增大，可供其利用的 FDI 的相对量（相对于其经济规模）会下降。然而，还可认为，与一小东道国相比较，这种资本流入的条件对一个大东道国更加不利，因而一个大国能够通过 FDI 留存的收入差额会小于一个小国所能留存的。基于之前关于出口价格下降对收入分配的影响的同样推理，这种 FDI 流入条件的恶化会对工人和其他利益相关者产生不成比例的影响。因此，与一小国相比，一大国的收入分配会更趋恶化。然而，回顾一下先前的讨论，相对于小国而言，一大国由于能够提供大量的剩余劳动力和更为广阔的潜在市场可使其对 FDI 流入更具吸引力。在其他情况都相同的条件下，预期这些影响会对收入分配产生相反的作用。因此，虽然一国经济规模会对 FDI 流入条件产生影响，但其对该国收入分配的净影响实际上是不明确的。

② 我们还应当认识到，虽然一个大国对其各部分有"均衡效应"，但如果它的各部分是相互独立的民族国家，则它们之间的收入差距可能要比它们同属于一个国家的各部分的差距大得多。

③ 与之相反的看法请参见 Cai (2007) 及其讨论。

④ 图 4—7 提供了模拟结果，该模拟结果以广州、东莞、深圳和中山的 7 个参与调研的公司的详细的工资信息为基础，并在控制了其他可能对工人工资产生影响的变量（如受教育水平）之后得出。在 25 家公司的初始样本中，18 个公司要么没有回应参与研究的邀请，要么拒绝了提供工资信息的请求。因此，作者必须指出，此处得到的结果可能高估了实际工资水平，因为在该地区的出口加工工厂中，没有参与研究的公司提供的工资可能更低。

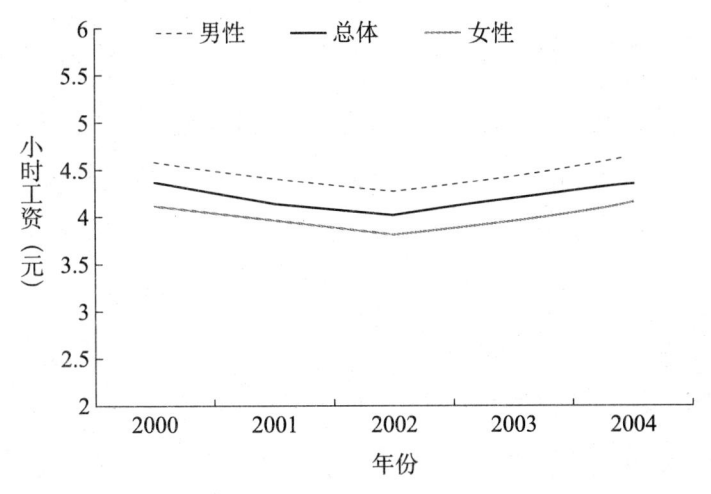

图4—7 中国广东省非熟练工人小时工资

资料来源：Meng and Bai（2007）。

我们不可能准确推测，如果中国是一个小国，那么在过去的30年中，将会发生或者不会发生什么。在考虑这个问题时，我们需要涉及许多因素。在上述讨论中，我仅仅考虑了与出口扩张和外资流入相关的因素，而这些因素正是早期经济学家处理国家规模及其含义时所重点讨论的。就中国而言，上述讨论的影响也是值得特别关注的。

六、启　示

我国目前的增长和公平模式是由许多因素共同作用造成的。现有文献已经指出并讨论了其中的一些因素：市场导向型改革、所有制变革、出口推动、外国直接投资，以及国家的作用等。在本文中，我重点强调了在现有文献中较少被提及的因素，但并非刻意地去提出异于以往文献的看法，而是想指出，虽然这些因素常被忽略，但它们是非常重要的。可以说，它们是一座大型"冰山"的基部。虽然它们位于表象下且难以察觉，但事实上，若没有这些因素，这座"冰山"的顶部轮廓就不会这么引人注目。那么，解读这段历史对未来有何启示呢？启示有三。

（一）增长与公平

首先，由于中国的经济规模庞大，事实上需要走出一条全新的可持续的经济增长道路，同时需避免造成过度的收入分配差距。特别是，由于中国的经济规模庞大，出口和外资促进型发展战略存在严重的局限。与其他先前成功但规模较小的新兴工业经济体相比，中国更需要依靠拉动内需来确保经济的持续增长。这也意味着，在中国发展过程的早期阶段，我们就必须应对收入分配问题，即社会公平问题。因为，除了其本身的重要性以外，收入分配也对扩大内需有重要的影响。也许其他较小的经济体可以遵循一种"先增长后公平"的发展战略，即追求出口扩张和外资促进型的发展战略直到"增长阶段"差不多结束（即直到剩余劳动力几乎全部被吸纳进更具生产率的经济部门），才采取政策来应对收入分配和公平问题。对于中国这样一个大国而言，这绝不是一个合适的选择。①

毋庸置疑，一个经济体应该在哪个发展阶段处理收入分配和公平问题以及解决到什么程度，取决于其具体情况，其中就包括社会对不平等程度的容忍度。因此，即使是一个小经济体也可能被迫在增长阶段结束以前在这方面采取行动。然而，在我国，持续的增长本身就需要将促进社会公平分配的措施纳入其发展过程之中。② 也就是说，也许在经济发展的较早阶段，我们就会达到一个点，此时如不同时应对好分配和公平问题，便可能无法确保经济的持续增长。在我看来，我

---

① 此处潜在的原因是，一旦"增长阶段"结束（即农村的剩余劳动力都被吸纳入其他产业），以后的增长意味着工人工资的增长，而当工人工资开始处于增长路径上时，收入分配和公平问题就更加易于处理。

② 一个国家可能因社会的凝聚力或容忍力而被迫开始解决收入分配和公平问题，但这种需求与拉动内需的需求完全不同。在前一种情况中，成功的秘诀在于有效地管理社会的容忍度。而在后一种情况中，要想获得成功，不仅要有效地管理社会的容忍度，更重要的是有效地管理需求。

们已到达了这一点。

实际上，内需增长的问题已在我国学者和决策者中得到了广泛的关注。然而，对其重要性的认识还相当有限。国外需求被认为暂时下降了，原因或是我国外贸政策的调整，或人民币的升值，或受到了近期国际金融危机的影响。因此，总体上采取一些临时的政策应对即可，包括增加政府对基础建设的开支等。虽然这些短期措施确实暂时扩大了内需，但是这些投资的有效性还有待认真讨论。更为重要的是它们在多大程度上能够成为长期的对策来解决内需不足问题确实值得怀疑，真正有效的长期对策还有待于研究与发现。我们必须清楚地认识到，当前的内需缺口并不只是一种短期的现象，而是反映了我国经济中存在的一些长期的结构性问题，我们同样需要处理这些问题。

我个人的看法是，需要增加家庭需求，这也意味着增加家庭可支配收入。工资增长——尤其是低收入者工资的增长——有助于达到这一目标。通过实施更好的社会保障项目来增加转移性收入也能够拉动内需。然而，对这两类措施，政府均不太愿意实施。对于第一种情况而言，政府担心工资上升将会降低企业的竞争力，从而影响出口和外来投资。情况可能确实如此，但必须认识到的是，在许多出口商品相当廉价且技术含量低的情况下，继续依赖于目前的出口扩张战略并不符合我国的短期或长期利益。如上所述，短期内这种战略可能进一步压低出口价格；从长期来看，它甚至会导致国家落入依赖廉价和低技术含量产品出口的陷阱，而不能依靠自己的力量摆脱出来，即落入"中等收入陷阱"，这是一个最近开始流行的词。我在后面会进一步讨论教育以及一般社会部门投资，特别是教育在保证国家长期发展的潜力方面所起到的重要作用。

其次，政府似乎并无意愿通过各种社会保险和保障项目来承担向家庭实行转移支付的长期义务。尽管扩大社会保障的必要性已经得到普遍认同，并且不少最新研究已经对其水平和范围进行了讨论。但是迄今尚未有重要的具体行动得以实施。毫无疑问，在这方面保持谨慎的态度是必要的，但是过分谨慎却不必要。核心问题是，许多政策制定者似乎以消极的眼光看待这些转移支付。在一些国家（如一些拉美国家）类似的尝试失败了，在这些国家里，社会保障的增长速度似乎大大超过了经济增长的速度。在我国有关社会保障的讨论中，这些负面案例常常被引用。与之相反，转移支付的积极影响却普遍不受重视。然而，如果没有这种转移支付，我们很难想象一个发达国家在社会公平和总需求的系统构成方面将会变成什么样子。有时，社会转移支付会对宏观经济造成一定的压力，但是同样，我们也很难看到，如果没有这样的社会转移支付，其经济体会运作得更好。奇怪的是，虽然我国政策制定者中的许多人都毫不犹豫地认为我国应当在很多方面模仿西方国家，但当讨论到社会转移支付时，这种模仿却戛然而止。

（二）社会部门投资和中等收入陷阱

事实上，此类转移支付还有一个更为重要的作用，即其对人力资本积累的影响。如果没有相关的政府投入，尤其是在教育和健康以及其他社会保障项目上的支出，我们将很难想象当今的发达国家能实现它们现有的人力资本积累，尤其是其基础教育的普及和高等教育的广泛覆盖。人力资本积累是技术创新和技术进步的主要源泉，也被普遍认为是当今发达国家获得其"发达"地位的最重要的因素，同时还被广泛看作当今成功的发展中国家避免落入"中等收入陷阱"的唯一对策。

对于一个旨在谋求发展、实现现代化，并赶上当今发达国家的国家而言，没有什么比人力资本积累更为重要。没有人力资本积累，就不可能不失时机地去掌握和应用已有的技术，并加入到现有的全球或地区生产网络中去，更不可能实现技术模仿和革新，以及最终实现自主创新和进入价值链中真正的高附加价值部分。我国1978年以前的人力资本积累使得我们完成了这一长期的过程中的第一阶段（即学习和掌握已有的技术，并加入到国际生产网络中去）。我国现在似乎已经进入这个过程的第二阶段，即模仿和革新。但是要成功进入第三阶段，即实现自主创新和进入价值链中真正的高附加价值部分，还需要远远高于现有数字的人力资本，这也意味着需要对教育、培训和其他方式的知识与技能传授进行更多的投资。也许，这还意味着需要对现有的正规和非正规的教育培训体系进行适当的制度变革。

最近 G—20 峰会就发展达成的共识（《首尔宣言》）承认了人力资本的一般重要性，并把人力资源开发作为九个重要发展支柱之一。对于我国而言，积极参与各种全球性或区域性讨论，开展各种关于促进人力资源开发的重要性、功能和有效方法的国际对话，是十分重要的。这将帮助我国更好地面对关于更新和扩大人力资本投资的不断增长的挑战，并找到切实有效的方法来应对这种挑战。其中一种方式是大量增加在初等、中等以及高等教育以及培训上的公共投资，既从供给方面增加师资数量和提高教育质量，确保教学内容更贴近于劳动市场上的实际需要，又从需求方面确保更广泛和更公平的受教育和受培训机会。特别需要有更多投资来改善农村中小学的教学设施和教学质量，确保农村儿童有更多的机会接受各类教育，包括高等教育。如果在接受适当教育后，一个农村孩子能够成为一个熟练的甚至具有创新性的工人，那么如果他们仅因为没有接受教育的机会而不能成为这样的工人，那么这将是社会的一个重大损失。尽管在实践中防止这种现象发生并不容易，但如果这一基本观点能得到政策制定者及社会上大部分人的广泛认同，那么这将有力推动制定合适的政策来减少这种现象。[1]

尽管直接瞄准教育和培训很重要，但我们也不能忽视，有效的人

---

[1] Scott Rozelle（2010）在最近的一份研究中就中国和美国、中国农村和城市地区教育资源和机会中存在的事实及可计算的差距进行了讨论。

力资本积累还需要其他一系列措施。健康是一个明显的方面。大量文献证实，在其他条件相同的情况下，青少年的健康状况对他们的受教育程度具有重要的影响。例如，儿童营养不良对他们在学校的表现就有很大的负面影响。事实上，早在怀孕刚刚开始的阶段，这种联系就存在了。这一发现很重要。它意味着如果双亲现在拥有更好的营养水平和健康状况，将不仅给他们自己，而且给他们的孩子带来丰厚的回报，同时给社会带来丰厚的回报。

一旦我们从这些角度来看问题，在教育、健康以及其他社会保障项目上的公共支出就不再是不产生任何社会收益的社会净成本了（在此暂时忽略其对社会总需求的影响）。恰恰相反，这样的支出完全有可能产生深远和广泛的社会效益。只是这些效益有时并不容易被发现，因为相关的过程一般还不可避免地涉及其他因素，而人们往往把这些公共支出所产生的效益归因到这些其他因素上，但该项支出的成本却是人人可见的。在我国，这似乎成了阻止人们就政府在教育、健康和其他社会保障项目上提供更多支出达成共识的一个主要原因。所以，对公共支出和人力资本积累关系的进一步的研究是很有必要的。

需要澄清的是，虽然我们强调了增加教育方面公共投资的必要性，但并不意味着我们忽视私人投资的作用。在中国（与在其他发展中和新型工业化国家中一样），教育领域中的私人投资已成为推动这一领域发展的一支重要力量。但遗憾的是，私人教育投资仅能使有支付能力的人得到受教育的机会。考虑到教育投资市场上存在的众所周知的缺陷，那些没有办法进行类似投资的人常常会被排除在教育机会之外。另一方面，人类的潜能却并不遵循这一界限，即以个人是否有能力支付教育投资来决定他们的潜能。

当然，以上只是讨论了教育的工具性价值。从人类发展的视角看，教育本身也是极为重要的，是人类发展的一个基本维度。既然如此，基本的社会正义要求在这一基本维度上至少存在一定程度的公平。因此，尽管私人投资颇受欢迎，我们还是更需要公共投资。我们面临的挑战是，如何让这两种投资相互补充而不是相互替代。

（三）土地和城市化

在这一点上回到本文开始时讨论的主题是合适的，即当前中国农业的土地承包制度。如前所述，相对于没有这一制度时农民的可能的收入水平，这一制度通过提高农民的收入水平从而对当前国家的收入分配和公平模式做出了积极的贡献。具体而言，该制度是通过确保以下三点来实现这一点的：第一，所有的土地（和劳动）成果都归农民自己所有（即不用向任何土地所有者缴纳租金）；第二，通过与其他非农活动相结合，农业仍然是一个重要的收入来源；第三，当一个外来务工的农民在城市中谋取更好生活的所有希望都被打破的时候，他可以回到自己的村庄。

然而，围绕我国目前的农村土地制度存在着许多争议。赞成延续这一制度的主要观点是，至少在今后一段时间内，土地将继续为农民提供最基本的社会保障，不仅在收入方面，也在就业方面。反对这一制度的则指出，这一制度导致了大量的土地被低效率利用（有时甚至是完全抛荒）。不少土地（使用权）持有者远远迁居城市，而对他们所拥有的土地的经营并不关心。鉴于这类移民数量很多，总的来说这一问题确实非常严重。

土地私有化可以作为一个解决方案。在现行制度下，谁不愿意免费（确确实实免费，由于中国现在已取消了所有农业土地税）持有一块土地，而并不打算用于生产呢？但是在私有产权下，农民需要为持有（或继续持有）这块土地付出一个价格。他出租这块土地所得的租金，或者他出售这块土地所得的收入，即是他每年或永久持有这块土地的代价。因此空闲土地的持有者在决定持有或继续持有一块土地时必须深思熟虑。

然而，我并不完全接受这样的论述。一方面，在当前的制度下，一个农民实际上能够将他的土地出租给另一个农民以获得酬金（租金）。也许这一做法还没有得到充分规章化或制度化，那么一个解决办法就是充分地规章化或制度化该做法。一个活跃的农用土地租赁市场或许就能很好地解决土地利用效率低的问题（如果不能完全解决，至少能大大缓解问题）。在当前的制度下，土地持有者不能售卖土地，相应地土地购买者也不能对所购买的土地确立所有权。这可能会给一些潜在的土地使用者带来困难，但是我并不完全清楚，与仅仅租用土地相比，这些困难有多大（因为不能直接确立土地所有权）。

但是，更为重要的是，在一个私有地权制度下，不仅今天的一些空闲土地持有者会因此而获得激励将他们的土地转移给更具生产率的使用者，一些农民也会被迫低价出售他们的土地，例如，当他们面临一些真正的困难时（如患了重病）。回顾历史，在中国古代，以及世界上其他古老文明中，土地集中和经济两极化常常导致剧烈的改朝换代和社会巨变，其大部分原因都源自这种不幸的土地出售。

这并不意味着中国就应该永久地坚持现有的农地产权制度。确实，调整是很有必要的（除了上面提到的与土地的低效率使用相关的考虑，现有制度还常受到来自地方政府的各种腐败和滥用职权行为的影响，且大部分与城市房地产的开发有关，然而此处无法讨论该问题）。但我们必须首先消除那些导致当前农村土地制度的原因，即它作为农民社会保障体系的一项替代制度。只有在解决了这一问题后——而不是在这之前——我们才能着手改变目前的土地制度。这使我回到了之前关于政府应该迅速采取措施以在全国范围内建立一个有效且完整的社会保障体系的要求上。这一社会保障体系应包括教育、健康和失业保障等，不仅覆盖城市居民，而且还应面向农村居民。在农村地区，这一保障体系的建立可以从一个适度的水平开始，再慢慢提升，并最终与现有的城市保障制度在保障水平和保障范围上合为一体。当且仅当这一保障制度构建完成后，才能对当前农村的土地产权制度做出基础性的调整和改革。

即使将农村的农业土地私有化了，仍有必要对单个土地所有者所能拥有土地的规模做出限制（就像我国台湾省已做的那样）。小农土地制度要比大规模的商业农场更能创造就业，提供更多的农业收入，支撑更大的农村人口。同时，它也有利于兼职农业的继续发展。正如我提到过的，过去几十年来，我国农村发展的一个基本特点就是兼职农业的扩展，这自然对农村地区以及整个国家的经济增长和公平模式有着重要的影响。事实上，它还影响了我国城市化的模式，但这也不是本文能够深究的问题。

七、结　论

中国目前的增长和公平模式是由许多因素共同作用造成的。在本文中，我强调了其中一些因素的作用，这些因素是许多学者在解释我国近年来经济的成功与挫折时常常忽略的。我在本文中强调了它们的重要性，并非有意标新立异，而是确实认为，它们是非常重要的。我甚至认为，它们是解释我国近年来经济成功与挫折的非常关键的因素。从某种意义上说，如果我们不能对这些因素的作用有一个正确的理解，我们将难以完全理解中国的近现代经济史，也不能对未来的经济增长和发展战略提出合理的建议。

正如我所阐述的，在这些重要的因素中，包括1978年以前打下的基础，尤其是在与土地相关的制度改革和社会部门投资方面。这些因素成功地配合了我国在1978年以后实行的出口和外资促进战略，造就了我国经济增长的奇迹。前者对收入分配和城乡迁移有直接的正面影响，后者则保证了中国成功地实施出口导向型和外资促进型发展战略，这一战略事实上是中国近年来经济增长的主要引擎。然而，虽然这些战略造就了我国经济的腾飞，但是我们不能长期依赖它们。正如本文所论证的，对中国而言，无论在短期还是长期，扩大内需以满足大规模扩张的生产力都十分重要，而这也意味着当前的收入分配模式需要得到进一步完善。尤其是，除了工资增长，国家还必须花大力气来扩展社会保障项目，这既能起到扩大内需的作用，又能起到帮助更新和深化人力资本投资的作用。在长期，对于我国而言，如果想要继续大幅发展、实现现代化，并赶上当今的发达国家，没有什么比人力资本积累更重要。在过去的几十年中，先前优秀的人力资本积累使得我国在与其他类似的经济体的竞争中脱颖而出，但在今后的几十年中，经济的继续增长和人民生活水平的持续提高将更加需要对人力资本的大量投资。因此，无论是通过政府从供方直接投资于教育和培训设施的改善和教育质量的提高，还是通过政府从需方提高居民收入和社会保障水平以增加教育及培训机会的可及性，都将被证明是异常重要的。

参考文献

1. Cai, Fang (2007), "The Lewis turning point in Chinese economic development", in *Xueshu Dongtai*, 2007 (3).

2. Caselli, G., Meslé, F., Vallin, J. (2002), "Epidemiologic transition theory exceptions", *Genus* 58: 9 - 52.

3. Dasgupta, P. (1997), "Nutritional status, the capacity for work, and poverty traps", in *Journal of Econometrics*, 77: 5 - 37.

4. Goldman, C. A., K. B. Kumar and Y. Liu (2008), Education and the Asian Surge: A Comparison of the Education Systems in India and China, Rand Occasional Papers, Rand.

5. Li, Shi and Chuliang Luo (2007), "A re-estimation of the Chi-

nese urban-rural income gap", in *Journal of Peking University (Social Science Edition)*, 2007 (2).

6. Li, Shi, Chuliang Luo, and Terry Sicular (2011), Income Inequality and Poverty in China, 2002—2007, mimeo.

7. Liu, M. (1994), "Work incentives on China's communes: A dichotomy", *Journal of International Trade and Economic Development*, 3 (2): 103-28.

8. Liu, M. (2011), Understanding the pattern of growth and equity in the People' Republic of China, Asian Development Bank Institute Working Paper No. 331, ADBI, Tokyo.

9. Liu, M. (2013), "Education and the roles of the state and the market in poverty eradication", in The Twin Challenges of Reducing Poverty and Creating Employment, United Nations Department of Economic and Social Affairs, New York.

10. Liu, M., Z. Wu and T. G. Liu (1998), "Farmland consolidation in Mainland China and Taiwan: Impacts and Implementation", report submitted to ESRMU, Department for International Development, UK, February 1998, p. 120.

11. Liu, M., L. Xu and L. Liu (2006), "Foreign direct investment and labor reforms: Some evidence from Guangdong Province in China", in Kevin Zhang (ed.), *China as a World Workshop*, Routledge, Taylor & Francis Group.

12. Meng, Xin and Nansheng Bai (2007), "How much have the wages of unskilled workers in China increased?", in Ross Garnaut (ed.), *China: Linking Markets for Growth*, ANU E Press, Canberra, 2007.

13. Perkins, D. H. and Moshe Syrquin (1989), "Large Countries:

The Influence of Size", in Hollis Chenery and T. N. Srinivasan (eds), *Handbook in Development Economics*, vol. 2, 1691—1753, Amsterdam: Elsevier.

14. Ravallion, M. and S. Chen (2007), "China's (uneven) progress against poverty", *Journal of Development Economics*, 82 (1): 1-42.

15. Ravallion, M. , S. Chen and P. Sangraula (2007), "New Evidence on the Urbanization of Global Poverty", in *Population and Development Review*, 33 (4): 667-701.

16. Rozelle, Scott (2010), "China's 12th 5 Year Plan Challenge: Building a Foundation for Long Term, Innovation-Based Growth and Equity." Paper presented at NDRC-ADB International Seminar on China's 12th Five Year Plan, Beijing, 19 January.

17. WHO (1978), Declaration of Alma Ata, Geneva.

5 经济增长与农村反贫困[①]

一、引 言

关于经济增长和贫困之间关系的争论由来已久。半个世纪以前，Kuznets（1955）认为：在经济发展初期收入差距会扩大，经济增长对反贫困的作用会很小。到了20世纪70年代，Chenery et al.（1974）、Adelman & Morris（1973）、Fishlow（1972）以及 Bardhan（1973）等均认为经济发展不是使贫困人口保持其贫困状况，就是使他们的福利状况变得更差。然而到了80年代，关于经济增长和贫困之间关系的讨论开始转向另一面，即重新强调经济增长在减少贫困上的核心作用。根据对1960年以来一些国家经济增长和

[①] 本文由夏庆杰、宋丽娜、Simon Appleton 合著。夏庆杰，经济学博士，北京大学经济学院教授，北京大学经济与人类发展研究中心代主任。宋丽娜诺丁汉大学，中国当代研究学院。Simon Appleton，诺丁汉大学，经济学院。

贫困数据的分析，Fields（2001）发现：就平均水平而言，经济增长并没有对收入分配差距产生有规律的影响。根据大致相同的数据，Dollar & Kraay（2000）发现：经济增长会带来低收入者收入的增加。然而，这两个概括性的结论仅仅建立在一些国家的平均数据基础之上，并没有形成"铁律"。实际上，正如巴西和东亚经济实体截然相反的数据所表现的，某些国家的情况可能和以上结论相对立。

中国的贫困问题主要存在于农村（Khan，1998）。经济改革起步时（1980年），中国绝大多数的农村人口（76%）生活在贫困线以下，快速的经济增长使中国农村贫困率下降到了2001年的12%（Ravallion & Chen，2007）。这是有史以来速度最快的贫困率下降。中国政府宣布中国提前实现了联合国设定的在2015年使贫困人口减少一半的千禧年减贫目标。面对这一惊人的减贫速度，人们均希望了解中国农村能够快速减贫的原因是什么。

关于中国贫困问题的研究成果也反映了中国农村反贫困政策的发展和变化。经济改革初期和90年代中期（1994—1996年）农村贫困率迅速下降；然而在80年代后期、90年代初期和后期，农村收入增长缓慢，或者说在这几个时期里在农村反贫困上问题停滞不前（Khan，1996 & 1998；Chen & Wang，2001；Ravallion & Chen，2007）。改革开放初期农村贫困率快速下降可归因于推行农村土地承包责任制，而90年代中期农村贫困率的减少是由于农产品收购价格的上升（Khan，1998；Riskin，2004；Sicular et al.，2007）。然而，80年代后期、90年代初期和后期农村贫困率停止下降甚至有所上升，其原因有：农村土地承包责任制对提高农民收入的影响殆尽；当经济改革的重点由农村转向城市，特别是沿海开放城市和吸引外资加工业时，90年代初期和后期工农产品之间的贸易条件发生了不利于农村和农业的变化（Riskin，2004）；农村乱收费现象严重（Khan，1998；Khan & Riskin，2001）；尽管90年代时政府放松了对农民工进城务工的限制，但是国企改革导致的大规模职工下岗加剧了农民工找工作的困难，这迫使农民工接受低于政府规定的最低工资（Appleton et al.，2002，2004，2005）；另外，农民工进城打工对农村减贫的作用有限，因为农村贫困人口外出打工的可能性实际上较低（Du et al.，2005）；中国政府在1986年实施了农村扶贫项目（Liu，2002），然而在1986—1995年期间农村扶贫项目对农村收入增加的影响不大（Park et al.，2002）。这些现象有悖于中国经济高速增长的事实。

关于中国农村贫困问题的研究大多以国家统计局（NSB）或中国家庭收入分配项目（CHIP）的入户调查数据为基础。如Khan（1998）、Chen & Wang（2001）、Ravallion & Chen（2007）等使用的是NSB数据，Khan（1998）、Sicular et al.（2007）等则使用CHIP数据。NSB数据的不足是它早期的收入数据（比如1988年）关于农户收入的指标不够详尽，如农户自家消费的农业产品没有市场价格的记录，自用住房租金亦未折为收入，因而会对贫困水平和收入差距的估计产生偏差。相比之下，CHIP数据则避免了这个缺陷。

鉴于此，本文拟使用1988年、1995年、2002年CHIP农村入户调查数据对以下问题进行研究。第一，根据CHIP数据重新估计农村的贫困率；第二，首先按农户收入增长和收入分配因素对农村贫困率的变化进行非参数分解，接下来再根据农户从事经济活动的类别（如农户有无非农经济收入）对农村贫困率的变化进行分解。第三，根据CHIP数据构造的以省区为单位的面板数据，分析收入增长和收入分配变化对贫困变化的影响。尽管我们并不质疑可以从多个角度考察贫困问题（World Bank，2001），但本文的分析局限在使用货币测算贫困的范围之内。这种分析方法以家庭收入或消费作为测算贫困的基础。最后，以上关于中国农村贫困问题的研究大多没有对中国地区间巨大的物价差异作出调整，本文在分析时则根据Brandt & Holz（2006）的中国地区间物价差距指数对CHIP数据中的地区间物价差异进行了调整。

1988年以来的中国农村贫困率估计值汇编见表5—1。

表 5—1　1988 年以来的中国农村贫困率估计值汇编

(%)

年份	中国官方贫困线	Ravallion & Chen (2007) 根据2002年不变价格计算的每人每年850元人民币贫困线	Chen & Wang (2001) 0.5 美元/天贫困线	0.75 美元/天贫困线	1 美元/天贫困线	1.5 美元/天贫困线	2 美元/天贫困线	Khan (1996) 2150卡路里(标准贫困指数)	2150卡路里(低贫困指数)	Khan (1998) 2150卡路里贫困线	本文 根据2002年不变价格计算的每人每年850元人民币贫困线
1988	7.99	23.15						26.95	16.09	35.1	15.72
1989	11.88	29.17									
1990	10.55	29.18	7.1	23.3	42.5	73.4	87.6	23.94	13.87		
1991	11.66	29.72									
1992	9.83	28.18	7.1	23.3	40.6	70.8	85.7	22.90	13.63		
1993	11.29	27.40	7.7	22.9	40.6	68.9	84.4	23.70	14.11		
1994	10.41	23.32	7.4	20.6	34.6	63.9	80.3	23.05	13.62		
1995	7.83	20.43	6.2	17.6	30.8	57.4	75.8			28.6	17.80
1996	4.20	13.82	3.4	11.9	24.1	49.2	68.7				
1997	4.83	13.33	4.1	12.4	24.0	48.4	67.9				
1998	3.24	11.58	3.7	12.0	24.1	49.4	69.0				
1999	3.43	11.40	4.0	12.7	24.9	49.6	68.7				

续前表

年份	Ravallion & Chen (2007)		Chen & Wang (2001)				Khan (1996)	Khan (1998)	本文
	中国官方贫困线	根据2002年不变价格计算的每人每年850元人民币贫困线	0.5美元/天贫困线	0.75美元/天贫困线	1美元/天贫困线	1.5美元/天贫困线	2美元/天贫困线	2 150卡路里（标准）贫困指数	2 150卡路里（低）贫困指数	2 150卡路里贫困线	根据2002年不变价格计算的每人每年850元人民币贫困线
2000	5.12	12.96								
2001	4.75	12.49								
2002										7.07
数据来源	国家统计局分组列表数据		国家统计局分组列表数据	国家统计局分组列表数据	国家统计局分组列表数据	国家统计局分组列表数据	国家统计局分组列表数据	国家统计局分组列表数据	中国家庭收入项目(CHIP)	中国家庭收入项目(CHIP)

说明：(1) 大部分数据来源于中国国家统计局(NBS)的调查。尽管研究人员通常只能获得分组列表数据。本文的原始分析主要使用中国家庭收入项目(CHIP)调查数据，这一点已在文中说明。
(2) 贫困线通常采用绝对值形式，如"每人每天1美元"及其倍数（经过购买力平价调整），或者根据人每天获得特定数量卡路里热量所需要的花费。
(3) 本文采用Ravallion & Chen (2007)根据2002年不变价格计算的每人每年850元人民币贫困线。

本文结构如下：第二部分介绍本文所使用的数据、对贫困测算的方法，及其他研究方法。第三部分包括本文关于增长、不平等和贫困及其在1988—2002年期间变化的研究发现。第四部分用非参数分解方法来解释收入增长、收入分配及农户经济活动的类别对绝对贫困率变化的影响，同时根据CHIP数据构造的以省区为单位的面板数据用固定效应方法分析收入增长和收入分配变化对贫困变化的影响。第五部分给出本文结论。

二、数据和研究方法

本文使用中国社会科学院经济研究所在1988年、1995年和2002年收集的中国家庭收入项目的农村入户调查数据。关于CHIP数据采集的详细介绍和说明，请参见Griffin & Zhao（1993）、Riskin et al.（2001）、Gustafsson et al.（2008）等。CHIP入户调查是在国家统计局全国家庭入户调查的样本框基础上的抽样，具有全国代表性。[1] CHIP数据的主要长处是其提供了一个比NBS数据更全面、更精确的家庭收入评估（参见Khan et al.，1993）。本文根据Khan et al.（1993）提出的方法计算收入，包括了根据房主自用住房租金折合收入的估计值。[2]

从地理角度看，中国是一个大国，因而，不同地区之间在物价水平上有很大的差别。关于中国贫困及收入差距的研究也长期受制于缺乏关于地区间物价差异的测算和调整。Brandt & Holz（2006）的研究改变了这种状况。他们根据1990年中国各省区的生活物价指数估计了

---

[1] CHIP农村数据的初衷是力图具有全国代表性，但是由于财力的限制，1988年CHIP数据涵盖了29个省区，1995年涵盖了19个省区，2002年涵盖了22个省区。另外，随着农民工进城的增加和城市化速度的加快，CHIP农村数据的全国代表性也受到了一定程度的削弱。

[2] 这是CHIP数据与NSB数据的主要区别之点。由于这一收入定义的区别可能会导致本文的计算结果与其他相关研究不一致。

不同省区之间的物价差异指数，并根据1990年不同省区的生活物价差异指数推导出了1990年以后各年的地区间生活物价差异指数。Brandt & Holz 的地区间生活物价差异指数也有一些缺点，其中之一是他们使用建筑原材料的成本估计住房的成本。然而，城乡之间在建筑原材料上的价格差异要比住房价格上的差异小得多。因而，Brandt & Holz 低估了城乡之间的住房价格差异。另外，使用1990年中国不同省区的生活物价差异指数推导1990年后各年的地区间生活物价差异指数会有很大误差。尽管如此，Brandt & Holz 的地区间生活物价差异指数依然有助于消除地区间生活物价差异。因此，本文使用 Brandt & Holz 的地区间生活物价差异指数和农村物价指数，对 CHIP 数据中的地区间生活物价差异和不同年份的物价差异进行了调整。最后，本文以2002年不变价格为基准估计农户收入及贫困。

关于贫困线，本文直接使用 Ravallion & Chen（2007）的中国农村贫困线。Ravallion & Chen 与中国国家统计局合作设计了中国农村贫困线，即按2002年不变价格计算的每人每年850元人民币贫困线。使用 Ravallion & Chen 贫困线省去了把国际贫困线转换为中国货币贫困线时带来的关于购买力平价（PPP）方面的争议。为方便国际比较，本文也提供了根据美国1985年不变价格计算的每人每天1美元、1.5美元、2美元的国际贫困线估计的贫困率。

除了使用多个贫困线估计农村贫困率外，本文还进行了"占优分析"（dominance analysis），即根据按从低到高的顺序排列的多重贫困线，绘制贫困发生曲线。其目的是观察相对于贫困线位置而言的贫困变化趋势是否稳定［参见 Ravallion（1992）的讨论，本文图5—2及与之相关的内容提供了一个"占优分析"的应用］。按常规做法，占优分析要求把贫困线固定在绝对贫困线上，而不是使用随平均生活水平的变化而变动的相对贫困线。本文采用绝对贫困定义，贫困分析也以这一定义为基础。我们不否认贫困具有相对性。为此，本文也使用相对贫困线估计了农村贫困指标。本文的相对贫困线定位于调查年份农村家庭人均收入变量中位数（median）的一半的位置。然而，我们的主要兴趣在于分析中国农村贫困人口是否已从经济增长中获得收益，因此只有绝对贫困定义才能回答这个问题。

关于贫困分解，本文首先以收入增长因素和收入分配因素来分解贫困的变化，接下来再按农户从事生产活动的类别对贫困变化进行分解。为理解方便，我们把贫困分解方法的具体说明和相关数学公式放到本文的第四部分。

三、农村收入差距及贫困的变化

（一）经济增长及收入差距的变化趋势

在 1988—2002 年期间中国的 GDP 年增长率按不变价格计算估计为 7.4%。[①] 然而，根据 CHIP 数据，农户人均实际收入年增长率要低得多，为 3.5%（按国家统计局农村物价指数计算该增长率为 4%）（见表 5—2）。即使如此，农民的经济状况也获得显著改善。平均而言，2002 年农户的人均收入大约是 1988 年的 1.6 倍。1988 年以来农户的收入结构也发生了显著变化（见表 5—3）。工资收入从 1988 年占农户总收入的 8.4% 迅猛增长到 1995 年的 26%，2002 年进一步增长到 31.6%。2002 年农户总收入的另外三分之一（36.9%）是农民家庭非农个体经营创造的，而 1995 年时该项目收入的对应比例为 10%（1988 年时约为 11%[②]）；相比之下，农业收入占农户总收入的份额由 1988 年时的约为 63%[③] 下降到 1995 年的 46.2%，2002 年时又陡降到

[①] 作者根据相关年份的《中国统计年鉴》计算得出。

[②] 由于 1988 年 CHIP 数据没有区分农业和非农业生产的投入，我们只能对农业收入和非农业收入占农户总收入的比例进行估计。详情见表 5—3 的注解。

[③] 作者根据相关年份的《中国统计年鉴》计算得出。

11.4%。这些惊人的变化反映出由农户非农个体经营和非农打工创造的收入已成为农户的主要经济来源,相反,农业耕种收入则下降为农户的次要经济来源。

表5—2 农村家庭收入增长率(CHIP数据和国家统计局数据对比)

	CHIP,没有根据Brandt & Holz (2006)方法进行调整	CHIP,根据Brandt & Holz (2006)方法进行了调整	国家统计局数据
1988—1995年	4.38%	2.33%	3.91%
1995—2002年	3.96%	4.67%	4.79%
1988—2002年	4.17%	3.50%	4.35%

表5—3 农村家庭人均收入基本情况(CHIP数据)

	1988年	1995年	2002年
人均收入均值	1 939.557	2 282.593	3 165.716
人均收入中位数	1 658.309	1 647.905	2 509.288
收入构成(百分比):			
1. 农户就业成员工资收入	8.40%	25.95%	31.63%
2. 农户从外部企业得到的收入(福利、奖金等)	2.24%	5.82%	0.10%
3. 农户从农业和非农业经营得到的净收入	74.21%	56.69%	48.31%
(1) 从农业得到的净收入[a]	63%[1]	46.86%	11.46%
(2) 从家庭非农业经营得到的收入	11%[1]	9.83%	36.86%
(3) 自家消费自产农产品	41.29%	n.a.	n.a.
5. 财产收入	0.19%	0.48%	0.59%
6. 房主自用住房租金折算收入	9.80%	8.01%	14.33%
7. 政府补贴收入	−1.98%	−1.02%	−2.72%
8. 其他(私人转移支付等)	7.14%	4.08%	7.76%
10. 观测值数	10 258	7 998	9 200

a. 由于1988年CHIP数据没有区分农业和非农业的投入,我们只能根据农户的农业和非农业的毛收入估计其农业收入占其总收入的比例。1988年农户的人均农产品毛出售值为373元,人均消费自产农产品为253元,人均非农业收入为107元,人均投入为227元。因而即使所有投入都假设为农业投入,农业净收入依然占农业和非农业总收入的79%。进而农业净收入至少占农户总收入的比例为79%*74.21%=59%,非农业净收入至多占农户总收入的15%。如果假设农业和非农业投入之比等于农业和非农业毛产出之比,那么农业净产出占农业和非农业净产出的85.4%,即农业净收入占农户总收入的比例为85.4%×74.21%=63%,非农业净收入占农户总收入的11%。

CHIP数据比较全面的收入测算可能解释了根据该数据和根据国家统计局的更大规模入户调查数据得到的农户收入增长率估计值之间

的差异。国家统计局数据显示,这一时期(1988—2002年)的农户收入年增长率高达4.35%,而CHIP数据只有3.5%(参见表5—2)。CHIP数据记录的1988—1995年期间的农户收入增长幅度还要低一些,而且这一时期物价上涨速度较快;相反,根据CHIP数据计算的农户收入增长率在1995—2002年期间与国家统计局数据差异不大,该时期中国农村经济的代表性特征是非农经营活动迅猛扩展、农民工进城数量急剧上升。

更令我们感兴趣的是农户收入增长率在农户收入分布的各子区间上如何变化及其对贫困和收入不平等的影响。表5—4显示了CHIP数据把所有农户人均收入观测值分布区间十等分后各十分位数点上的农户人均收入,图5—1绘制了各十分位数点上的农户人均收入年增长率。图5—1显示1988—2002年期间农户收入增长率在各十分位数点上差异不大,但是收入增长率曲线向右上方倾斜。如前所述,在此期间,农民家庭人均收入的均值增加了63%。

表5—4 农户收入分布各十分位数点上的农户家庭人均收入(CHIP数据)

	1988年	1995年	2002年
第一个十分位数	707	702	1 047
第二个十分位数	984	942	1 431
第三个十分位数	1 219	1 172	1 784
第四个十分位数	1 431	1 398	2 130
第五个十分位数	1 658	1 648	2 509
第六个十分位数	1 919	1 941	2 930
第七个十分位数	2 238	2 340	3 489
第八个十分位数	2 681	2 929	4 277
第九个十分位数	3 455	4 201	5 883

1988—1995年期间农户收入分布各十分位数点上的增长速度差异较大。该时期的收入增长速度曲线向右上方倾斜而且比较陡峭,中位数以下各十分位数点上的收入增长率为负。1988—1995年期间贫困家庭(处于第二个十分位数点上的家庭)收入每年下降0.62%。相反,

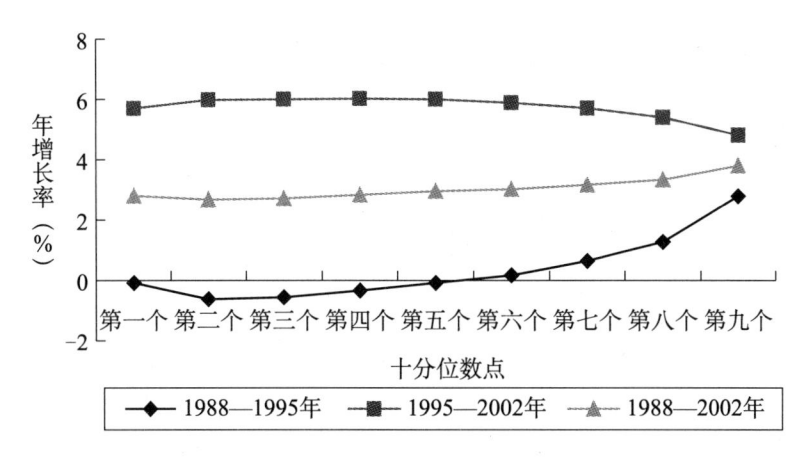

图 5—1　农户人均收入年增长率

富裕农户则享受了每年 2.79% 的收入增长。在 1995—2002 年期间，农户收入分布各十分位数点上的收入增长速度差异不大，呈较浅的倒 U 形。此外，高收入农户（如处于第九个十分位数点上的农户）在收入增长速度上低于中位数农户。

在 1988—1995 年期间较贫困农户的收入增长速度慢于较富裕农户意味着收入差距扩大。表 5—5 列示了我们根据 CHIP 农村入户调查数据计算的各种收入差距指数。根据任何常用的指数都可以得出结论，收入差距在 1988—1995 年期间大幅上升。例如，基尼系数从 0.33 上升到 0.42。显而易见，最大幅度的上升发生在 1988—1995 年期间。例如，2002 年时基尼系数反而下降到 0.38。考虑到图 5—1 中显示的迹象，即在 1995—2002 年期间最贫困农户与中等收入农户相比经历了同样的收入增长速度，且最富裕农户的收入增长速度也低于平均值，因而在 1995 年和 2002 年两次调查之间收入差距出现了下降。

表 5—5　1988—2002 年农村家庭人均收入的收入差距指标（CHIP 数据）

	1988	1995	2002
基尼系数	0.328 24	0.420 58	0.375 56
广义熵（−1）指数	0.346 23	0.403 20	0.328 03
广义熵（0）指数	0.194 71	0.303 70	0.243 45
广义熵（1）或泰勒 L 指数	0.189 54	0.348 37	0.254 54

续前表

	1988	1995	2002
广义熵（2）或泰勒 L 指数	0.255 49	0.648 13	0.369 64
阿特金森指数（不公平厌恶系数为0.5）	0.090 33	0.148 70	0.116 28
阿特金森指数（不公平厌恶系数为1）	0.176 93	0.261 92	0.216 08
阿特金森指数（不公平厌恶系数为2）	0.409 14	0.446 41	0.396 16

（二）贫困趋势

以上发现的农户收入分布各十分位数点上收入不断增长的事实说明了绝对贫困在下降。因而，只要使用适度宽泛的贫困线，我们也会得到同样的结果。为此，我们根据 CHIP 数据计算了多重（连续）贫困线下的农村贫困率（每百人中贫困人口的比例），并根据该结果绘制了农村贫困发生率曲线图（图 5—2）。在图 5—2 上我们观察到，2002 年的贫困发生率曲线低于前些年的。这意味着不论把贫困线定位在哪个农户人均收入水平，绝对贫困都在下降。仅仅从贫困人数方面测算贫困是片面的，因而我们使用了更广泛的贫困指标，即 Foster et al.（1984）提出的 $P\alpha$ 指标体系，贫困人数指标只是其中之一（当 $\alpha=0$ 时）。如果说图 5—2 揭示的"一阶"占优的结论在 α 取任何值的情况下都正确的话，那么 2002 年的任何 $P\alpha$ 贫困指标也必须低于前些年的相同指标。换句话说，不论贫困线定位在哪里，2002 年的贫富差距指标（P1）及其平方项指标（P2）均应低于 1988 年的同类指标。

根据 Ravallion & Chen 的贫困线（按 2002 年不变价格计算每人每年 850 元人民币）和 CHIP 数据，1988 年、1995 年和 2002 年的贫困率分别为 16%、18%、7%。与之比较，Ravallion & Chen（2007）用 NBS 数据发现这三年的贫困率要高一些，即分别为 23%、20% 和 12%（表 5—1）。如果根据世界银行标准把贫困线定义为"每人每天 1 美元"，那么按 2002 年不变价格计算应折合为 1 069 元人民币，或在图 5—2 中处于比横轴上的点"11"略低一些的位置。根据这个贫困线和CHIP数据,这三年的贫困率分别为25%、27%、12%。此外,我们还计算了两个较为宽泛的贫困线,即每人每天1.5美元贫困线和每人每天2美元贫困线。在每人每天1.5美元贫困线下,农村贫困率从1988年的49%下降到2002年的28%。在每人每天2美元贫困线下,农村贫困率同期从70%下降到43%(参见表5—6)。

表5—6　1988—2002年Ravallion & Chen (2007) 贫困线下的农村贫困指数 (CHIP数据)

	1988年	1995年	2002年
每人每年850元人民币贫困线			
贫困人数,P0	15.72%	17.80%	7.07%
贫富差距,P1	5.58%	5.17%	2.04%
贫富差距的平方,P2	3.30%	2.31%	1.01%
"每人每天1美元"贫困线			
贫困人数,P0	24.74%	27.08%	11.98%
贫富差距,P1	8.43%	8.58%	3.50%
贫富差距的平方,P2	4.62%	3.95%	1.63%
"每人每天1.5美元"贫困线			
贫困人数,P0	49.24%	50.43%	27.53%
贫富差距,P1	17.95%	18.77%	8.84%
贫富差距的平方,P2	9.45%	9.49%	4.16%
"每人每天2美元"贫困线			
贫困人数,P0	69.53%	67.22%	43.43%
贫富差距,P1	28.46%	28.92%	15.50%
贫富差距的平方,P2	15.58%	15.91%	7.71%
"农户收入分布中位数的一半"贫困线			
贫困人数,P0	13.89%	15.29%	15.32%
贫富差距,P1	6.39%	4.58%	4.96%
贫富差距的平方,P2	11.46%	4.40%	4.93%

说明:贫困线按2002年不变价格计算。按1985年购买力平价美元计算,1985年的1美元按购买力平价计算相当于2002年不变价格下的1 069元人民币。

在1988—2002年期间和1995—2002年子期间农村贫困率都在下降,然而在1988—1995年子期间农村贫困率却在上升。图5—2中最值得注意的情况是1988年的贫困发生曲线和1995年的相交,其交叉点的横坐标(即贫困线)约为每人每年1 800元人民币,纵坐标(即贫困率)约为61%。这意味着1995年时超过60%的中低收入水平农

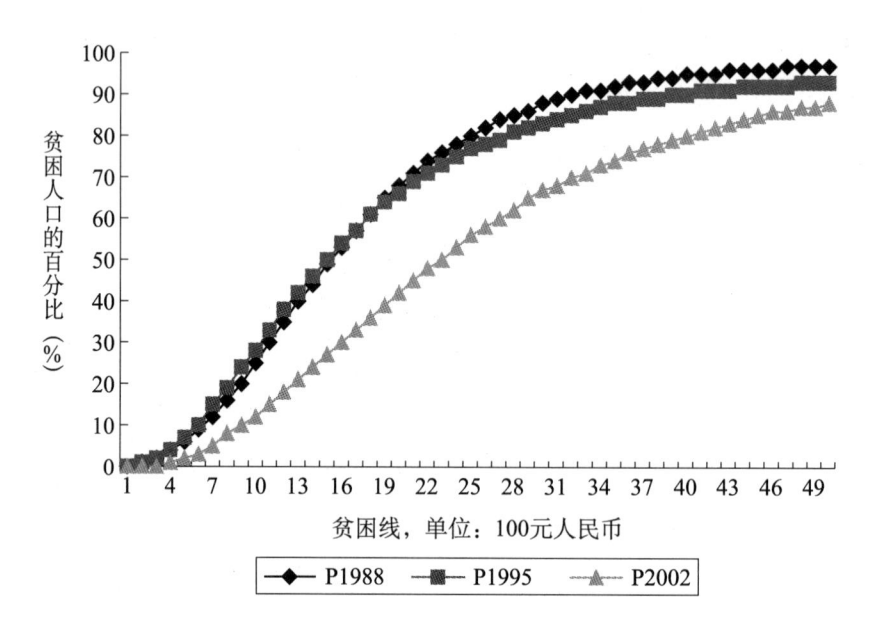

图 5—2　1988—2002 年农村贫困发生率曲线

户的经济状况与 1988 年时相比有所恶化。这有助于理解表 5—6 中的发现，即使用 Ravallion & Chen 的贫困线、每人每天 1 美元贫困线、1.5 美元贫困线时，在 1988—1995 年期间贫富差距 P1 指标都在上升。然而，Ravallion & Chen（2007）发现，在此期间农村贫困率在下降，Riskin（2004）、Chen & Wang（2001）也报告了类似的发现。这一差别可能是由 CHIP 数据的比较全面的收入测算造成的。

表 5—6 还显了采用相对方法测算贫困的农村贫困指标。具体来说，我们把相对贫困线定位于调查年份农户人均收入中位数的一半（即允许贫困线随经济增长而上升）。由于农户收入增长在各收入分布区间上差异较小，因而相对贫困率几乎没有变化。在该方法下，相对贫困率从 1988 年的 14％上升到 1995 年和 2002 年的 15％。

四、农村绝对贫困变化的非参数分解

关于贫困变化的非参数分解有助于我们深入地分析近年来的农村

贫困变动趋势。在本部分，我们使用以下非参数分解方法以测算农户收入增长在减少贫困方面的作用。

（一）把贫困变化分解为经济增长因素和收入分配因素

使用相对贫困指标测算贫困时存在的问题是农村平均收入的变化对贫困变化没有影响。只有当收入分配差距变化时，相对贫困才会变化。然而，在1988—2002年期间是经济增长而不是收入再分配提高了农村贫困人口的生活水平，原因是在该时期里农村收入分配差距扩大。收入分配差距扩大对贫困人口是不利的。根据 Datt & Ravallion（1992）的方法，我们可以把绝对贫困变化的原因分解为经济增长因素和收入分配因素（参见表5—7）。为此，我们需要首先用绝对贫困线 z、均值收入 μ_t 和能完全代表收入分配曲线的参数向量 L_t 来描述贫困测算指标 P_t，从而自第 t 年到第 $t+n$ 年农户贫困率的变化可以分解如下：

$$P_{t+n} - P_t = G + D + R \tag{1}$$

其中经济增长 G 和再分配 D 两个因素可计算如下：

$$G \equiv P(\frac{z}{\mu_{t+n}}; L_r) - P(\frac{z}{\mu_t}; L_r)$$

$$D \equiv P(\frac{z}{\mu_r}; L_{t+n}) - P(\frac{z}{\mu_r}; L_t)$$

式中，R 为剩余的残差。

为简单起见，我们只报告了贫困率（P0）指标的分解结果（表5—7），原因是 P1 和 P2 的分解结果与 P0 指标类似。从结果上看，农户人均收入增长对减少贫困的强大作用显而易见。例如，使用 Ravallion & Chen 的贫困线，我们发现如果农村贫困人口在1988—2002年期间和样本均值享有相同的收入增幅，那么中国农村贫困率将减少10.1%。由于在1988年只有15.7%的人口生活在该贫困线下，这样的收入增长意味着到2002年农村贫困人口（在收入分配不变情况下）

会减少三分之二。实际上，在此期间贫困率只下降了 8.6 个百分点，小于收入分配不变情况下的贫困率下降。

表 5—7　　　　农村贫困变化分解为收入增长因素和再分配因素（CHIP 数据）

	收入增长因素	再分配因素	残差	贫困率总变化
1988—1995 年				
贫困人数，P0	−4.71%	8.70%	−1.91%	2.08%
贫富差距，P1	−1.37%	1.98%	−1.03%	−0.41%
贫富差距的平方，P2	−0.61%	0.14%	−0.52%	−0.99%
1995—2002 年				
贫困人数，P0	−9.75%	−2.50%	1.53%	−10.72%
贫富差距，P1	−2.89%	−0.64%	0.40%	−3.14%
贫富差距的平方，P2	−1.27%	−0.22%	0.18%	−1.31%
1988—2002 年				
贫困人数，P0	−10.12%	5.64%	−4.16%	−8.64%
贫富差距，P1	−2.86%	1.00%	−1.69%	−3.55%
贫富差距的平方，P2	−1.31%	−0.25%	−0.74%	−2.30%

与表 5—5 反映的收入差距扩大相一致，表 5—7 也显示这段时期收入分配状况在趋于恶化，而且对贫困率的影响相当显著。例如，如果在 1988—2002 年期间平均收入没有增长，那么收入分配状况的恶化将使贫困率提高了 6 个百分点（即贫困率的增长率会高达 5.64%/15.72%＝36%）。其中，在 1988—1995 年期间贫困变化受分配因素的影响最为显著。根据 Ravallion & Chen 贫困线计算的贫困率，贫困变化中的分配因素的影响几乎是增长因素（绝对值）的两倍。这意味着对于最贫困人口而言，收入分配不合理的不利影响大大超过了经济增长的有利影响。然而收入分配差距也有缩小的时候，例如在 1995—2002 年期间收入分配差距略有改善，因此在这段时期，即使经济增长停滞，农村贫困人口也会减少。

（二）面板数据分析经济增长和收入分配变化对农村贫困率的影响

为进一步佐证以上贫困分解结果，本文采用 Ravallion & Chen（2007）

的方法，根据1988年、1995年、2002年CHIP农村入户调查数据中的省区信息构筑了以省区为观察单位的面板数据，其目的是考察收入增长对农村减贫的影响。固定效应（fixed-effect）面板数据回归函数表示如下：

$$\Delta p = c + r + \Delta g + \varepsilon \tag{2}$$

式中，Δp 表示各省区贫困绝对指标（根据 Ravallion & Chen 农村贫困线）的一阶差分，r 表示各省区农户人均收入均值的增长率，Δg 表示各省区基尼系数的一阶差分，c 为常量，ε 表示残差项。

表5—8给出了面板数据固定效应回归结果。收入增长对贫困指标P0、P1、P2的变化均具有负向影响，但只是对P0、P1的影响在统计上显著（收入增长变量在P2方程中 t 值大于1）。基尼系数的一阶差分变量只是在P0方程中具有显著的正向影响。面板数据分析结果显示：收入增长有助于减少贫困，但是收入分配差距扩大则会导致贫困率增加。

表5—8 关于收入增长对减少贫困影响的固定效应面板数据分析（1988—2002年）（CHIP数据）

被解释变量：贫困指数的一阶差分	P0	P1	P2
各省农户人均收入对数的一阶差分	−0.42 (−5.32) ***	−0.15 (−4.26) ***	−0.09 (−1.40)
各省基尼系数的一阶差分	0.71 (2.18) **	0.19 (1.34)	0.26 (0.96)
常量	0.05 (1.84) *	0.01 (1.33)	0.01 (0.36)
观测值个数	38	38	38
组内 R^2	73%	62%	20%
组间 R^2	74%	60%	52%
总 R^2	70%	58%	20%

说明：根据1988、1995、2002年CHIP农村入户调查数据中的相关变量按省区计算得出的以省区为观测单位构成的面板数据。

（三）把贫困变化分解为组内贫困变化因素和组别间人口份额变动因素

在农户不断将其经济活动拓展到非农经济活动中，特别是在进城打工的过程中，农村贫困率不断下降。根据农户所从事的经济活动，我们把农户分为互不交叉的四个类型：只从事农业耕种的农户、从事非农打工的农户[①]、从事非农个体经营的农户、从事非农个体经营兼非农打工的农户。当然，后三类农户也可能从事农业耕种。表5—9给出了以上四类农户各自在1988、1995、2002这三年中占农户总数的份额和贫困率。在这些农户组别彼此互斥的情况下，可以把贫困指标的总变化分解为组内贫困变化因素和组别间人口份额变动因素（Ravallion & Huppi，1991）。假设有两组人口（$i=1,2$），则从第t年到第$t+n$年之间合计贫困变化可以分解为"组内效应"（intra-group effects）、"组别间人口份额变动效应"（population shift effects）和"互动效应"（interaction effects）：

$$P_{t+n} - P_t = \sum_{i=1}^{2}(P_{t+n}^i - P_t^i)n_t^i \text{（组内效应）}$$
$$+ \sum_{i=1}^{2}(n_{t+n}^i - n_t^i)P_t^i \text{（组别间人口份额变动效应）} \quad (3)$$
$$+ \sum_{i=1}^{2}(P_{t+n}^i - P_t^i)(n_{t+n}^i - n_t^i) \text{（互动效应）}$$

其中n_t^i和n_{t+n}^i代表组i在第t年和第$t+n$年的人口份额，P_t^i和P_{t+n}^i代表组i在第t年和第$t+n$年的贫困指标。如果其他组别的农户因从事经济活动类别的变化而被重新分类到贫困率下降的组别，那么互动效应值为正。

改革开放以来最可见的现象是农民大规模工进城打工。据估计2004年时农村劳动力总数的四分之一，即大约有1.2亿农民工在城市生活和工作（刘军、陈兰，2005）。另外，很多农村劳动力还以在当地打工或个体经营的形式从事非农经济活动。农民工进城和在当地从事非农经济活动对农村经济的影响很大。如表5—9显示：纯非农打工

[①] 该类农户成员可能外出打工，也可能在当地打工。

表5-9 根据农户收入来源状况分解农村贫困的变化

a. 1988—2002年

	1988年		2002年		各因素对贫困率变化的贡献		
	各组的人口比例	贫困线下人口数比例	各组的人口比例	贫困线下人口数比例	组别间人口移动	组内变化	交互作用
纯农业农户	32.26%	25.37%	11.60%	12.82%	−5.24%	−4.05%	2.59%
非农打工农户	7.58%	5.55%	47.44%	7.03%	2.21%	0.11%	0.59%
非农个体经营农户	51.85%	13.20%	9.86%	7.69%	−5.54%	−2.86%	2.31%
非农个体经营和非农打工农户	8.30%	3.17%	31.10%	4.80%	0.72%	0.14%	0.37%
合计	100%	15.72%	100%	7.07%	−7.85%	−6.66%	5.87%

b. 1988—1995年

	1988年		1995年		各因素对贫困率变化的贡献		
	各组的人口比例	贫困线下人口数比例	各组的人口比例	贫困线下人口数比例	组别间人口移动	组内变化	交互作用
纯农业农户	32.26%	25.37%	26.99%	25.50%	−1.34%	0.04%	−0.01%
非农打工农户	7.58%	5.55%	24.11%	8.92%	0.92%	0.26%	0.56%
非农个体经营农户	51.85%	13.20%	26.79%	23.39%	−3.31%	5.28%	−2.55%
非农个体经营和非农打工农户	8.30%	3.17%	22.12%	11.30%	0.44%	0.68%	1.12%
合计	100%	15.72%	100%	17.80%	−3.29%	6.25%	−0.88%

c. 1995—2002 年

	1995 年		2002 年		各因素对贫困率变化的贡献		
	各组的人口比例	贫困线下人口数比例	各组的人口比例	贫困线下人口数比例	组别间人口移动	组内变化	交互作用
纯农业农户	26.99%	25.50%	11.60%	12.82%	−3.92%	−3.42%	1.95%
非农打工农户	24.11%	8.92%	47.44%	7.03%	2.08%	−0.46%	−0.44%
非农个体经营农户	26.79%	23.39%	9.86%	7.69%	−3.96%	−4.20%	2.66%
非农个体经营和非农打工农户	22.12%	11.30%	31.10%	4.80%	1.01%	−1.44%	−0.58%
合计	100%	17.80%	100%	7.07%	−4.79%	−9.52%	3.58%

农户在农户样本中的比例已由1988年的7.6%增加到2002年的近47.4%，非农个体经营兼非农打工农户由8.3%上升到31.1%；相反，纯农业农户在同期则由32.3%下降到11.6%，纯非农个体经营农户则由52%下降到10%。这意味着越来越多的农户依赖于由进城打工或在当地非农打工创造的收入。

在其他条件不变的情况下，大规模农民工进城打工和在当地从事非农经济活动的结果应该导致收入上升，从而使贫困率下降。然而，表5—9a显示：两个有非农打工的农户组别的贫困率在1988—2002年期间略有上升；反之，纯农业农户和非农个体经营农户组别的贫困率在此期间几乎减少了一半。因此，虽然从总体来看，农户总样本的组别间人口变动和组内贫困变化的总体效应在1988—2002年期间都显示了贫困率的下降，然而，由于外出打工户组的规模在此期间大幅增加，并且该组别的贫困率在上升，因而农户总样本的组内贫困变化效应和组别间人口变动效应之间的总体互动效应意味着农村贫困率上升。换句话说，如果不是纯农业户和非农个体经营户组别贫困率的下降，农村总体贫困率可能会增加。这一点表现如下：有非农外出打工的两个农户组别的组别间人口变动效应和组内贫困变化效应均造成农村贫困率上升；而来自纯农业户和纯非农个体经营户的组别间人口变动效应和组内贫困变化效应则以较大的影响导致农村贫困率下降。

尽管在1988—2002年期间有非农打工的两个农户组别的贫困率上升，而在该时期的后半段即1995—2002年期间，以上四个农户组别的贫困率都在下降，但是其组别分解的模式与1988—2002年整个时期相比差别不大。相比之下，在1988—1995年期间各农户组别的贫困模式变化有很大的不同：以上四个农户组别的贫困率都有不同程度的增加，只是纯农业农户组别的贫困率增幅很小，这可能是政府提高农产品价格所产生的效应（Riskin，2004）。纯农业户和非农个体经营户的组别间人口变动效应导致贫困率下降，而有非农打工的两个农户组别的组别间人口变动造成贫困率上升；而与此同时，总样本的组别间人口变动效应导致贫困率下降；相反，各农户组别及农户总样本的组内贫困变化效应均造成农村贫困率上升。农户总样本的组别间人口变动和组内贫困变化效应的互动效应意味着贫困率下降，但其影响几乎是可以忽略的。

五、总　结

本文使用1988年、1995年、2002年CHIP农村入户调查数据考察了中国农村贫困、收入差距的变化趋势及收入增长和收入分配变化对农村贫困的影响。与国家统计局数据相比，CHIP农村入户调查数据关于农户收入的定义更为全面。利用这个优势，本文首先进一步证实了以前的发现，即中国农村的绝对贫困率在1988—2002年期间及其后半阶段1995—2002年大幅下降，而且不论把贫困线确定在哪里都可以得出相同的结论；但是1995年时占农村人口总数达6%之多的农民收入不如1988年时的状况。因而，与1988年相比，1995年时的农村居民的经济状况有所恶化，但到2002年时又有所改善。

关于贫困的非参数分解分析显示：如果不是由于农村收入差距的扩大抵消了一部分农村贫困率的下降，农户收入增长将会在1988—2002年期间使更多的农村贫困人口脱离贫困。以省区为观测单位的面板数据固定效应分析也证实了这个发现。关于贫困的非参数组别分析发现：如果不是由于非农打工农户组别的贫困人口增加抵消了由纯农业农户组别和非农个体经营农户组别带来的贫困率下降，会有更多的农村人口走出贫困陷阱。总之，经济增长导致了中国农村贫困率大幅下降。

最后，2002年时农村贫困率（7%）要比城镇贫困率（0.07%）高得多（夏庆杰等，2007）。因而，正如前文所述，中国的贫困问题在农村，或者说，中国的反贫困资源应该更多地被安排在农村。进入21

世纪以来，中国政府在制定政策方面对"三农"问题给予了更多的关注。2006年中国政府不仅取消了农业税，而且对农户从事农业生产予以补贴。与此同时，政府还帮助农村居民建立了新型合作医疗体系。最新的改革是政府正式允许农户将耕地流转给农业经营大户，提高农产品收购价格，并为生活在官方贫困线以下的农民提供最低生活保障。① 有鉴于此，我们可以预期：不仅农村贫困率会持续下降，而且农村的发展条件也会不断得到改善。

参考文献

1. Adelman, I., C. T. Morris (1973), *Economic Growth and Social Equity in Developing Countries*. Stanford, CA: Stanford University Press.

2. Appleton, S. J. Knight, L. Song, Q. Xia (2002), Labour Retrenchment in China: Determinants and Consequences. *China Economic Review*, 13 (2-3): 252-275.

3. Appleton, S. J. Knight, L. Song, Q. Xia (2004), Contrasting paradigms: Segmentation and competitiveness in the Formation of the Chinese Labour Market. *Journal of Chinese Economic and Business Studies*, 2 (3): 195-205.

4. Appleton, S., L. Song, Q. Xia (2005), Has China crossed the river? The evolution of the wage structure in urban China. *Journal of Comparative Economics*, 33 (4): 644-663.

5. Bardhan, P. K. (1973), On the Incidence of Poverty in Rural

---

① 在2008年底以前，政府只给拥有城镇户口的、生活在贫困线以下的城镇居民提供最低生活保障。

India in the Sixties. *Economic and Political Weekly*, 8: February special issue, 245-254.

6. Brandt, L., C. A. Holz (2006), Spatial price differences in China: Estimates and Implications. *Economic Development and Cultural Change*, 55: 43-86.

7. Chen, S., Y. Wang (2001), China's growth and poverty reduction: recent trends between 1990 and 1999. *World Bank Policy Research Working Paper* 2651.

8. Chenery, H., S. M. Ahluwalia, C. L. G. Bell, J. H. Duloy, R. Jolly (1974), *Redistribution with Growth*. Oxford: Oxford University Press for the World Bank.

9. Datt, G., M. Ravallion (1992), Growth and Redistribution Components of Changes in Poverty Measures: A Decomposition with Applications to Brazil and India in the 1980s. *Journal of Development Economics* 38 (2): 275-295.

10. Dollar, D., A. Kray (2002), Growth is good for the Poor. *Journal of Economic Growth* 7 (3): 195-225.

11. Du, Y., A. Park, S. Wang (2005), Migration and rural poverty in China. *Journal of Comparative Economics*, 33 (4): 688-709.

12. Fields, G. (2001), *Distribution and Development*, Cambridge, MA: Russell Sage Publishers.

13. Fishlow, A. (1972), Brazilian Size Distribution of Income. *American Economic Review*, 62 (1/2): 391-402.

14. Foster, J., J. Greer, E. Thorbecke (1984), A Class of Decomposable Poverty Indices. *Econometrica*, 52: 761-765.

15. Griffin, K., R. Zhao (Eds.) (1993), *The Distribution of Income in China*. Macmillan & Co., London.

16. Gustafsson, B. A., S. Li, T. Sicular (Eds.) (2008), *Inequality and Public Policy in China*. New York: CUP.

17. Khan, A. R. (1996), *The impact of recent macroeconomic and sectoral changes on the poor and women in China*, New Delhi: ILO.

18. Khan, A. R. (1998), Poverty in China in the era of globalization, *Issues in Development Discussion Paper* 22 International Labour Organisation: Geneva.

19. Khan, A. R., K. Griffin, C. Riskin, R. Zhao (1993), Household income and its definition in China, paper 1 of Griffin, K., R. Zhao (eds.), *The Distribution of Income in China* Macmillan: London.

20. Khan, A. R., C. Riskin (2001), *Inequality and poverty in China in the age of globalization*. Oxford University Press: New York.

21. Kuznets, S. (1955), Economic Growth and Income Inequality. *American Economic Review*, 45 (1): 1–28.

22. Liu, Y. (2002), Poverty alleviation in the People's Republic of China's rural areas: problems, policy strategy and the role of science and technology. In OECD's *Development Centre Seminars: Technology and Poverty Reduction in Asia Pacific*, 187–200. Paris: OECD Publishing.

23. Park, A., S. Wang, G. Wu (2002), Regional Poverty Targeting. *Journal of Public Economics*, 86 (1): 123–153.

24. Ravallion, M. (1992), *Poverty comparisons: a guide to concepts and methods*. Living Standards Measurement Paper No. 88, World Bank: Washington DC.

25. Ravallion, M., S. Chen (2007), China's (Uneven) Progress against Poverty. *Journal of Development Economics* 82 (1): 1–42.

26. Ravallion, M. , M. Huppi (1991), Measuring changes in poverty: a methodological case study of Indonesia during an adjustment period. *World Bank Economic Review* 5 (1): 57 - 82.

27. Riskin, C. , R. Zhao, S. Li (eds.) (2001), *China's Retreat from Equality: Income Distribution and Economic Transition*, M. E. Sharpe: Armonk, N. Y.

28. Riskin, C. (2004), The Fall in Chinese Poverty: Issues of Measurement, Incidence and Cause. Prepared for the Keith Griffin Festschrift Conference at Political Economy Research Institute, University of Massachusetts, Amherst, April 23 - 24, 2004.

29. Sicular, T. , X. Yue, B. Gustafsson, S. Li (2007), The urban-rural income gap and inequality in China. *Review of Income and Wealth*, 53 (1): 93 - 126.

30. World Bank (2001), *World Development Report* 2000/01: *Attacking Poverty*. Oxford University Press: New York.

31. 刘军，陈兰. 当前农民工流动就业数量、结构与特点 [J], 新华文摘，2005，20：2 - 3.

32. 夏庆杰，宋丽娜，S. Appleton. 中国城镇贫困的变化趋势和模式：1988—2002 [J]. 经济研究，2007，42 (9)：96 - 111.

6 包容性发展与减贫背景下的中国-东盟关系[①]

一、引言

自1991年开启中国-东盟对话以来，中国和东盟在政治安全、经济和社会文化三大关键领域积极开展各项活动，共同推动2015年东盟共同体的建成。目前，中国与东盟在面向和平与繁荣的战略伙伴关系框架下，走上了一条睦邻友好和互利共赢的合作之路。但是，随着2008年全球金融危机的到来以及美国重返亚太之后国际经济和政治关系格局的重新调整，中国与东盟关系也面临一些新的挑战。稳定经济增长和成功减贫仍是中国与东盟国家的共同目标，促进中国和东盟国家之间的包容性发展与减贫，是在当前复杂

---

① 本文由刘倩倩、王小林合著。二人均供职于中国扶贫中心研究处。

的国际关系背景下推动中国与东盟面向和平与繁荣的战略伙伴关系继续发展的着力点。

在过去的几十年中，中国与东盟国家通过有效的经济增长促进了贫困人口的减少。但总的来看，中国与东盟国家的减贫进程并不平衡。一些国家的减贫成效较为显著，另一些国家的贫困和不公平现象依旧十分突出。特别是从贫困的多维标准来看，减贫进程更加不平衡。持续的经济增长、公平的发展机会和制度建设，是促进中国与东盟国家人们生活质量全面提高的基本条件。近年来，包容性增长和发展战略受到了越来越多的关注。

经济增长的目的是促进人类发展，即增长是手段，发展是目的。人类对于增长、贫困与不公平的认识在逐步深入。增长对减贫的影响，从最初的"涓滴效应"转变为"利贫性增长"和"包容性增长"，现在则更多地强调"包容性发展"。世界各国正在不断完善自身的发展进程和理论体系。中国在"十二五"发展规划中，也更加强调转换发展方式，构建更加包容的国内发展战略和对外关系。利用中国-东盟社会发展与减贫论坛机制，积极推动中国和东盟国家之间的包容性发展，促进区域减贫和可持续发展目标的达成，对构建和平与繁荣的中国-东盟关系具有重要的战略意义。

本文第二部分对国际关系视角下的包容性发展进行简要论述；第三部分简要分析中国与东盟国家的经济增长、贫困与不公平现状；第四部分回顾中国-东盟关系的发展并分析当前的挑战；第五部分提出包容性发展与减贫背景下的中国-东盟关系政策建议。

二、国际关系视角下的包容性发展

（一）包容性增长与包容性发展

包容性增长的概念是在人们对贫困的认识不断深化的基础上提出

的。古典经济学家认为，经济增长能通过"涓滴效应"最终让贫困人口受益，经济增长是减贫的主要因素（Deininger & Squire, 1997; Dollar & Kraay, 2002; White & Anderson, 2001; Ravallion, 2001; Bourguignon, 2003）。然而，实证研究表明，并不是所有的经济增长都能帮助减贫，只有当经济增长是持续的、广大劳动者都能从中受益、劳动收入在收入增长中占较大份额时，才能实现广泛的减贫。Bourguignon（2003）提出了"贫困—经济增长—收入分配"三角图，认为除增长效应外，收入分配效应也是影响经济增长减贫效果的因素。Kakwani & Pernia 于 2000 年在《什么是利贫增长？》一文中提出了"利贫增长"的概念，用以测量增长有利于穷人的程度。Ravallion & Chen（2003）提出了测量利贫性增长的利贫指数，Kakwani, Khandker and Son 采用"贫困等值增长率"（Poverty Equivalent Growth Rate, PEGR）来测量利贫增长。

　　Amartya Sen（1983）认为，传统的发展经济学主要强调国民产出、总收入、总供给的增长，而忽视了"权利"（entitlement）和"能力"（capabilities），经济增长是手段，发展才是真正的目的。发展是一个拓展人类有理由珍视的真实自由的过程，是权利的拓展。权利贫困是限制人们获取各种自由的根源，要摆脱贫困，首先全体居民要取得平等的权利，获取自由。他提倡通过赋予人们经济自由、社会机会，完善社会保障。因此，按照森对"权利"和"能力"的定义，只有保障了人类发展的权利和能力，增长和发展才是包容性的。

　　当人们从关注"GDP 总量"的增长向关注"收入分配"转变时，只是向人类发展的正确方向迈出了第一步，包容性发展远远超出了经济学的研究范畴（Sen, 1983）。Acemoglu & Robinson（2012）认为，一个国家之所以贫困，是因为其执行的榨取型制度（extractive institutions）。在榨取型制度下，公民缺乏公平的机会和政治权利。政治权利的缺失使得人们难以拓展其经济机会。

亚洲开发银行对包容性增长的定义和测量方法进行了研究，认识到机会不平等是带来收入不平等的重要原因（Ali and Son，2007a，2007b）。2007年修订的长期战略框架，制定了包容性增长战略。显然，今天我们提出包容性发展，是对包容性增长的一个拓展。

包容性发展的两个关键词是"包容性"和"发展"。按照森的概念，发展是拓展人类有理由珍视的真实自由的过程，包容性发展则应该是为了实现人类发展，构建一个消除种族、性别等方面各种社会不公、保障所有公民拥有公平发展权利的制度安排。包容性发展制度应该包括经济包容、社会包容、政治包容、文化包容和环境包容等多个涉及人类发展的关键方面。

人们对贫困的认识经历了收入贫困、能力贫困和权利贫困三个阶段，与此相对应，对经济增长与减贫关系的认识也在不断深化，增长理念经历了从纯粹强调增长速度到"利贫增长"，再到"包容性增长"和"包容性发展"的演进。

包容性发展（inclusive development），是指让发展过程中的利益惠及所有地方，让经济增长成果惠及所有人群，在经济发展的同时，获得社会和人的全面发展。特别是，包容性发展更加强调让贫困人口获得公平的发展机会。实现包容性，既是最终目标又是指整个实现过程。一个社会存在差异性是正常的、普遍的。但是这种差异性造成了部分人群被排挤在社会之外。因此，实现包容性就是要通过社会变革来改变这种差异性，消除这种不平等与歧视。这种包容性更多地是指整个社会的范畴，而不是仅局限于某个个体。

（二）国际关系视角下的包容性发展

如前所述，包容性发展，大多数时候是作为一种经济社会发展理论出现的。从本质上讲，它强调了社会内部不同群体、不同成员都应受益于发展的成果，人人平等。这更多地是基于个人与社会的微观层面。

包容性发展还可以从更宏观的层面上去理解。在国与国关系的层面上，包容性发展可以理解为国际社会中的各个国家之间的互利、共赢。它强调在国际合作中，让贫困的国家从合作中更多地获益，让合作双方具有公平的发展机会。从地区的层面上，它可以理解为不同地区和谐发展，共享人类社会发展成果。但是，目前南北差距的不断加大，特别是亚非拉一些地区的极端贫困，表明没有实现包容性发展，也没有共享发展成果。究其原因，传统的南北国际合作和发展援助在某种程度上具有排他性和局限性，或者说包容性较差。

包容性发展和减贫具有非敏感的特征，其"内核"可以简单地概括为共赢共享、互利互惠。通过促进包容性发展和减贫领域的合作，可以促进国家之间的互动和相互了解，增强互信。因此，无论对合作国家的整体关系还是对其所处地区安全，都有极其重要的战略意义。

包容性发展和减贫，以及国家与国家之间的关系，在一定程度上也相互影响，相互作用。减贫合作和项目的实施更直接地针对国内社会中的贫困群体。但是，传统国际关系更多地把国家看作一个整体，探讨国家与国家之间的关系，它并不直接涉及国家内部的社会层面（如社会中的贫困群体对国际关系的影响）。但是在全球化飞速发展的今天，各种非政府组织、跨国公司等非国家机构起到了越来越重要的作用，国际关系已经不再是简单的国与国之间的经济贸易投资关系、军事关系、政治关系，更包含了国家与社会两个不同层面的互动。在这种背景下去理解包容性发展与减贫和国际关系的互动，可以概括地说，一方面，包容性发展与减贫的进程会在一定程度上影响两国关系的发展；另一方面，两国关系的变化也会影响减贫合作的进程和成效。

探讨包容性发展与减贫和中国-东盟关系之间的联系与互动，首先要了解两方面基本情况：一是目前中国与东盟国家社会发展与贫困现状；二是中国与东盟整体关系的历史发展演变过程。

三、中国与东盟国家的经济增长、贫困与不公平

减少贫困取决于经济增长和收入分配。1990—2010年，东盟国家除去文莱与新加坡两个发达经济体，其他8个国家的经济增长可以分为三类。第一类是以越南为代表的高增长国家，年均增长率高达6%；第二类是适度增长国家，年均增长率在3%～5%之间，包括印度尼西亚、老挝、马来西亚和泰国，其中老挝以4.6%的增长率居这四国之首；第三类是低增长国家，如菲律宾，增长率仅为1.7%。马来西亚虽然年均增长率仅为3.5%，但因其2010年人均GDP已经达到13 214美元，所以已经基本消除了绝对贫困现象。中国与东盟国家不同的经济社会发展阶段，决定了其国际分工的差异，促进中国与东盟国家的贸易便利化，有利于充分发挥各国的比较优势，让双方在增长中受益。

表6—1显示了中国与东盟国家的增长、贫困与不公平。中国人均GDP从1990年的1 101美元迅速上升到2010年的6 819美元，年均增长9.5%，跃升为中高收入国家，成为世界第二大经济体。高速且比较包容的经济增长，带来了中国贫困人口的大规模减少。每天消费低于1.25美元的贫困发生率由1990年的60.2%迅速下降到2010年的13.1%。中国目前正在进行产业结构升级，这将使中国与东盟之间重新调整国际分工，让中国继续起到东亚增长引擎的作用。

1990—2010年，东盟国家取得了显著的减贫成就。越南和印度尼西亚的减贫成就尤其突出，贫困人口比率分别减少46.9个百分点和36.2个百分点。到2010年，两国的贫困发生率分别降低到16.9%和18.1%。泰国即将消除每天消费不足1.25美元的绝对贫困人口。

表 6—1　　　　　中国与东盟国家的增长、贫困与不公平

国家	人均 GDP (2005 年购买力平价美元) 1990 年	人均 GDP (2005 年购买力平价美元) 2010 年	年均增长率（%）	贫困人口比率（%）(2005 年购买力平价,每天 1.25 美元) 1990 年	贫困人口比率（%）2010 年	变化	基尼系数 1990 年	基尼系数 2010 年	变化
中国	1 101	6 819	9.5	60.2	13.1	−47.1	32.4	42.5	10.1
文莱	50 393	45 507	−0.5	—	—	—	⋯	⋯	⋯
柬埔寨	⋯	1 968	⋯	44.5	22.8	−21.8	38.3	37.9	−0.4
印度尼西亚	2 008	3 885	3.4	54.3	18.1	−36.2	29.2	34.0	4.8
老挝	944	2 313	4.6	55.7	33.9	−21.8	30.4	36.7	6.3
马来西亚	6 607	13 214	3.5	1.9	0.0	−1.9	46.2	46.2	0.0
缅甸	⋯	⋯	⋯	⋯	⋯	⋯	⋯	⋯	⋯
菲律宾	2 552	3 560	1.7	30.7	18.4	−12.3	43.8	43.0	−0.8
新加坡	25 234	52 170	3.7	—	—	—	42.5	⋯	⋯
泰国	3 933	7 673	3.4	11.6	0.4	−11.2	45.3	40.5	−4.8
越南	905	2 875	6.0	63.7	16.9	−46.9	⋯	35.6	⋯

注：⋯表示无法获取数据，—表示无法获取数据且绝对贫困可以忽略。
说明：2010 年数据为接近 2010 年的年份数据。
资料来源：世界银行在线数据库。

然而，减贫仍面临巨大的挑战。老挝仍有 1/3 的人口每天消费不足 1.25 美元，柬埔寨大于 1/5 的人口每天消费不足 1.25 美元，菲律宾和印度尼西亚的贫困人口比率都高达 18%。因此，东盟国家的减贫成就并不平衡。减贫成就的不平衡既表现为国家之间的不平衡，也表现为国家内部的不平衡。例如，中国的贫困人口主要集中在西部地区，而印度尼西亚的贫困人口主要集中在东部地区。

伴随着快速的经济增长，中国的收入分配差距也在不断扩大。基尼系数从 1990 年的 32.4 上升到 2010 年的 42.5。也有研究者估计，目前中国的基尼系数已达到甚至超过 50。中国收入分配差距的不断扩大，给社会稳定带来巨大的压力。因此，《中国农村扶贫开发纲要（2011—2020 年）》将主要任务之一确定为缩小发展差距。

东盟国家的不公平现象并不十分突出。三个不公平程度（以基尼系数为标准衡量）较高的国家在过去的 20 年中基本得到了控制。虽然

马来西亚的不公平程度最高，基尼系数高达 46.2，但是 1990 年以来马来西亚政府实施的国家发展政策（1990—2000）和国家愿景政策（2000—2010）对降低不公平还是起到了积极作用。中国和印度尼西亚较显著的不公平现象，值得其他国家在制定发展战略时给予高度关注。

四、中国-东盟关系的简要回顾及主要挑战

（一）中国-东盟关系的简要回顾

1. 冷战结束为中国与东盟建立对话关系提供了机会（1991—1996 年）。20 世纪 90 年代初冷战结束之后，国际形势发生巨大变化，随着苏联解体，国际社会由两极化向多极化方向发展，从以军事对抗为主逐渐转化为以经济发展、科技进步为主导的综合国力竞争，区域组织蓬勃发展。在这样的国际背景下，中国和东盟国家的关系逐步得到恢复和发展。

一方面，在双边层面上，中国与东盟所有国家建立或恢复了正常的外交关系。1990 年中国与新加坡正式建立外交关系。1991 年，中国与文莱建交。1990 年，中国与印度尼西亚恢复了中断 23 年的双边关系。1991 年，中国与老挝、越南双边关系正常化。另一方面，除了双边关系外，中国与东盟的整体外交关系在这一时期也得到迅速发展。1991 年 7 月，中国前外交部长钱其琛参加了第 24 届东盟外长会议，这是中国第一次同作为一个地区组织的东盟进行对话，标志着中国成为东盟的磋商伙伴。此后的五年中，中国与东盟组织在政治、经济、安全等领域的合作迅速发展。1994 年，中国应邀参加"东盟地区论坛"，成为论坛创始国之一，从此开启了双方在地区安全方面的对话。1996 年 7 月，在雅加达召开的东盟外长会议上，中国正式成为东盟的全面对话伙伴国。在这一时期，中国与东盟成员国中的越南、老挝、

柬埔寨、缅甸、泰国在扶贫、交通、能源等领域也开始了广泛的合作。

2. 亚洲金融成为中国与东盟加强区域合作的转折点（1997—2000年）。1997年爆发的亚洲金融危机给东南亚各国造成了重大损失，东南亚国家一度遭受了巨大灾难。中国在自身面临巨大经济压力的同时，一方面坚持人民币不贬值，另一方面，通过国际组织和双边渠道向东盟受影响国家提供援助，受到了东盟国家的肯定。1997年金融危机的爆发，也激发了各国推动地区合作的强烈愿望。从某种意义上说，亚洲金融危机既是整个东南亚地区区域合作机制产生和一体化进程发展的导火索，又是中国与东盟关系的转折点。它对包括中国与东盟国家在内的东南亚国家产生了以下几个方面的影响：

（1）东南亚国家对国际货币基金组织和美国在金融危机中的行为非常不满，形成了愤怒政治学（politics of resentment）（Higgott，1998）。金融危机爆发后，为了稳定这些国家经济状况，国际货币基金组织对东南亚受影响国家采取了三个方面的救助政策，包括：紧缩货币政策（tightening monetary policy）、重组金融体系（restructuring the financial system）以及开放本国经济（opening up economies）。值得注意的是，这些用于解决亚洲金融危机的政策和20世纪80年代用于解决拉美危机的政策如出一辙。但是，对于拉美国家来说，产生危机的主要原因是巨额的财政预算赤字，相反，东南亚国家的财政预算水平非常低，问题主要源于私营领域的大量外债。可见，国际货币基金组织开给东南亚国家的处方并不恰当。此外，美国通过国际货币基金组织要求这些国家做出更多让步，迫使其开放国内市场，东南亚很多受影响国家被迫解除了外国对本国金融公司及其他行业公司控股的比例限制。在很多东南亚受影响国家，这些救援政策不仅没有缓解金融危机，反而恶化了危机的局势，使这些国家的情况变得更糟。东南亚国家清醒地认识到，这些救援方案在某种程度上只是"华盛顿共识"体系下的改革（Stiglitz，2004），代表了美国和以美国为首的国际货币基金组织的利益，而不是东南亚受影响国家的利益。

（2）金融危机让东南亚国家意识到了彼此之间的紧密联系。在经济上，东南亚国家形成了紧密的贸易和投资网络，经济发展相互依赖。但是，这种依赖关系是自下而上产生的，主要是市场机制自发作用的结果，并且缺乏地区层面上的制度支持和保障，因此，存在着很大的脆弱性和不稳定性。一旦发生危机，一国的状况会扩散到地区中的其他国家，一损俱损，造成更大范围的经济危机。因此，东南亚国家希望通过建立本地区的合作机制，一方面恢复区域内各国的经济增长，另一方面创立区域制度支持，防止未来类似危机的发生。此外，金融危机的爆发让东南亚国家对区域意识（也就是集体身份）有了新的思考。区域意识归根结底就是对集体身份的认同，有了集体认同，也就有了共同利益。亚洲金融危机的爆发，让包括东盟各国在内的东南亚国家对自己的身份有了反思和再认识，同时促进了东南亚地区各国家的东南亚区域意识的强化。

正是在这样的背景下，中国-东盟区域合作也取得显著成果，中国-东盟经济、政治关系得到全面发展，达到了历史的新高度。

3. 自由贸易和减贫成为合作的重点（2011年至今）。进入21世纪，东盟大部分国家贫困发生率居高不下，印度尼西亚、老挝、越南每天消费低于1.25美元的贫困人口都接近总人口的一半。中国经济增长迅速，许多与中国贸易关系紧密的国家都受益于中国的经济增长。因此，促进中国与东盟的自由贸易，带动东盟国家经济增长和减贫，成为双方的共识。

2000年11月，在第四次东盟与中日韩领导人会议上，中国前总理朱镕基向东盟提出了建立自贸区的建议。2001年3月，中国成立东盟专家小组，对自贸区的建立进行可行性分析。2001年11月，在第五次东盟与中日韩领导人会议上，中国和东盟正式宣布将在之后的10年内建成中国-东盟自由贸易区。2003年10月，在第七届东盟与中国

6 包容性发展与减贫背景下的中国-东盟关系

领导人会议上，中国又成为第一个签署《东盟友好合作条约》的非东盟国家。之后，中国与东盟签署的和平与繁荣战略伙伴关系联合声明为中国-东盟关系在未来的稳定深入发展提供了重要的战略指导。至此，中国与东盟也由睦邻互信伙伴关系全面上升为战略伙伴关系。中国是东盟第一个战略伙伴，东盟也是中国第一个有战略伙伴关系的区域组织。2010年1月1日中国-东盟自由贸易区正式建立，东盟和中国之间的贸易额占到了世界总贸易额的13%，成为一个涵盖11个国家、19亿人口、GDP总量达6万亿美元的巨大经济体，是目前世界上覆盖人口最多的自贸区，也是发展中国家间最大的自贸区。

目前，中国是东盟第一大贸易伙伴，东盟也是中国的第三大贸易伙伴。图6—1清晰地表明，2000—2010年，中国与东盟贸易总额迅速攀升，贸易更加便利化和贸易量的增加无疑对促进中国与东盟国家经济增长和减贫起到了十分重要的作用。可见，进一步稳固中国-东盟关系，对中国和东盟国家的包容性发展与减贫具有重大意义。

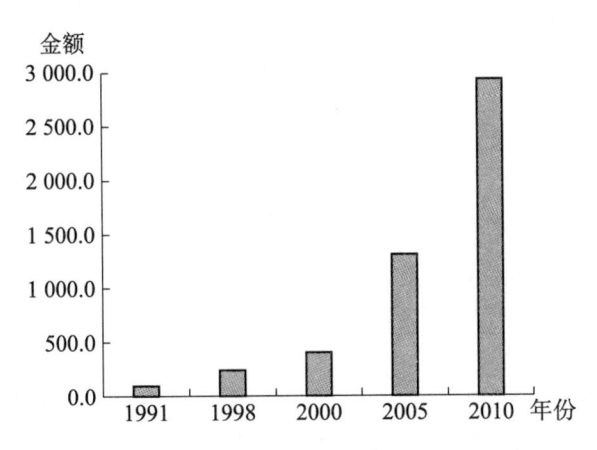

图6—1 中国东盟进出口总额（亿美元）
资料来源：中国贸易外经统计年鉴（1992—2011）。

努力消除贫困，促进共享社会发展成果，是人类发展的共同理想，也是中国和东盟各国的共同任务。2007年，首届"中国-东盟社会发展与减贫论坛"在中国南宁成功举办，中国与东盟各国就减贫合作发表《南宁倡议》，号召携手推进东盟国家和中国的社会发展与减贫进程，实现各国内部和本区域各国均衡发展。论坛机制的建立，为东盟国家与中国的政策制定者、理论研究者和发展实践者，提供了一个分享社会发展和减贫政策与经验的交流平台。现在，减贫合作已正式纳入《落实中国-东盟面向和平与繁荣的战略伙伴关系联合宣言的行动计划（2011—2015）》。在五年行动计划中，减贫合作的主要内容包括：（1）加强减贫合作，建立主管部门日常联系和政策磋商机制，继续举办中国-东盟社会发展与减贫论坛；（2）继续为东盟国家举办一系列减贫政策与实践研讨会，为东盟国家提供减贫与发展专业学位，加强双方减贫领域的人力资源开发合作；（3）推动双方减贫主管部门通过人员互访、知识共享、信息交流及联合研究建立合作关系；（4）根据东盟国家的需求，提供减贫政策咨询和技术支持，参与减贫项目设计和国家减贫战略的制定。

（二）中国-东盟关系的主要制约因素和挑战

中国-东盟关系虽然已经进入经济、政治、安全全面合作的新阶段，但这并不意味着中国-东盟关系中不存在问题。现阶段，中国-东盟关系的发展仍有很多阻碍因素。

1. 国际发展话语权的争夺。第二次世界大战之后，西方发达国家长期在经济增长和发展模式上主导着世界，也希望通过发展援助和"华盛顿共识"继续推行西方普世价值。但近三十年来，在广大发展中国家共同关切的增长和减贫两大领域，国际话语权都由中国主导，中国在这两个方面具有比较优势和软实力。"华盛顿共识"的逐渐失利和"中国模式"影响的日益增强，让西方国家感到非常不安，因此，推出了"中国威胁论"来重新争夺话语权。"中国威胁论"一直蔓延到整个东南亚地区。中国的和平崛起战略及其之后演变出来的和平发展战略便是中国政府对"中国威胁论"的回应。在东南亚地区，中国和平发展战略体现为睦邻友好政策。但是，很多东盟国家对中国的区域战略意图一直持怀疑态度，对中国的经济崛起感到恐惧。近年来，"中国威胁"这个字眼并不像以前那样频繁地出现在周边国家的官方文件或政府讲话中。取而代之的是，一些东盟国家更多地使用"担忧"和"关注"这样的软性字眼来表达它们的忧虑。这种忧虑既体现在经济方面，又体现在政治方面。

2. 中国与东盟经济结构的相似性与竞争性。尽管中国与东盟国家处于不同的发展阶段，在产业结构上存在较大的差异性和不同的国际分工，但一些学者仍然指出，双方在经济结构上存在一定程度的相似性和竞争性。这也是客观事实。首先，中国与东盟成员国中的很多发展中国家在经济发展水平和产业结构上相似，都是以劳动密集型产业为主。同时，中国和东盟很大程度上依赖同样的第三方市场，如美国、日本和欧盟。随着中国逐渐成为"世界工厂"，东盟从20世纪90年代中期开始到21世纪初，已失去其在日本和美国市场的很多份额。造成这种情况出现的一个重要原因是中国和东盟出口结构的重叠。此外，在吸引外来直接投资方面，中国和东盟国家也存在激烈的竞争。90年代初期，东盟国家吸收了世界对亚洲发展中国家对外投资总额的60%以上，而同期中国所占份额只有不到20%。但是，从21世纪初开始，情况发生了逆转。中国所占份额已超过60%，东盟国家所占份额却降低到20%以下（Glosseman & Brailey 2002）。

3. 南海问题。南海问题一直是中国-东盟关系中的一个顽症。南海问题在短时间内无法得到解决，因此，如何处理好南海问题，使其不影响中国与东盟之间已经形成的经济合作和良性发展，是中国和东盟双方共同面临的课题。南海问题从2009年之后突然升温，成为地区乃至国际安全的热点。其原因主要归结于三大因素：第一，前面提到的中国经济实力的增强以及"中国威胁论"在东南亚地区持续扩散。第二，与美国政府的"重返亚太"战略和中美关系息息相关。第三，与不断上升的能源需求有关。能源安全和能源竞争是导致南海问题复杂化的又一重要诱因。

4. 美国"重返亚太"战略对中国-东盟关系的影响。2009年以来，美国高调"重返亚太"，这一点在东亚、东南亚区域合作中体现为2009年加入《东南亚友好合作条约》，2011年参加东亚峰会。在现实条件下，中国和很多东南亚国家都不刻意反对美国影响在该地区的存在，在某种程度上，美国在东亚、东南亚地区发挥了地区安全的稳定剂作用，但同时也给原本复杂的东南亚关系增加了更多的不确定因素。因此，如何充分利用美国影响在亚洲地区存在的积极意义，同时避免美国对中国-东盟关系和区域事务的过多干涉和操纵，实现中国与东盟国家的自身利益，是中国与东盟国家面临的难题。

5. 大国势力的互动。中国和东盟国家所处的东亚、东南亚区域，是个大国利益集中的地方。该区域不仅有中国、日本两个地区性大国，还吸引了很多区域外国家，如美国。2005年之后，随着东亚峰会的成立，印度、澳大利亚和新西兰等国也被吸引到该地区。众多区域内、区域外利益的汇集，增加了东亚、东南亚各国在处理地区合作中的变数，为中国-东盟关系的发展增加了不确定性。

上述挑战之所以能不断地影响中国-东盟关系，归根到底是双方政治互信的缺失。政治互信对于中国-东盟关系十分重要，也是中国与东盟关系稳步发展的前提和基础。彼此间缺少信任，关系就很难深入发展。如前所述，由于历史、政治等原因，中国-东盟关系从20世纪90年代初开始才有所发展，政治互信也在一定程度上逐渐建立。但是，中国与东盟对彼此在战略取向上的理解仍有距离，因此，这种政治互信仍很脆弱。这种脆弱性的一个重要体现就是，虽然现在中国已经与东盟建立战略伙伴关系，但是实质上合作的深入程度与这种定位仍有一定距离。

五、政策建议

（一）提高政治互信与促进包容性发展与减贫

如何提高政治互信呢？要加强双方互动，加强中国与东盟共同意识的形成。从中国方面来看，就是要让东盟从中国的经济崛起中更多地受益，这也符合包容性发展在国家层面上的内涵。使中国的发展惠及周边国家，实现互惠共赢。在某种程度上，中国-东盟自贸区的建立，特别是为减少东盟国家顾虑而达成的"早期收获"项目便是很好的尝试。

中国政府希望通过与东盟国家建立自由贸易区来实现以下对外战略和目标。一方面，借助与东盟国家经济上的密切合作来加强中国与东盟国家的政治关系，希望南海等问题可以通过一种更和谐、友好的方式得到解决。如果中国和东盟在经济上的差距不断加大，那么南海问题便会加重东南亚小国对中国"威胁"的担忧。如果东南亚国家可以搭上中国经济快车，从中国的经济发展中受益，那么东南亚国家对中国崛起的担忧就会减小，同时增加中国在南海问题上的斡旋空间，为协商解决南海争端创造更有利的机会。

但是，仅有这些是远远不够的。中国-东盟自贸区的建立，虽然为东盟国家进入中国市场提供了更多机遇，推动了贸易和投资的发展，一定程度上帮助东盟国家缩小了国与国之间的贫富差距，但是这并不一定意味着东盟国家内部贫富差距的缩小或者贫困人口的减少，也不意味着东盟国家本地百姓能从中受益。

因此，让东盟国家受惠于中国经济高速发展的成果，不仅仅包括狭义的贸易和投资等经济领域的合作，更包括让东盟发展中国家分享中国成功的社会发展和减贫经验，使其从中国的减贫经验中受益，最终实现中国和东盟国家共同发展、共同进步。本质上，这符合包容性发展在国际和地区层面的需要，同时也使中国的经济发展在地区上更具包容性。

促进中国与东盟间的包容性发展和减贫合作是促进中国-东盟关系发展的新突破口和新途径。扶贫和发展是各国乃至全人类的共同目标，中国是世界上最大的发展中国家和减贫成就最为突出的国家，中国成功的经济发展模式对东盟很多发展中国家具有借鉴意义。包容性发展和减贫体现了利益共享、共同发展。因此，通过在扶贫领域的多方面交流、对话与合作，能够促进中国和东南亚其他国家特别是发展中国家的互动和相互了解，增强互信，构建更多的共同利益和战略共识，从而消除东南亚国家对中国的误解和疑虑，也使今后的中国-东盟关系更具可持续性、更稳固。

（二）深化中国-东盟社会发展与减贫论坛机制

目前，中国与东盟社会发展与减贫论坛已经举办五届，但主要合作还是停留在各国自身减贫经验的分享和人员培训等较浅层次，双方合作应深入到更高层面。加强互动，共同筹措合作资源。一方面，重点发展贫困地区在农业、水利、中小企业等领域的合作。在农业合作方面，帮助东盟中的一些发展中国家提高粮食产量，同时还要帮助东盟国家增强农村发展能力综合建设。另一方面，积极探索建立中国-东盟减贫合作中心，以政策咨询、能力培养、合作研究、社区示范为重点，扎实稳妥地推进中国与东盟发展中国家的减贫合作。

（三）加强减贫领域的国际交流和知识分享

充分利用中国东盟"10＋1"社会发展与减贫论坛等区域平台，以及中国国际扶贫中心这一交流合作平台，通过举办发展与减贫国际研修班、论坛和研讨会，为东盟发展中国家提供力所能及的技术支持，促进发展与减贫知识和经验的地区共享。此外，加强双方在扶贫合作领域的研究水平和能力，增加相关研究人员的培养，加强扶贫领域的学术交流，让中国与东盟国家更深入地理解彼此的对外政策。实施中国与东盟发展中国家的扶贫人才计划，为双方培训与扶贫领域相关的各类专业人才，为贫困留学生提供到对方国家求学的机会，提供政府奖学金，学习彼此的扶贫经验。加大培训当地官员的力度，重视中国与东盟发展中国家发展与减贫经验的分享。

参考文献

1. Acemoglu, D. and J. A. Robinson (2012), Why Nations Fail: The Origins of Power, Prosperity, and Poverty, Crown Publishers.

2. Ali, I. and H. H. Son (2007b), "Measuring Inclusive Growth. Asian Development Review." *Asian Development Review*, 10 (24): 11 – 31.

3. Ali, I. and J. Zhuang (2007), "Inclusive Growth toward a Prosperous Asia: Policy Implications." ERD Working Paper No. 97, Manila: Economic and Research Department, Asian Development Bank.

4. Ali, I. and H. H. Son (2007a), "Defining and Measuring Inclusive Growth: Application to the Philippines". ERD Working Paper No. 98. http://www.adb.org/economics.

5. Bourguignon, F. (2003), "The Growth Elasticity of Poverty Reduction: Explaining Heterogeneity across Countries and Time Periods." *Inequality and Growth: Theory and Policy Implications*, Cambridge, MA: MIT Press.

6. Deininger, K., and L. Squire (1996), "A New Data Set Measuring Income Inequality." *World Bank Economic Review* 10 (3): 565 – 591.

7. Dollar, D., and A. Kraay (2002), "Growth Is Good for the Poor." *Journal of Economic Growth*, 7 (3): 195 – 225.

8. Higgott, R. (1998), The Asian Economic Crisis: a Study in the Politics of Resentment. *New Political Economy*, 3 (3), pp. 333 – 356. Ganesh, R., and R. Kanbur. 2010. " Inclusive Development: Two Papers on Conceptualization, Application, and the ADB Perspective." . Working Paper, Independent Evaluation Department, ADB.

9. Glosserman, B. and Brailey, V. (2002), ASEAN Needs to Unite, or Fade in China's Shadow. *South China Morning Post*, 11 November.

10. Grosse, M., K. Harttgen, and S. Klasen (2008), "Measuring Pro-Poor Growth in Non-Income Dimensions." *World Development Report*. 36 (6): 1021 – 1047.

11. Kakwani, N., and H. Hyun (2004), "Pro-poor Growth: Concepts and Measurement with Country Case Studies." *The Pakistan Development Review*, 42 (4): 417 – 444.

12. Klasen, S. (2008), "Economic Growth and Poverty Reduction: Measurement Issues in Income and Non-Income Dimensions." *World Development*, 36 (3): 420 – 445.

13. Klasen, S. (2010), "Measuring and Monitoring Inclusive Growth: Multiple Definitions, Open Questions, and Some Constructive Proposals." Working paper, Asian Development Bank.

14. McKinley, T. (2010), "Inclusive Growth Criteria and Indicators: An Inclusive Growth Index for Diagnosis of Country Progress." Working paper, Asian Development Bank.

15. Ravallion, M. and S. Chen (2003), "Measuring Pro-Poor Growth", *Economics Letters*, 78 (1): 93 – 99.

16. Ravallion, M. (2004), " Pro-poor Growth: A Primer, Policy Research." Working Paper, World Bank.

17. Roemer, J. (1998), *Equality of Opportunity*. Cambridge: Harvard University Press.

18. Sen, A. (1983), "Development: Which Way Now?", *The Economic Journal*, Vol. 372 (93): 745 - 762.

19. Stiglitz, J. (2004), *The Roaring Nineties: a New History of the World's most Prosperous Decade*. New York: W. W. Norton.

20. White, H., and E. Anderson (2001), "Growth vs. Redistribution: Does the Pattern of Growth Matter?" *Development Policy Review*, 19 (3): 167 - 289.

21. 中国-东盟联合合作委员会. 落实中国-东盟面向和平与繁荣的战略伙伴关系联合宣言的行动计划 (2005—2010), 2004.

22. 中国-东盟联合合作委员会. 落实中国-东盟面向和平与繁荣的战略伙伴关系联合宣言的行动计划 (2011—2015), 2012.

7 中国的多维贫困：现实与政策含义[①]

一、为什么关注多维贫困问题

在过去的几十年里，人们对福祉的认识有了很大的突破和深化。人们越来越认识到，不论是宏观层面的GDP还是微观层面的家庭或个人收入，都只是衡量人的福祉的有限的指标，有其内在的缺陷。收入水平作为衡量人的福祉的手段，无疑有其突出的优点，尤其是在市场经济条件下。它相对直观且易于测量，并且人们可以用收入来换取形形色色的其他产品和服务，如教育服务、医疗卫生服务等。即便如此，收入增加与教育结果、健康结果以及人类发展的其他方面的改进之间，并不存在一种自动的、机械对应的关系。

[①] 本文的观点和结论来自Yu Jiantuo (2013) "Multidimensional Poverty in China: Findings Based on the CHNS", Volume 112, Nomber 2, pp. 315-336. 作者俞建拖供职于中国发展研究基金会。本文不代表作者所在单位观点。

收入在衡量福祉的时候，还至少受到两方面的制约：第一，并不是福祉的所有方面都存在一个市场（如政治权力），而且，市场机制在保障各类福祉实现的时候并不总是有效率的和必要的（如公共服务）；第二，即使市场是存在且有必要的，其本身也可能不完善，在欠发达的国家或者社会尤其如此。

同样，幸福感这样的主观指标也是人的福祉的重要组成部分，但不是全部。许多媒体在热炒幸福感，认为这是替代GDP的良方，其实，这是从一个误区走入了另一个误区，因为人们在主观上的幸福感受与其实际所处境况之间的关联存在很大的不确定性。在街角晒太阳的一无所有的乞丐可能感觉很幸福，而一个亿万富翁却可能有相反的感觉，这样尖锐的对比在主观幸福测量中很容易发生。我们不必去否定不同的人在某一情境下所感受到的幸福的真实性，它或许是真实的，但仅仅如此还不够。

衡量福祉更可靠的应该是根据个体所拥有的选择机会，或者说是过自己想过的生活以及成为自己想成为的人的能力，或者说是一种实质的自由。这是1998年诺贝尔经济学奖获得者、哈佛大学教授阿马蒂亚·森所提出的可行能力方法。

贫困和发展是一枚硬币的两面。发展反映了人的福祉的改进，贫困则反映了人的福祉的严重短缺或者被剥夺的情况。正因为福祉本身是多维的，所以贫困在本质上也是多维的。在过去很长时间，人们对贫困的认知都只和收入或者消费联系在一起。随着多维福祉观念越来越深入人心，人们认识到，健康、教育、获得基本的公共服务、保障的缺乏，是难以完全用收入或者消费来补偿的。不仅如此，从动态的角度看，在教育、健康等其他维度的发展不足，还会制约各方面福祉的改善。

这里，还需要对贫困与剥夺的概念稍微作一些区分。在大部分文献中，贫困（poverty）与剥夺（deprivation）是同义的，都反映了福祉的严重短缺。不过"贫困"在较大程度上只是这种短缺的客观衡量和反映，剥夺则隐含地强调短缺是社会的不公导致的不良结果，因而带有明显的政策纠正意味。在本文中，我们仍将贫困与剥夺作为同义词使用，不过，为了表述方便，我将用贫困来描述总体的发展不足，而把单维度的发展不足描述为剥夺。

如果仅从收入角度看，中国在过去三十多年所取得的减贫成就是举世瞩目的。根据世界银行1.25美元/人·天的标准（2005年购买力平价），中国贫困人口的比例从1990年的60％下降到了2009年的11.8％。在同期全球减少贫困人口的成绩中，有近3/4来自中国的贡献。

然而，正如单纯地以GDP作为发展目标的做法在今天受到广泛质疑那样，20世纪90年代末以来中国在经济与社会、生态环境等领域发展的不平衡也变得愈加突出，人们不禁会问：如果用多维贫困来衡量，中国的贫困面貌会有什么变化吗？趋势如何？这些趋势和经济与社会发展政策之间存在什么联系？对未来扶贫政策的意义是什么？这些正是本文试着作出回答的问题。

二、方法、维度、指标和样本

在本研究中，共包含了五个方面的维度，分别是收入、生活条件、健康水平、教育以及社会保障。在贫困度量中，包含了两个非常基本的步骤：一是贫困的识别，即找出谁是贫困者；二是贫困的加总，即个体贫困按照一定法则加总后得出贫困的总体状况。在多维贫困测量中，同样也包括了前述的两个步骤，但是更加复杂一些。譬如，就贫困的识别而言，多维贫困测量中需要双层识别，第一步是识别谁处于某个具体维度的剥夺状态，然后根据定义，将在一定数量及以上维度处于剥夺状态的个人（家庭）定义为贫困者（家庭）。在单维贫困的加总中，我们可以使用简单的贫困发生率（贫困人数/总人数），也可以用贫困深度（即以贫困人群的实际福祉与贫困线之差/贫困线来进行加权），可以用贫困重度（即用贫困缺口/贫困线的平方作为加权方法）在多维贫困中，不仅可以用贫困广度（即受剥夺的维度数量/总维度数量）进行加权，而且其他单维贫困下的加总方法在连续条件下也可以使用。我们在研究中所采用的方法是 Alkire & Foster（2007）提出的多元贫困测度方法，这一方法允许将贫困指数按人群和维度进行分解。现在这一方法已经被联合国采用，并据此发布年度多维贫困数据。

在收入维度中，考虑到城乡长期二元发展的现实，我们在城镇和农村地区采用了两条不同的贫困线，其中农村的贫困线为人均年收入 2 300 元（2010 年标准，国家贫困线）；城镇地区由于缺乏官方贫困线，因此采用了 2010 年全国城镇平均的低保标准，约合人均 3 014 元/年，在分析的时候，我们也考虑了各地区和不同年份物价指数差异的影响。生活条件维度包含了清洁饮用水、电、卫生设施、燃料四个方面的指标。健康水平用体质指数（BMI）来衡量，将成人 BMI 低于 18.5 的人群视为贫困人群，如果家庭中有一位成员 BMI 低于 18.5，则该家庭被视为处于健康剥夺状态，这样设定指标是考虑到健康的剥夺是很难在成员之间分担的。教育水平用人均受教育年限表示，如果一个家庭中没有任何人达到小学毕业，则该家庭被视为处于教育剥夺状态；如果家庭中至少有一名成员达到小学毕业，则该家庭被认为是摆脱了教育剥夺状态，如此定义是考虑到知识在家庭不同成员间分享的可能性。在社会保障维度，如果家庭中没有任何成员加入任何种类的医疗保险计划，则视该家庭处于社会保障剥夺状态，这样一种定义也是考虑到保障成本在家庭成员中分担的可能性。

在研究中，我们使用的是中国健康与营养调查（CHNS）数据，该数据的样本较少，并且只涵盖了黑龙江、辽宁、山东、江苏、河南、湖北、湖南、广西、贵州这九个省区，但 CHNS 是目前关于中国居民收入以及家庭其他福祉的少数可获得的公开数据库。目前基于该数据库也产生了一大批关于健康、营养、性别平等、收入分配等方面的相关研究。CHNS项目从20世纪80年代末开始，每2~3年开展一轮调查，在早期样本中，黑龙江、辽宁只是二选一，2000年以后，才开始包括前述的九个省区。在本文的分析中，我只选取了2000、2004、2006、2009年这四个年份的数据进行分析。

三、基本的结果与趋势

在用五个维度对多维贫困进行测量之前，我们也对所涉及的八个指标作了Spearman相关分析。结果表明，所用指标之间的相关性很小，相关度最高的指标（清洁水和改进的卫生设施）的相关系数也只有0.22，大部分指标的相关系数只有0.1左右。

从分维度的剥夺情况来看，除了教育维度，其他维度（指标）在2000—2009年间的剥夺程度都有明显的降低。其中，收入剥夺发生率从27%下降到12.8%；清洁水剥夺发生率从30.6%下降到19.4%；改进卫生设施的剥夺发生率从29.1%下降到15.8%；清洁燃料的剥夺发生率从28.3%下降到16.6；电力剥夺发生率一直保持在1%以下且不断减少。社会保障剥夺是所有维度中最突出的，但下降也最明显，从66.4%下降到4%。健康剥夺几乎没有明显的改进，从13.2%下降到12.8%。教育剥夺的情况从8%上升到12.4%，我们分析认为，这可能是在城镇化过程以及家庭生命周期变化过程中，受教育的年轻一代越来越多离开原来的家庭，导致家庭中"留守"的人员平均教育水平降低（对样本家庭成员结构的分析也支持这一判断），这并不意味着社会总教育水平的下降，但对"留守"家庭来说，福祉的下降压力是实实在在的。

在本研究中，我们将被剥夺维度数量达到两个或以上的家庭称为多维贫困家庭。根据这一标准，我们计算了多维贫困的发生率和按维度加权的发生率。结果表明，在2000—2009年期间，上述九个省区的多维贫困发生率均经历了显著的下降，河南的贫困发生率下降了39个百分点，湖北和贵州紧随其后，分别下降了37个百分点和33个百分点；按维度加权的贫困发生率也出现相应的下降。从各省区的贫困程度看，2009年时辽宁的贫困程度最低，而在2000年的时候江苏省的贫困程度是最低的，这显示了辽宁发展的平衡性。从2000年至2009年，贵州一直都是贫困程度最重的省区。2000年时河南的贫困程度在九省区中居第二，到2009年上升到中等水平。到2009年，九省区所反映出的总体多维贫困发生率已经降到5%以下，而在2000年的时候这一指标约为30%。

我们也分析了各省区贫困下降的情况中，哪一个维度对减贫所作的贡献最大。分析结果表明，在所有的省区中，社会保障的改善（以医疗保险为代理变量）所作的贡献最大，均超过40%；其次是收入水平的提高，平均在30%左右；健康水平和生活条件改善的贡献平均在10%和15%左右，教育改善所作的贡献最小。将九个省区作为一个整体看，目前对总贫困指数影响最大的维度是收入剥夺，其次是教育剥夺和健康剥夺，社会保障剥夺的影响已经有了明显的缩小，生活条件剥夺的影响最小。

将九个省区总样本的贫困指数按地区进行影响分解，各省份对全样本的贫困影响也存在很大的差异。到2009年，河南、广西是对总体贫困影响最大的省份，分别为19%和17%；湖南和贵州均为15%左右；黑龙江和江苏影响5%；辽宁的影响最小。

从城乡看，2000—2009年，城市对总体贫困的影响小于农村，但是两者的差距在不断缩小。譬如，在2000年，城市人口占总人口的35.7%，而贫困影响率只有24.4%；到2009年，城市人口占总人口的46.1%，贫困影响率也攀升到了36.8%。从中，我们也可以看出城乡在贫困发生率上的差距在缩小。

进一步分析九省区总体多维贫困的变化趋势，可以看到2004年是一个重要的分水岭。2004年后，在农村加快推进新型农村合作医疗制度，此后在城市也开展了针对非就业人员的城镇居民医疗保险，这使得医疗保险的覆盖率大幅提高。到2011年底，中国城乡医疗保险的覆盖率已经超过95％，这是社会保障指标大幅改善的最直接原因。除此之外，20世纪末推出的西部大开发战略，以及2003、2006年推出的东北振兴和中部崛起战略，加上2005年推出的新农村建设，都为缩小区域和城乡发展差距提供了必要的公共投资。由于上述举措，才使得2005、2006年前后以省级GDP衡量的基尼系数开始持续缩小，目前已经恢复到20世纪90年代初的水平。城乡收入差距在2010年以后也出现了持续下降。从我们的研究看，2006年以后，农村贫困人群的福祉改善速度明显快于城镇，城乡发展差距开始逆转。从这个意义上来讲，2004年之后中国在扭转经济与社会发展不平衡、城乡和地区发展不平衡上取得了积极的进展。

四、小　结

根据对我国多维贫困走势以及相关维度剥夺情况的考察，我们认为，除了要坚持21世纪初以来在纠正经济与社会发展不平衡、区域和城乡发展不平衡上的一些成功做法之外，未来还需要抓住几个矛盾特别突出的领域，特别是加大教育和健康领域的投入。此外，由于本文在界定相关维度剥夺所用的标准还比较低，要更完整全面地反映多维贫困的面貌，还有赖于更大样本和更高质量的数据，以便建立更科学的指标体系和标准。但是，即使是从多维贫困的角度来衡量，中国在减贫上的成就依然卓著。就2000—2009年这十年来说，中国减少多维贫困的成就甚至大于减少收入贫困的成就。

8

阿马蒂亚·森的"正义理念"评析[①]

阿马蒂亚·森在 2009 年推出了一本全面展示其社会正义思想的新书《正义的理念》[②]。这是一部备受学界期待的书，但对那些并不特别熟悉作者思想演变轨迹的学人来说，这又是一本令人始料不及的书。之所以说它备受期待，是因为：至少从 1979 年的著名论文《什么应该平等》开始，森便力图证明，他所倡导的"基本可行能力平等"观念比罗尔斯、德沃金、科亨等人提出的"自由平等主义"（liberal egalitarian）分配正义方案更经得起辩驳。因此，森本人通常被视为当代西方政治哲学中"自由平等主义"派的一个重要代表人物，他与罗尔斯、德沃金等人之间的争论被视为"自由平等主义"的内部之争。不

[①] 本文系乔洪武主持的教育部重大课题招标攻关项目《西方经济伦理思想研究》（编号：10JZD0021）的成果之一，由乔洪武、曾召国合著。乔洪武，武汉大学经济与管理学院教授、博士生导师。曾召国，经济学博士，中共武汉市委党校教师。

[②] Amartya Sen, *The Idea of Justice*, Cambridge, MA: Harvard University Press, 2009；中译本：阿马蒂亚·森：《正义的理念》，北京，中国人民大学出版社，2012。

过，森的"基本可行能力平等"方案被普遍认为存在一个严重的问题，即它仅仅是一个不完整的、不确定的，甚至多少有些含混的平等主义正义观念。这主要是因为，森一方面确信，值得人们珍视的"基本可行能力"必定是多元的，但另一方面又始终拒绝提出一个具体的"基本可行能力"清单。正如哲学家阿内逊所做的评论：森的"基本可行能力平等"观念是一种"半截子"正义观念。罗纳德·德沃金则说："森对这种理想的阐述是含混的。假如可以用两种可能的办法之一克服这种显而易见的含混性，则能力的平等会还原为福利平等。假如用另一种方法将它克服，那么能力的平等还是等同于资源的平等。"[1] 因此，多年来，无论是森的支持者还是批评者，都在期待着他能以某种合理的方式"补全"自己的理论，以真正确立起一种堪与罗尔斯、德沃金等人的"平等主义"方案相竞争的、完整的正义理论。然而，当森2009年推出《正义的理念》一书时，人们却发现，森压根儿就没打算"补全"和确立一种可以与罗尔斯或德沃金的"正义理论"相竞争的完备理论，而他所做的恰恰是要颠覆他们所示范的那种以构建完备正义理论为旨归的研究路径本身。从这个意义上说，这本新书确实令人震惊。[2] 在该书中，森提出了一个足以令整个西方政治哲学界都大为惊愕的新"理念"：政治哲学家思考正义问题的方式，必须切合社会实践的最紧迫需要，而这意味着，应该摒弃以约翰·罗尔斯为代表的那种旨在建构某种"完美正义"理想的"先验制度主义"理论进路，转向一种以识别和剪除现实世界中各种"明显不正义"为目标的理论进路。

笔者因主持教育部重大招标课题《西方经济伦理思想研究》，故长期以来十分关注森的学术思想，尤其是他与罗尔斯等"平等主义"政

---

[1] [美]罗纳德·德沃金：《至上的美德——平等的理论与实践》，331页，南京，江苏人民出版社，2003。

[2] Amartya Sen, "Open and Closed Impartiality," *The Journal of Philosophy*, Vol. XCIX, No. 9, 2002, pp. 445-469; Amartya Sen. What Do We Want from a Theory of Justice. *The Journal of Philosophy*, Vol. 103, No. 5, 2006, pp. 215-238.

治哲学家之间的理论争论。早在该书 2009 年问世之初,笔者便得到了英文原版,并用了很长一段时间来研读它。在笔者看来,这是森这位"惯于争鸣的印度人"(该说法是森另一部专著的题名)迄今为止最具雄心的一部论著,其颠覆性意味十分强烈:森的目的不是要提出某种可与罗尔斯哲学相竞争的完备正义理论,而恰恰是要颠覆以罗尔斯为代表的那种探究正义问题的方式。换言之,如果说在过去的 40 年里,罗尔斯的正义理论——如诺齐克所言[①]——为所有讨论正义问题的政治哲学家设定了一个"绕不过去"的框架,那么,森试图说明,现在该是"绕过"罗尔斯(以及"绕过"霍布斯、洛克以来的整个契约论哲学传统)的时候了。

然而,笔者认为,森在该书中展现出来的敏锐批判意识和社会责任感固然可嘉,其关于哲学家有必要告别精致的先验论证、聚焦和面向现实社会实践的吁求固然值得学界认真反思和严肃对待,但是,当选择罗尔斯的正义理论作为批判标靶,并视之为"先验制度主义"和"完美正义"进路的典型代表时,森给出的论证在许多方面还有些不足以令人信服。本文在对森这本著作的批判性和建设性两方面观点做出概括的基础上,试图说明:森为他的主要批判标靶——罗尔斯的正义理论——所提供的多角度"素描",以及对它做出的三项主要批判性论证,都有值得商榷的部分。笔者试图提出这样一个论点供学界参考,即:森与罗尔斯之间的分歧,很可能根源于二者在元伦理学层面的分歧,以及二者对政治哲学之"实践性"的不同理解。

一

在该书中,森对他的主要批判对象——罗尔斯的正义理论——提出了三项有内在关联的理论指控:第一,罗尔斯的最终目的是以"先

[①] R. Nozick, *Anarchy, State and Utopia*. New York: Basic Books, 1974, p. 183.

验的"（transcendental）方式建构一种"完美正义"（perfect justice）的社会理想，然而，这既是"不可行的"（infeasible），并且对真实世界社会正义实践的最紧迫目标——识别和铲除"明显不正义"——来说，也是不必要和不充分的，因此是"冗余的"。第二，罗尔斯的理论将正义评价的主题或对象限定为"基本制度结构"，因此带有"制度原教旨主义"倾向；第三，罗尔斯对其正义理论的论证立足于一种"封闭的中立观"（closed impartiality），从而阻塞了讨论"全球正义"（global justice）问题的理论通路。在此基础上，森将罗尔斯所展示的这种讨论正义问题的哲学进路定义为"先验制度主义"进路（transcendental institutionalism approach），并将其历史根源追溯到霍布斯、洛克、卢梭、康德以来的社会契约论哲学传统。

与其"罗尔斯批判"相对应，森提出了三项有关正义问题研究的建设性观点：第一，研究正义问题的必要而可行的方式，是通过"比较性的"（comparative）分析，来识别存在于真实世界的各种"明显的不正义"（manifest injustice），从而为实现一个"更少不正义"（less unjust）的世界提供理论指导，而不是构建某种先验的"完美正义"理想；第二，正义评价的恰当对象，是包括社会制度结构和现实的个体行为在内的"社会实现"（social realization），即特定制度安排或行为所导致的"综合后果"（comprehensive outcome）；第三，对现实"不正义"的评价判断，必须立足于一种"开放的中立观"（open impartiality），从而将讨论从罗尔斯意义上的"地方性正义"（local justice）提升到"全球正义"的高度。森将这种探究正义问题的新"理念"定义为"聚焦于现实的比较性分析"（realization-focused comparative approach），并将其历史根源追溯到亚当·斯密、沃尔克拉夫斯通、孔多塞、约翰·密尔和马克思以来的非契约论哲学传统。

二

森的批判性观点,为他的主要批判标靶——罗尔斯的正义理论——提供了一种多角度的"素描"。笔者认为,这些解读在某些方面尚值得进一步推敲。

首先,森将罗尔斯理论描述为一种"先验的"哲学进路,但似乎又从未对这一说法给出明确的解释。如果依据"先验"一词的通常解释,那么,这个描述就是不恰当的,甚至是一种误读。因为罗尔斯对其"作为公平的正义"观念的论证,并不是一个从某种形而上学预设出发的纯粹逻辑演绎过程,而是深植于西方宪政民主政体传统中形成的那种"背景政治文化"的。对这一点,罗尔斯在《正义论》之后的论著中,尤其是在1980年的"杜威讲座"和《政治自由主义》中,讲得十分清楚。[1] 即使是在某种程度上依赖于康德式"自律"道德理想的《正义论》中,也很难说罗尔斯对这种"背景政治文化"的重要性毫无意识。正因为洞察到了罗尔斯的这一重要理论的内涵,理查德·罗蒂才惊人地指出[2],与其说罗尔斯是个康德主义者,不如说他是个极富实用主义智慧的杜威主义者。也许徐向东教授的一个说法更为贴切,即:罗尔斯的正义论"试图保留康德道德理论的合理内核而不承

---

[1] John Rawls, "Kantian Constructivism in Moral Theory," *The Journal of Philosophy*, Vol. 77, No. 9, 1980, pp. 515-572;[美]约翰·罗尔斯:《政治自由主义》,南京,译林出版社,2000。

[2] Richand Rorty, "Justice as a Larger Loyalty," *Ethical Perspectives*, Vol. 4, No. 2, 1997, pp. 139-151. 有关罗尔斯正义谋划带有"实用主义"特征这一问题,还可参阅 Fred D'Agostino. The Legacies of John Rawls. In Thom Books and Fabian Freyenhagen (ed.). *The Legacy of John Rawls*. London:The Tower Building, 2005, pp. 195-212. 在该文中,作者将"实用主义"视为罗尔斯的三大政治哲学遗产之一,并认为罗尔斯学说的研究者都忽视了这一点。

诺康德的先验观念论"①。

若细加揣摩，我们就会发现，森用"先验"一词的真实意蕴与他对罗尔斯正义理论的另一个重要描述极为接近，即将它说成是一种旨在建构"完美正义"社会理想的哲学谋划。然而，罗尔斯从未声称自己要确立一种独立于任何背景政治文化的、放之四海而皆准的"完美正义"标准。当然，在笔者看来，我们的确可以在下述较"弱"的意义上把罗尔斯的理论理解为一种"完美正义"谋划，即：如果罗尔斯对西方宪政民主文化中的各种重要公民政治理念的解释是恰当和融贯的，那么，其"作为公平的正义"观念也许就是（一种）适合该政治文化的、能够使人们在"合理多元主义"条件下和谐共处的公共正义观念，亦即一种罗尔斯本人所说的"现实主义乌托邦"②。但是，像森那样，将它笼统地称为一种"完美正义"理想，并贴上"先验论"标签，即便有些许合理之处，其合理性也不足以掩盖其含混性。

这里要说明的是，笔者并不认为，罗尔斯因为其正义理论深植于西方宪政民主文化，所以就应该或能够被解读为一个特殊的"社群主义者"或"语境主义者"。事实上，罗尔斯与典型的"社群主义者"还是有着本质上的区别，其关键就在于罗尔斯有着一种迥异于后者的——如菲利普·佩蒂特所说的——"政治本体论"③。简单地说，在社群主义者看来，政治社会是一个由"深嵌"在特定文化脉络中、几乎毫无自主性的个体所组成的一个文化单元；罗尔斯则认为，虽然个体的观念和行为不可能完全摆脱特定政治文化的影响，但他们确有能力对之做出澄清和反思。例如，罗尔斯曾说："我们应该积极地接受和

---

① ［美］涛慕思·博格：《康德、罗尔斯与全球正义》，25页，上海，上海译文出版社，2010。参见徐向东为该书第二部分所写的"译者导读"。
② ［美］罗尔斯：《作为公平的正义》，18页，上海，上海三联书店，2002。
③ Philip Pettit, "Rawls' Political Otology," *Politics, Philosophy & Economics*. 2005, 4 (2), pp. 157-174.

认可我们的社会世界，而不仅仅是听命于它。"① 了解罗尔斯在道德哲学史方面研究的读者大概能够悟到，很大程度上，罗尔斯的"政治本体论"是他在黑格尔的"社会和解"学说与康德"自律"观念之间开辟出的一条"中间道路"②。

森对罗尔斯正义理论的第三个描述，是把它说成是一种忽视个体行为的"制度原教旨主义"。笔者认为，这同样有失公允。罗尔斯虽然将基本制度结构作为正义的首要主题，但是，其理论并不缺乏对个体行为的研究，甚至可以说，罗尔斯关于正义制度结构与个体行为之间的交互作用的系统考察，足以成为政治哲学家乃至社会科学家学习的典范。一方面，罗尔斯极富洞察力地提出，正义的制度结构（即罗尔斯所称的"背景正义"③）一旦确立，将会产生"教育公民的公共功能，这种功能使公民拥有一种自由和平等的自我观念；当其被适当调整的时候，它鼓励人们具有乐观主义的态度，对自己的未来充满信心……"④。在《正义论》的第三部分，罗尔斯在充分汲取皮亚杰、科尔伯格等道德心理学家研究成果的基础上，相当系统地探究了在"良序社会"之中，个体道德心理和正义感能力的发展演变历程。实际上，经济学家最近兴起的"内生偏好"或"偏好与制度共生演化"研究就颇具罗尔斯研究的神韵。另一方面，罗尔斯也说明了"良序社会"的内在稳定性最终取决于人们能否发展出稳定而有效的正义感能力。总之，在罗尔斯看来，在一个由某种公共正义观念有效调节的社会制度结构中，人们有能力维持充分的自尊和互尊，避免了因其他人的失范行为而陷于嫉妒、悭吝、愤恨等破坏性的社会情绪，进而发展出健全

---

① ［美］约翰·罗尔斯：《作为公平的正义》，6页。
② John Rawls, *Lectures on the History of Moral Philosophy*, Cambridge, MA: Harvard University Press. 2000. 该书包括休谟、莱布尼兹、康德、黑格尔四大讲座。
③ ［美］约翰·罗尔斯：《正义论》，282～285页。
④ ［美］约翰·罗尔斯：《作为公平的正义》，91页，上海，上海三联书店，2002。

的善观念能力和正义感能力；反过来，个体道德能力的发展健全又为制度结构的稳定性提供了坚实的微观基础。由此可见，森把罗尔斯正义理论定位为"制度原教旨主义"，缺乏足够的说服力（顺便说一句，笔者认为，真正堪称"制度原教旨主义"的，是森反对的那种构建在狭隘"经济人"或"固定偏好"假设之上的新古典主义制度经济学和"机制设计理论"）。

事实上，早在《正义的理念》一书问世之前，包括 G.A. 科亨、L. 墨菲等人在内的西方哲学家[1]就已经对罗尔斯有关"制度作为正义首要主题"的观点提出了类似的批判。然而，许多研究得出的结论与笔者的上述观点大致相似，即这一批判进路并不能构成对罗尔斯的合理反驳。[2]

三

在将罗尔斯的理论解读为一种"先验制度主义"和"完美正义"谋划的基础上，森试图证明三点：第一，罗尔斯那种"完美正义"理论是"不可行的"（即森的"不可行性论证"）。第二，对识别和消除真实世界中的各种"明显不正义"这个目标来说，完美正义理论是"冗余的"（即森的"冗余性论证"）。该论证包含两方面，一是说明它对实

---

[1] G. A. Cohen, "Where the Action Is: On the Site of Distributive Justice," *Philosophy and Public Affairs*. 1998, 28 (1), pp. 3–30; Liam Murphy. Institution and the Demands of Justice. *Philosophy and Public Affairs*. 1999, 27 (4), pp. 251–291. 在科亨2009年辞世之前的论著《拯救正义与平等》中，这一问题再次成为其批判罗尔斯的焦点。吊诡的是，科亨指责罗尔斯忽视个体行为和"社会风尚"的基本理据是，其"差别原则"因为允许物质激励机制、进而允许巨大的经济不平等而缺乏足够的超越性，森则认为，问题在于罗尔斯的理论过于"先验"。G. A. Cohen. *Rescuing Justice and Equality*. Cambridge, MA: Harvard University Press, 2008.

[2] 例如，Andrew Williams, "Incentives, Inequality and Publicity," *Philosophy and Public Affairs*. 1998, 27 (3), pp. 225–247；徐向东：《自由主义、社会契约与政治辩护》，186~212页，北京，北京大学出版社，2005。

现该目标来说是"不充分的",二是说明它是"不必要的"。第三,罗尔斯的"完美正义"理论,建立在一种狭隘的、封闭性的"中立观"之上(实际上,这一批评路线与森的"不可行性论证"有着密切的关联,但由于森诉诸"中立观"的批判最终指向了"全球正义"这个特殊的问题,所以笔者将分而论之)。这一部分集中评述其前两个批判,第三个批判留待下一部分讨论。

森对罗尔斯式的"完美正义"理论之不可行性、不充分性和不必要性的说明,主要以举例类比论证的方式进行。三项指控中的每一种都有一个对应的例子。

1. 完美正义理论之不可行性论证。在森看来,由于不同的人从不同的角度、立场或"位置"出发,很可能会对"中立性"(impartiality)、"合理性"(reasonableness)等概念做出不同但都具有"位置依赖的客观性"的解释,进而形成不同但并非不合理的正义原则,因此,(除非坚持某种极为狭隘的"中立性"观念)不可能存在某种所有人都能认可的"完美正义"解释。为说明这一论点,森举了这样一个例子:A、B、C三个小孩都要求得到仅有的一支笛子,A的理由是它是自己做的,B的理由是自己是唯一没有任何玩具的人,C的理由是只有他会吹奏这支笛子。森指出,每个小孩所给出的理由都不是不合理的,"三种观点分别指向不同的中立性和非武断的理由",因此,"也许确实不能够从某种不偏不倚的立场上确认出某种绝对正义的社会安排"[①]。人们可以期许的是,在所涉各方互不契合的正义排序之间寻求某种"交集",从而形成某种"不完备"的公共正义排序;根据这一不完备排序,我们可以确定出一些明显比其他选项更差——亦即相对而言"更不正义"——的选项,从而为旨在改进社会正义的实践指明方

---

① 参见阿马蒂亚·森:《正义的理念》,13~15页,北京:中国人民大学出版社,2012。

向。① 在森看来，允许并积极寻求这种"不完备"的社会选择排序，亦即以一种比较分析的方式尽可能地鉴别出"明显的不正义"，正是正义理论研究的恰当主题和进路所在。

森借助这个例子所表达的"正义理念"，确实与罗尔斯式的"正义理念"有着诸多不同之处，例如：森的分析框架是"广义后果论"和"社会选择理论"，罗尔斯的则是一种（温和的）"义务论"和"契约论"框架；森的正义评价对象是包括制度安排和个体行为选择在内的"综合后果"（森亦称之为"社会实现"），罗尔斯关注的仅仅是保证"背景正义"的基本社会制度结构；森采取的是一种"非程序性的"正义研究进路，罗尔斯采取的则是"纯粹程序正义"进路；森寻求的是不同个体关于后果事态排序之间的"交集"，而罗尔斯寻求的是能够作为"合理多元主义"条件下公民"公共证成基础"的"重叠共识"；森的"正义视野"是全球范围内的"明显不正义"，罗尔斯的则是西方宪政民主文化下的政治合法性和社会公正稳定问题；等等。毫无疑问，阐明和厘清这些分歧的深刻内涵，对进一步鉴定森的"罗尔斯批判"是否合理，意义重大。但囿于篇幅，笔者在此无法对这些极为复杂的问题做出详细的考察，而仅仅想对森的观点提出这样一个批判性评注，即：

如果森用这个例证来反驳构建某种（罗尔斯所说的）"统合性学说"意义上的"完美正义"理论，将是十分有效的，但是，用它来反驳罗尔斯所致力的那种作为"重叠共识"或"公共证成基础"的"政治性"正义理论，就很可能不怎么奏效了。了解罗尔斯哲学的读者大概知道，罗尔斯之所以要在《正义论》问世20多年后再推出一部《政治自由主义》，即做出一种"政治转向"，其最重要的原因就是：他在后期充分意识到了（西方宪政民主社会中的）"合理多元主义事实"对

---

① 参见阿马蒂亚·森：《正义的理念》，93、94、104、105页，北京：中国人民大学出版社，2012。

于构建一种既可欲又可能的公共正义观念的重要意义，以及《正义论》因为没有充分考虑这一事实而存在的严重缺陷。也就是说，罗尔斯撰写《政治自由主义》的目的在于证明，在"合理多元主义"条件下，建构一种能够作为公民之间"公共证成之基础"的"政治性"正义观念，既是可欲的又是可能的。而森的"三个小孩与一支笛子"的例子，恰恰可以被理解成对罗尔斯提出的"合理多元主义事实"的一个直观诠释。如果森用这个例子要说明的是，在"合理多元主义"条件下不可能确立起一种能够得到所有人认可的"统合性"正义学说，那么，这恰好是罗尔斯的意思。但如果森试图用这个例子说明，在"合理多元主义"条件下不可能建构起某种作为"公共证成基础"的"政治性"正义观念，那么，他就必须全面考察罗尔斯在《政治自由主义》中的论证，并彻底驳倒它。然而，在《正义的理念》一书中，我们很少看到森对《政治自由主义》一书中提出的观点做出多少实质性的、有说服力的反驳。

2. 完美正义理论之不充分性论证。这个命题的含义是指：即使已经有了某种"完美正义"标准，人们仍然未必能够通过比较不同社会状态与该"完美正义"标准之间的差距，来对它们之间的相对"正义"或"不正义"做出评价排序。为说明这一点，森使用了另一个例子：即便我们已经将达·芬奇的《蒙娜丽莎》确定为世界上"最美"的画作，我们也不可能通过比较凡·高和毕加索的画作与《蒙娜丽莎》之间的差距，来评判谁的画"更美"。

对森的这一论证，哲学家 F. M. 卡姆已经提出了一个在笔者看来颇有道理的反驳。他说：森的这个类比是"有问题的"，因为"不存在任何用来指导创造或评判一幅画作的普遍性原则或原理，以使得我们能够确信，一幅不符合该原则或原理的画作比另一幅符合该原则的画作更差。……然而，通过考察一种理想的正义状态，我们却有可能发现完美正义的一般原则"①。笔者十分赞同F. M. 卡姆对森的上述反驳。

3. 完美正义理论之不必要性论证。在森看来，对"识别现实不正义"这个目标来说，人们并不需要依赖于某种罗尔斯式的"完美正义"理论。为了说明这一点，森举了这样一个例子：虽然珠穆朗玛峰是世界上最高的山峰，但人们不必知道它的确切高度，就能对乞力马扎罗山和麦金利山的高低做出比较判断。

然而，在笔者看来，这一类比论证同样是不恰当的，因为，虽然在比较两座山峰的高低时，我们确实不必知道珠穆朗玛峰的高度，但是，之所以如此，是因为我们不仅已经具备"高低"这种直观概念，而且已经具备用一种统一的尺度来衡量"高低"的具体方法。而在比较两种社会状态的"正义"或"不正义"程度时，尽管不需要什么遍历性的"完美正义"规范，但如果不直接或隐含地诉诸某种正义标准，我们就不可能做出这类判断。当然，确如森所说，现实世界中的某些行为或制度安排，无论按照何种合理的正义标准，其中总有一些明显是不正义的。但是，依据任何合理的正义标准人们都能判断它们是不正义的，与不需要诉诸任何原则化的正义标准就能判断它们的相对正义性，毕竟是两种完全不同的说法。另外，当事情超出森所谓的"明显不正义"的限度而变得不那么"明显"时，人们也许更需要依据某种（"统合性的"或"政治性的"）正义标准来识别"不正义"。

四

我们再来看森对罗尔斯正义理论所做的第三项批评，即诉诸"中

---

① F. M. Kamm, "Sen on Justice and Right: A Review Essay," *Philosophy and Public Affairs*, 2011, 39 (1), pp. 84 - 85.

立性"观念的批评。

任何有一定合理性的道德或政治正义理论,都不可能仅仅体现某种纯粹"个人性"的视角和立场(purely personal perspective or standpoint),而必定要体现某种"公正的"、"中立性的"或"非偏私性的"视角和立场(some impartial perspective or standpoint)。唯其如此,它才有可能具备道德上的"客观性"。对这个一般性的观点,森与罗尔斯没有分歧。有分歧的是,森认为,罗尔斯在论证其"作为公平的正义"观念时所依据或体现的那种特定的"公正观"或"中立观"存在严重缺陷,即:它是封闭性的而不是开放性的。

罗尔斯的"中立观"是由他的主要论证工具——"原初状态"思想实验——来刻画的,特别是由"无知之幕"这个假想装置来刻画的。具体而言,"无知之幕"使得假想的缔约各方不知道自身的自然禀赋、社会出身、善观念、风险偏好等信息,从而也就排除了各种既得利益和特殊善观念对缔约环境之公平性的影响,由此就可以说,最终达成的正义原则或正义观念体现了一种"公正的"、"非偏私性的"、"中立的"立场。

森不否认罗尔斯的"原初状态"装置刻画了一种"中立观",但对之提出了以下三项指控。[①] 其一,"程序性褊狭",意指:无论如何,"无知之幕"后的缔约者至少知道所有人都属于同一个"焦点群体"(如同一个国家或文化),因此,这种"中立观"很可能包含了为该群体所共享的某种地方性偏见,例如,所有人(包括群体之内的女性本身)都认为歧视女性是"公正的";其二,"包容性的不连贯",意指:任何"焦点群体"内部都不是铁板一块,而是存在一些持异见者,但罗尔斯所主张的那种一元性的、封闭的"中立观",将要求把这些人的观点排除在外;其三,"排斥性的忽视",意指:罗尔斯所主张的那种限于特定"焦点群体"的"中立观",没有考虑那些在该焦点群体之外、其利益很

[①] 参见阿马蒂亚·森:《正义的理念》,128、129、138、139页,北京:中国人民大学出版社,2012。

可能受到该焦点群体决策影响的其他群体或个人的观点和要求。

显然，森的三项指控有不同的侧重点。第一项指控强调的是，罗尔斯式的"封闭性中立观"断绝了"焦点群体"通过借鉴吸收其他文化群体的思想观念而实现自我纠偏的可能性。第二项指控侧重的则是，这种"中立观"有损于"焦点群体"内部成员之间的相互宽容，从而会对该群体本身造成分裂性的影响。第三种指控所强调的是，基于这种"封闭性中立观"形成的地方性正义，很可能恰恰是更大范围内的不正义——乃至全球性不正义——之根源所在。

从这三项指控出发，森得出的结论是：无论是在实践方面还是理论方面，都应该放弃"原初状态"所刻画的那种"封闭性中立观"，以及立足其上的"地方性正义"理念，转而确立一种"开放性中立观"，以及与之对应的"全球正义"理念。在森看来，坚持一种"开放的中立观"与"全球正义"理念，既有利于识别和铲除强势"焦点群体"对外部弱势者和"他者"的不公正待遇，也有利于识别和铲除特定"焦点群体"因自身文化和社会偏见而形成的——从全球视角来看的——内部不正义。这样，森就将"开放的中立观"、"全球正义"理念，以及聚焦于"明显不正义"的新哲学理念，逻辑融贯地统一了起来。

在森看来，亚当·斯密以"不偏不倚的旁观者"所表征的那种"开放性中立观"，是罗尔斯式"中立观"最合适的替代者。它既能克服后者的"封闭性"弊病，也适合作为"全球正义"理念之实践理性基础，同时还是根除契约论政治哲学传统中的"完美正义"幻觉，使正义问题研究真正面向实践、面向行动的最有效的思想之匙。

笔者认为，与他对罗尔斯正义理论所做的其他批判相比，森诉诸"中立观"的批判，确实有更大的说服力和更多的可取之处。例如，罗尔斯所关注的西方宪政民主文化固然是一种优秀的（是不是最优秀的？）政治文化，但它同样可能包含着许多隐而不彰的地方性偏见，这一点从近年来"多元文化主义"论者对罗尔斯式的自由主义正义论谋划的批判中可见一斑。① 再如，像约翰·格雷这样的保守主义者已经提出②，在全球语境下，罗尔斯所诉求的那种合理多元主义宽容，隐含着某种根深蒂固的文化优越感。并且，格雷认为，要在全球范围内实现罗尔斯式的"重叠共识"绝无可能，人们可期许的充其量是在各文化之间达成某种霍布斯式的"权宜之计"。此外，"新康德主义者"欧若拉·奥尼尔则指出③，作为罗尔斯"政治自由主义"之基础的"公共理性"理念，虽然看起来类似于康德的"理性的公共运用"理念，但本质上体现的却是康德所反对的那种"理性的私人性运用"，因此，不能成为通向"全球正义"和"永久和平"的可靠基础。尽管这些理论家的观点是否正确，以及这些观点与森的观点之间有着多大的差别，都是有待进一步讨论的问题，但在一定程度上，它们确实佐证了森对罗尔斯式"中立观"所做的批判。

然而，笔者又认为，这一批判很可能因为森在某些相关的重大问题上语焉不详而得不到具体论证，从而徒具其表。虽然与那些力图建构某种"全球完美正义"理论的学者相比，森提出的"全球正义"观念——立足于斯密式"不偏不倚的旁观者"理念，识别和消除全球视角下的明显不正义，看上去更温和、更容易企及，但是，纵观他的《正义的理念》以及此前的各种论著，森似乎仍然未能对如何实现这一相对"更低"的全球正义目标提供足够清晰和令人信服的说明。一方面，森反复强调，要想在识别全球性不正义时真正坚持一种斯密式的"不偏不倚的旁观者"立场，即一种"开放的中立观"，就必须充分发挥"公共讨论"、"公共论辩"、"公共推理"或"跨位置审查"意义上

---

① 参见［加］威尔·金里卡：《当代政治哲学（下）》，上海，上海三联书店，2003。
② 参见［英］约翰·格雷：《自由主义的两张面孔》，1～34页，108～142页，南京，江苏社会科学出版社，2002。
③ 参见 Onora O'Neil, "The Public Use of Reason," *Political Theory*, 1986, 14 (4), pp. 521-523.

的"审议民主"力量,并且,民主思想是一种具有"全球性根源"(globle roots)的普世价值。但另一方面,森又从未——像哈贝马斯、本哈毕比、乔舒亚·科亨等学者那样——对其所倚重的"审议民主"的结构、模式或程序性条件及其现实可行性,做出具体的解释。当然,有人会说,森不是民主理论家,因此这种指责并不恰当,但是,应该看到,在森的哲学思想中,包括"全球正义"问题在内的绝大多数重大理论和实践问题,最终都依系于森未曾做出详细说明的"审议民主"理念。由此,作为森言说对象的政治哲学家(以及笔者这样的普通读者),不能不怀疑森的民主理念能否"承受其重"。

相形之下,罗尔斯仅仅承诺某种可能的"国际正义"(即"万民法")而不承诺"全球正义"理念的做法,虽然看上去更"保守"(同时,在许多批评者看来,它也与罗尔斯在论述"国内正义"问题时所坚持的"规范性个人主义"立场不一致),却——如徐向东教授在新近的论文中所论证的那样①——很可能可以被更好地论证。这其中当然涉及许多复杂的问题。笔者仅仅想说明这样一点,即:罗尔斯拒绝提出一种"全球正义"方案的真正原因在于,他认为在全球范围内,存在比西方民主社会内部更深刻、更复杂的"多元主义事实",这一点与森所持观点不同,(罗尔斯认为)在可预见的时间里不可能建立某种具有全球性政治权威的公共机构(如某种"世界政府")。换言之,罗尔斯认为,在全球范围内,并不存在一种能够作为某种"全球正义"规则之根基的、被所有人认可的公共背景政治文化。在笔者看来,如果不充分把握罗尔斯政治哲学思想中——备受理查德·罗蒂称赞——的"实用主义"智慧,我们便会像森那样与罗尔斯的上述重要观点失之交臂。顺便说一句,我们倒是应该问一问,面对如此深刻的全球性"多元主义事

---

① 参见徐向东:《罗尔斯的政治本体论与全球正义》,载《道德与文明》,2012(1):10~15。

实",森该如何提出一种实质性的"审议民主"模式,以担负起他所指认的那个"识别和消除全球性不正义"的重任?让我们拭目以待。

因此,森在对其("识别和消除全球性不正义"意义上的"全球正义"理论)极为倚重的民主机制做出令人信服的说明之前,诉诸"中立观"的罗尔斯批判,也许同样只具有相当有限的说服力。

五

最后,笔者想提出这样一个可能还不成熟的看法供其他学人参考批评,即:森与罗尔斯在"什么是研究正义的恰当方式"问题上的观点分歧,源自二者在元伦理学方面的分歧,以及二者对政治哲学之"实践性"的不同理解。

笔者在前面曾援引徐向东教授的一个说法,即罗尔斯的正义理论一方面吸收了康德伦理学的合理内核,另一方面又摒弃了康德伦理学的先验主义观念。这一"合理内核"主要是指证成方法或元伦理学层面的"建构主义",关于这一点,笔者曾专门写过一篇文章加以论述。[1] 后一方面则使得罗尔斯的政治哲学极富创造性地吸收了备受理查德·罗蒂称赞的"实用主义"智慧。罗蒂访问中国时,曾经对那种醉心于先验思辨的学院派"做哲学"的方式提出过尖锐的批评。[2] 但是,他一直认为,常常被人们视为当代最典型的"康德主义者"的罗尔斯,恰恰是当代最富"实用主义"精神的自由主义政治哲学家。

另一位极有影响力的哲学家——罗尔斯的高足克里斯汀·科尔斯戈德,则对罗尔斯哲学的"建构主义"方法做出了高度的评价。在她看来,肇始于霍布斯、中经康德,继而在罗尔斯正义理论中大放异彩的

---

[1] 参见乔洪武,曾召国:《罗尔斯对康德伦理学的"建构主义诠释"——兼论〈正义论〉证成结构的思想"原型"》[J],载《哲学研究》,2011(12):98~100。
[2] 参见理查德·罗蒂,吴冠军:《困于康德与杜威之间——道德哲学的当前状况》[J],载《开放时代》,2004(10):153~158。

"建构主义"方法，与莱布尼兹、普莱斯、摩尔、罗斯以来的"理性直觉主义"或"理性实在论"形成了鲜明的对比。并且，她认为，真正能够体现（道德或政治）哲学之"实践"本性的，正是"建构主义"方法。[①]

事实是，罗尔斯本人对其哲学的这两方面特征都有着高度的自觉。例如，他将自己的哲学方法定义为"康德式建构主义"（后来在《政治自由主义》一书中又被精炼为"政治建构主义"），并明确指出，他的"作为公平的正义观念，严格地说并不是康德的观点；它在许多地方都背离了康德学说。'康德式'这个形容词所表达的只是一种类比，而不是一种同一性……"[②]。而罗尔斯所说的对康德学说的"背离"，正是指他的理论剔除了康德的先验主义、（本体与现象）二元主义、形上主义特征，积极吸收了杜威式的"实用主义"思想。后者集中体现在其正义理论（以及"万民法"思想）对"公共背景政治文化"的深刻依赖之上。

然而，森在《正义的理念》中，不仅将罗尔斯的正义理论解释为一种先验性的"完美正义"谋划，而且明显蕴含了这样一层意思，即：罗尔斯式的正义理论研究，仅仅是学院派哲学家所从事的一种精致的概念游戏或高水平的思维训练，因此，根本不具有"实践性"；真正面向实践的正义理论研究应该聚焦的问题是，如何判断识别真实世界中的"明显不正义"。

森的理解为什么会与罗蒂、科尔斯戈德以及罗尔斯本人的观点有着如此大的反差呢？笔者认为，这是因为森在元伦理学层面的观点，以及对政治哲学之"实践性"的理解，与其他人大不相同。鉴于在中外研究森学术思想的学者中，似乎还未有人曾论及过森的元伦理学观

[①] Christine S. Korsgaard, "Realism and Constructivism in Twentieth-Century Moral Philosophy," *The constitution of Agency*. New York: Oxford University Press, 2008, pp. 302-326. 该论文的一个更早的版本被作者命名为"罗尔斯与康德：时间行的首位性"（Rawls and Kant: The Primacy of the Practical），仅从这一命名就可看出，作者将罗尔斯的哲学视为一种典型的"实践性"哲学。

[②] John Rawls, "Kantian Constructivism in Moral Theory," *The Journal of Philosophy*, 1980, 77 (9), p. 517.

点问题，笔者在这里斗胆提出：森在元伦理学层次上很可能属于备受罗尔斯和科尔斯戈德批评的"理性直觉主义"；与此相关，森对政治哲学之"实践性"的理解，很可能类似于摩尔或罗斯哲学所隐含的那种"发现外在世界中的客观知识"意义上的实在论、知识论实践观，亦即罗尔斯所说的作为"认知者"（knower）实践。当然，由于森将"识别不正义"的"实践性"任务最终寄托于某种（他语焉不详的）民主机制，我们确实很难确凿地说明，他所秉持的元伦理学立场和"实践观"，就是摩尔、罗斯等人所坚持的那种（将"善"或"正当"视为不可再分析实体的）直觉主义或实在论观点（要说明的是，森在1984年的"杜威讲座"中曾经明确提出，自己倡导的"原则多元主义"并不能等同于罗尔斯所批评的那种"理性直觉主义"[1]。但是，笔者认为，森在讲座中并没有为这一说法提供强有力的论证）。不过，笔者觉得，在森作为相对正义评价之基本框架的"广义或综合后果论"与罗尔斯式的多元主义"义务论"之间，确实存在某种结构上的相似性。

如果笔者的看法多少是有道理的，那么，到底是森所隐含坚持的那种直觉主义、实在主义元伦理学立场与"实践观"更经得起辩驳，还是罗尔斯所明确捍卫的那种"建构主义"元伦理学立场与"实践观"更经得起辩驳呢？这确实是一个值得深入探究的问题。也许这就是我们进一步弄清森对罗尔斯做出的令人震惊的批判，到底具有何种合理性或不合理性的关键所在。

不管森的正义"新理念"最终是否正确，他确实提出了一个值得所有致力于正义问题研究的经济学家和政治哲学家深入思考的问题，那就是：到底应该如何以一种面向实践的方式开展正义问题的研究。从这个意义上说，森的新书《正义的理念》可能会引发各种不同的正义理论的绽放，这应该是推进正义理论研究不断深入和进步的福音。

---

[1] Amartya Sen, "Well-Being, Agency and Freedom: the Dewey Lectures 1984," *The Journal of Philosophy*, 1985, 82 (4), pp. 169–221.

9

全球化视角下的中国国际人口迁入[①]

根据联合国估计，2010年全球范围内国际迁移人口达到22 072.9万，其中以发展中国家为目的地的为9 099.2万，占41.2%（UN，2011）。2010年中国国际迁出人口达到843.2万，同期国际迁入人口仅为68.6万（UN，2013）。多年来，中国一直作为国际人口迁移的迁出国受到关注，但近年来学者们开始研究中国对国际移民的吸引力（王辉耀、刘国福，2012；Pieke，2012；Eunjung，2007）。但是囿于数据的可获得性，鲜有关于中国国际迁入人口以及迁入人口特征的研究。

中国在2010年人口普查中，第一次开始登记境外人员信息（包括外籍人士和港澳台居民），针对外籍人士收集了包括姓名、与户主关系、性别、出生年月、来华目的、在华居住时间、受教育程度、国籍共8个方面的

---

① 本文作者庞丽华副教授供职于北京大学人口研究所。作者感谢国家社会科学基金"在华外国人及其就业研究"项目（编号：08CRK001）的资助。

信息①，为研究中国国际人口迁移提供了基础。

基于我国出入境数据、在华常驻外国人数据和 2010 年中国人口普查中的外国人数据，本文尝试分析 2000 年以来中国国际人口迁入的趋势和特征。

一、中国国际人口迁入的趋势

进入 21 世纪以来，随着中国社会经济的发展和全球化影响的提升，中国国际人口迁入规模总体呈现上升趋势（见图 9—1）。从入境数据看，外国人来华人数从 2000 年的 1 016 万人增长到 2012 年的 2 719.2 万人，受 2003 年的 SARS 和全球金融危机的影响，入境人数出现一定波动。入境外国人中主要目的是会议/商务、访问、观光休闲和探亲访友等短期访问，据公安部 2009 年统计，出于就业、学习和定居等目的的仅占 4.15%。

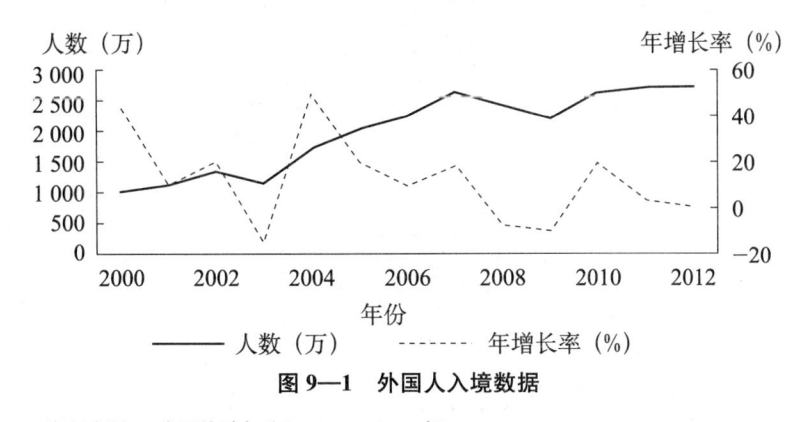

图 9—1　外国人入境数据

资料来源：《中国统计年鉴》，2001—2013 年。

根据公安部公布的在华居住 6 个月及以上的常住外籍人口的数据，1980 年只有 2 万外籍人口常住中国，2007 年增长到 53.9 万人，受金

---

① 国务院人口普查办公室、国家统计局人口和就业统计司编：《中国 2010 年人口普查资料》，北京，中国统计出版社，2012。

融危机影响 2009 年减少到 49.3 万人，2011 年增长到近 60 万人。

二、中国国际迁入人口的特征

（一）年龄、性别特征

人口金字塔可以非常直观地反映人口的年龄性别特征。从图 9—2 所示的外籍人口金字塔可以看出，中国迁入人口以劳动年龄人口为主，在很多年龄组中男性人口都超过女性人口。

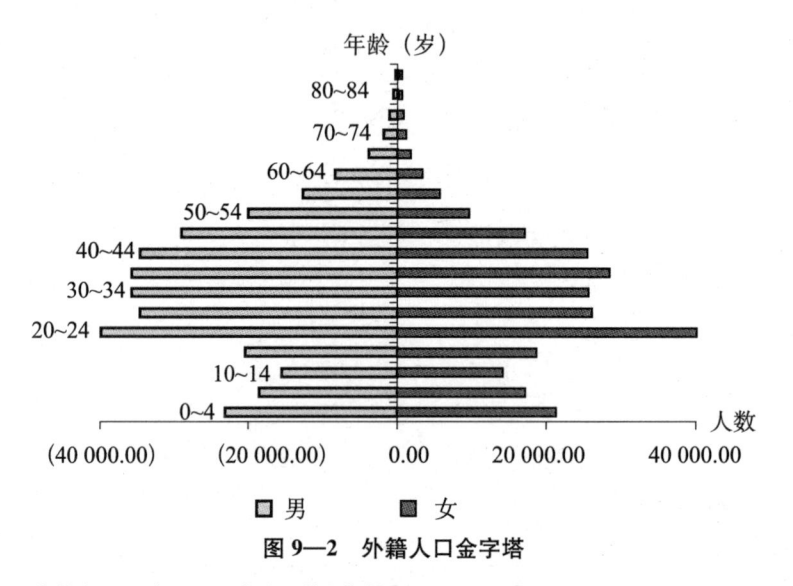

图 9—2 外籍人口金字塔

资料来源：《中国 2010 年人口普查资料》。

从具体数据看，来华外籍人口中 0—14 岁的儿童、少年占 18.4%，15—64 岁的劳动年龄人口占 79.5%，65 岁以上的老年人口只占 2.1%。外籍人口中 0—14 岁人口比例略高于中国人口中 0—14 岁人口比例（16.6%），65 岁及以上外籍人口的比例则明显低于中国人口中 65 岁及以上人口所占比例（8.9%）。外籍人口中以 15—64 岁劳动年龄人口为主，所占比例高于中国人口中劳动年龄人口比例（75.5%）。

来华外籍人口的年龄分布显现出人口迁移的年龄选择性，呈现出比较典型的单峰型迁移人口年龄模式。儿童在进入学龄后，规模趋于缩小，5—9岁组人数少于0—4岁组，10—14岁组又进一步下降，形成一个波谷。进入劳动年龄后，除20—24岁组外籍人口规模较大外，随着年龄的增长，外籍人口规模缓慢增长，35—39岁组达到峰值后，40岁组以后快速下降。与国内人口不同，来华外籍人口在退休年龄前后并没有增加形成小的波峰。20—24岁组是外籍人口最多的年龄组，这是因为中国外籍人口构成中，来华接收高等教育的留学生占很大比例。

从性别特征看，来华外籍人口以男性为主，性别比高达130.5。低年龄组男性和女性外籍人口规模比较平衡，性别比在100左右。25岁以后，性别比趋于上升，50岁后性别比超过200，60—64岁组性别比达到244后快速下降，80岁及以上外籍人口的性别比降到100以下（见图9—3）。

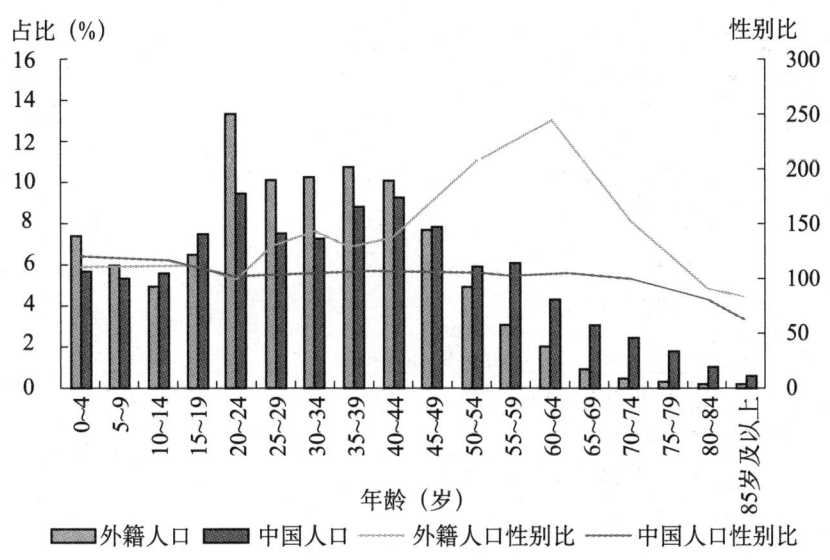

图9—3 外籍人口与中国人口年龄性别结构比较

资料来源：《中国2010年人口普查资料》，其中性别比是指人口中每100位女性人口所对应的男性人口数目。

虽然男性和女性外籍人口在规模上存在较大差异，但二者呈现出相似的年龄模式，年龄分布差别不明显（见表9—1）。

表9—1　　　　　　　　外籍人口年龄结构　　　　　　　　（%）

年龄（岁）	合计	男	女
0～4	7.5	6.9	8.3
5～9	6.0	5.5	6.6
10～14	5.0	4.6	5.5
15～19	6.6	6.1	7.3
20～24	13.5	11.9	15.5
25～29	10.2	10.3	10.1
30～34	10.4	10.7	10.0
35～39	10.8	10.7	11.0
40～44	10.1	10.3	9.9
45～49	7.7	8.6	6.6
50～54	5.0	5.9	3.8
55～59	3.1	3.8	2.2
60～64	2.0	2.5	1.3
65～69	0.9	1.1	0.7
70～74	0.5	0.5	0.5
75～79	0.3	0.3	0.3
80～84	0.2	0.2	0.2
85岁及以上	0.2	0.1	0.2
合计	100.0	100.0	100.0
0～14	18.4	17.0	20.4
15～64	79.5	80.8	77.7
65岁及以上	2.1	2.2	1.9
合计	100.0	100.0	100.0
人数（人）	593 832	336 174	257 658

资料来源：《中国2010年人口普查资料》。

（二）受教育程度和人力资本

从2010年人口普查数据看，来华外籍人口中接受过小学、初中、高中、大学和研究生教育的比例分别为12.5%、6.9%、8.8%、49.8%和10.6%。来华外籍人口受教育程度较高，有六成接受过高等教育。外籍人口中男性受教育程度高于女性，男性接受过高等教育的人口占 66.4%，女性只有 52.4%。

因为来华外籍人口中儿童所占比例较高，为了更好地比较外籍人口和中国人口的受教育程度，我们仅关注 6 岁及以上人口。6 岁及以上外籍人口中有 66.0% 受过大专及以上教育，远高于中国 6 岁及以上人口受过高等教育的比例（9.5%）。如图 9—4 所示，外籍人口中受过大学专科和本科教育的超过半数（54.5%），有 11.6% 接受过研究生教育。外籍人口平均受教育程度明显高于中国人口平均受教育程度。

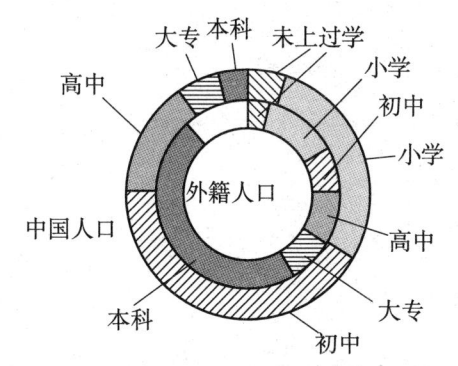

图 9—4　6 岁及以上中国人口和外籍人口受教育程度比较

资料来源：《中国 2010 年人口普查数据》。

进入 21 世纪以来，国家间的竞争在很大程度上是人才的竞争。在华外籍人口相对较高的受教育程度可以为中国的发展贡献人力资本。

(三) 在华居住时间

外籍人口中，有六成以上在中国境内的居住时间超过 1 年，有四成以上在中国境内的居住时间超过 2 年。来华居住 2~5 年的外籍人口占 25%；居住 1~2 年的占 20.0%；居住 5 年以上的占 17.5%。来华居住 3 个月以下、3~6 个月和 6~12 个月的外国人分别占 11.1%、10.1% 和 16.2%（见图 9—5）。

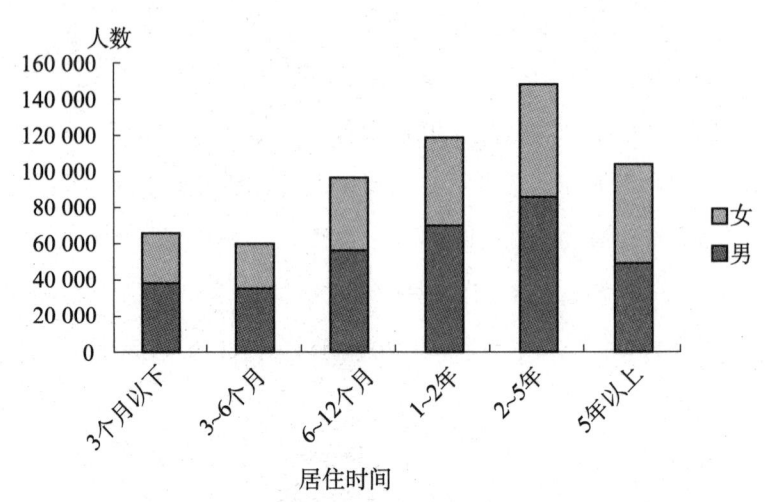

图 9—5　以性别区分在华居住时间外籍人口规模

资料来源：《中国 2010 年人口普查数据》。

女性外籍人口在华居住时间比男性相对要长。虽然外籍人口中男性规模超过女性，但在华居住时间 5 年以上的外籍人口中，女性人口数超过男性。女性外籍人口居住 5 年以上的达到 54 093 人，占外籍女性总人口的 21%；居住 5 年以上的外籍男性有 49 889 人，占 14.8%。

（四）来华目的

来华外籍人口中，以学习为目的居首位，占到 25.9%；其次是以就业目的，占 22.7%；商务目的居第三位，占 18.3%。其他原因、定居和探亲为目的的外籍人口分别占到 12.8%、10.8% 和 9.5%（见图 9—6）。

出于不同目的来华的外籍人口存在性别差异。男性以就业为目的的居首位，占到 28.3%，其次是学习和商务，分别占 24.8% 和 24.7%。女性以学习为目的的居首位，占 27.3%，其次是定居和其他原因，分别占 17.4% 和 17.2%。以就业、探亲和商务为目的的分别占 15.4%、12.8% 和 9.9%。

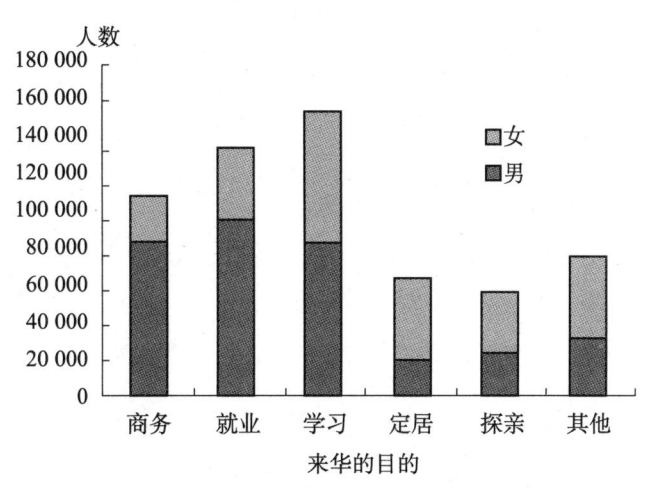

图 9—6 分性别不同来华目的外籍人口数

资料来源：《2010 年人口普查数据》。

出于不同目的来华的外籍人口的年龄结构差别明显。出于商务和就业目的的外籍人口多为劳动适龄。学习目的集中在 20～29 岁组，其次是 10～19 岁组。以定居和探亲为目的的人中儿童所占比例相对较高。

出于不同目的来华的外籍人口的受教育程度差异很大。以就业为目的外籍人口受教育程度最高，84.0%受过高等教育，远高于我国就业人口中受过高等教育的比例（10.1%）。其次是以商务为目的的外籍人口，有 78.9%受过高等教育。以学习为目的外籍人口中有 62.1%受过高等教育。以定居、探亲来华为目的的外籍人口受教育程度相对于以就业、商务和学习为目的来华的外籍人口低，其中分别只有 29%、37%和 32.3%受过高等教育。

出于不同目的来华外籍的人口在居住时间方面有明显差异。来华定居外籍人口的居住时间最长，接近半数在华居住 5 年以上（45.7%），近七成在华居住超过 2 年。以商务、就业、学习、探亲和其他原因来华的外籍人口居住时间较短，居住 5 年以上的都不足两成，其中有超过四成的外籍人口来华时间不到 1 年。

(五) 来源国

2010年在中国境内的外籍人口来自200多个国家，不同国籍人口规模存在显著差异，其中有19个国家在中国境内人口超过5 000人。来华外籍人口中以韩国籍人口居首位，占外籍人口总数的20.3%；其次是美国籍人口，占12.0%；日本籍人口居第三位，占11.1%；缅甸籍和越南籍人口分别占6.7%和6.1%。超过半数的外籍人口来自这5个国家，来自前10个国家的外籍人口占外籍人口总数的69.4%，来自前19个国家的外籍人口占总数的82.9%。很明显，来华外籍人口的来源国比较集中。

来自不同国家外籍人口的性别构成有明显差别。来自越南、俄罗斯、泰国的外籍人口中女性所占比例超过60%，其中来自越南的外籍人口中女性比例达到85.2%。而来自日本、印度、巴基斯坦的外籍人口中男性比例超过或接近70%，其中来自巴基斯坦的外籍人口中男性比例达到79.1%（见图9—7）。

(六) 在华分布

从2010年普查数据看，来华外籍人口在我国分布很不均衡。上海市外籍人口规模最大，有143 496人，占外籍人口的24.2%；其次是北京市，有91 102人，占15.3%；广东居第三位，有74 011人，占12.5%。北京、上海和广东三省（直辖市）外籍人口数占全国外籍人口总数的比例合计超过50%。此外，外籍人口数超过2万人的省区还有云南、江苏、山东、福建、浙江、辽宁和天津，分别占全国外籍人口的7.7%、5.2%、5.1%、4.6%、4.5%、3.8%、3.6%和3.5%。外籍人口数超过2万人的地区或者是位于经济相对发达的东部省区，或者是边境省区，合计占全国外籍人口的90%（见表9—2）。

9 全球化视角下的中国国际人口迁入

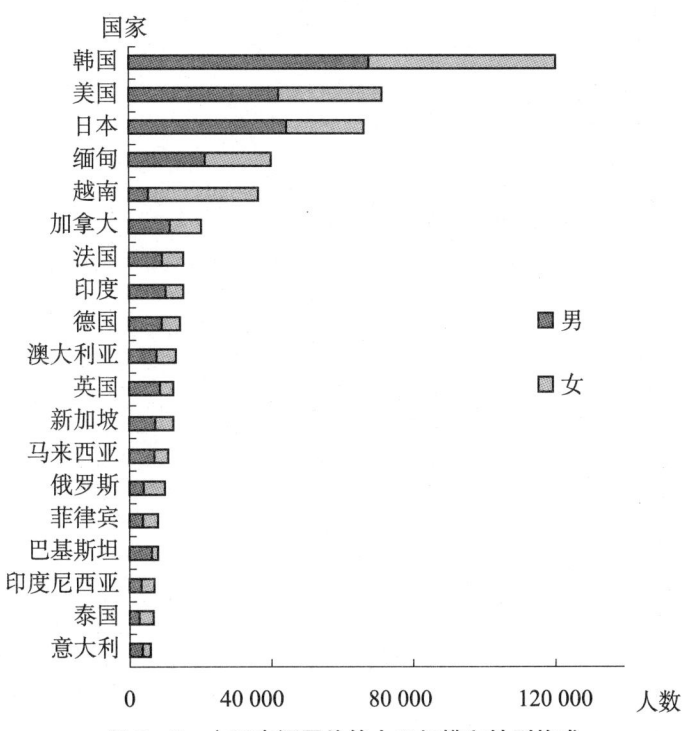

图 9—7 主要来源国外籍人口规模和性别构成

资料来源：《2010年人口普查数据》。

表 9—2　　　　　　各省区外籍人口规模和比重

省区	外籍人口数（人）	比重（%）
上海	143 496	24.16
北京	91 102	15.34
广东	74 011	12.46
云南	45 801	7.71
江苏	30 928	5.21
山东	30 172	5.08
福建	27 386	4.61
浙江	26 765	4.51
辽宁	22 723	3.83
广西	21 465	3.61
天津	21 041	3.54
湖北	8 065	1.36
黑龙江	6 714	1.13
四川	6 655	1.12
吉林	5 918	1.00

续前表

省区	外籍人口数（人）	比重（%）
陕西	5 078	0.86
新疆	3 611	0.61
重庆	3 327	0.56
内蒙古	2 869	0.48
河北	2 748	0.46
安徽	2 355	0.40
江西	2 223	0.37
海南	2 157	0.36
湖南	2 079	0.35
河南	1 610	0.27
甘肃	912	0.15
贵州	635	0.11
山西	621	0.10
西藏	573	0.10
青海	453	0.08
宁夏	339	0.06
全国	593 832	100.00

资料来源：《2010年人口普查数据》。

三、结论和建议

2010年人口普查首次登记外籍人口，从不同来源数据看，人口普查获得的外籍人口数与公安部、人力资源和社会保障部、教育部等部门提供数据接近。联合国2010年对中国国际人口迁入规模的估计为68.58万，高于我国人口普查数据；同期对中国国际迁出人口的估计值为843.24万人。很明显，中国是人口净迁出国。

我国国际人口迁入数据不仅远低于欧美等在国际人口迁移中大量吸引国际人力资源的国家，也低于同样人口规模的印度（2010年有543.6万国际迁入人口）和人口规模远低于中国的马来西亚（2010年有235.76万）、新加坡（2010年有184.6万人）、泰国（2010年有115.72万）等亚洲国家。

世界各国都在制定相关政策，通过国际人口迁移来改善人口年龄结构和利用国际人力资源。从分析结果看，在华外籍人口中受过高等教育的比例较我国公民高，特别是在东部发达省区和以就业、商务目的来华的外籍人口受教育程度相对更高。但是，外国人想在华长期参与社会经济建设面临很多问题。自2004年中国开始实行"绿卡"（《外国人永久居留证》）制度以来，只有不到6 000名外国人成功申请到中国"绿卡"。很明显，现有的"绿卡"制度不能为外国人在华长期居住提供必要的管理和社会保障。我国《国家中长期人才发展规划纲要（2010—2020年）》明确提出，要实施更加开放的人才政策，大力吸引海外高层次人才回国（来华）创业。"绿卡"制度决定在中国永久居留的外国人享有相关待遇问题，这涉及工作和生活的方方面面，是吸引海外人才来华工作的重要措施。在完善"绿卡"制度时，需要转变"管控"的思路，通过更加友好的"绿卡"制度，让更多外国人享受到在中国永久居留的合法权益和各项待遇，从而吸引更多国际人力资源为中国的社会经济发展做贡献。

我国的社会保障制度还不完善，很多农村地区的居民和流动人口都不能享受到应有的保障，讨论外国人的社会保障问题会面临更多的难题。2011年，我国为维护在中国境内就业的外国人依法参加社会保险和享受社会保险待遇的合法权益，制定了《在中国境内就业的外国人参加社会保险暂行办法》，在很大程度上为在华就业的外国人提供了职工基本养老保险、职工基本医疗保险、工伤保险、失业保险和生育保险等方面的保障。下一步需要进一步扩大保障的范围，为出于各种目的在华合法居留的外国人提供必要的社会保障。

参考文献

1. Aiyar, Pallavi（2007），Shaoxing-Little India in China. The

Hindu 17 April 2007, online at http: //www. thehindu. com/2007/04/17/sories/2007041702121100. htm.

2. Bertoncelo, Brigitte& Sylvie Bredeloup (2007), The Emergence of New African "Trading Posts" in Hong Kong and Guangzhou. China Perspectives 2007 (1): 94 – 105. Online at http: //chinaperspectives. revues. org/document1363. html.

3. Bodomo, Adams (2009), The African Presence in Contemporary China. The China Monitor 36: 4 – 9.

4. Castles, Stephen & Mark J. Miller (2003), The Age of Migration, 3rd edition, 2003.

5. Cha, Ariana Eunjung (2007), Chasing the Chinese Dream. Washington Post 21 October 2007: A16.

6. ILO (1997), International Migration Statistics: Guidelines for improving datacollection systems, International Labor Office, Geneva, 1998.

7. IOM (2010), World Migration Report 2010: The Future Of Migration: Building Capacities For Change, International Organization for Migration, 2010.

8. IOM (2011), World Migration Report 2011: Communicating Effectively About Migration, International Organization for Migration, 2011.

9. Pieke, Frank (2012), Immigration China, Modern China, 38: 40 , 2012, 40 – 77.

10. UN (1998), Recommendations on Statistics of International Migration, Statistical Papers Series M, No. 58, Rev. 1, Department of Economic and Social Affairs Statistics Division, United Nations, 1998.

11. United Nations, Department of Economic and Social Affairs (2011), Trends in International Migrant Stock: The 2011 revision (United Nations database, POP/DB/MIG/Stock/Rev. 2011).

12. United Nations, Department of Economic and Social Affairs (2013), Trends in International Migrant Stock: Migrants by Destination and Origin (United Nations database, POP/DB/MIG/Stock/Rev. 2013).

13. 王辉耀,刘国福. 国际人才蓝皮书:中国国际移民报告(2012), No.1 [R]. 北京:社会科学文献出版社,2012.

10

地方教育投入对城镇家庭教育支出行为的影响

——对我国城镇家庭动态重复截面数据的一个估计[①]

一、引言：研究家庭教育支出行为对于教育财政的意义

家庭教育支出是一个与公共教育支出同等重要的问题。国内外越来越多的研究表明，家庭的教育投入对子女的教育结果有着非常显著的积极影响（Coleman，1966；Hedges & Greenwald，1996；Krueger，1999；Todd & Wolpin，2007；Houtenville & Conway，2008；Das et. al，2011）。尽管在现实政策的讨论中，人们更关注公共教育资源的投入与

---

① 本文由袁诚、张磊、曾颖合著，原载《经济学动态》，2013年第3期。袁诚供职于北京大学经济学院财政学系。张磊供职于上海交通大学安泰经济与管理学院。曾颖是马里兰大学经济学系博士生。本研究得到了2006年全国教育科学"十一五"规划青年项目"国家助学贷款的可持续性与公平性研究"（编号：EFA060202）的资助，以及北京大学经济学院"中青年教师科研种子基金"的资助，作者在此表示感谢。

分配，但是公共教育资源对于教育结果的影响，最终还是要通过学校和家庭的教育投入来实现。特别是对于基础教育而言，良好的教育投资机制应该是政府和家庭双方相互协调和分担的结果。

自1994年实施分税制改革以来，我国的教育财政投资制已经转变为经费来源多元化和分散化的体制，即使是在基础教育领域，家庭教育支出也占到全部教育成本的1/3，并且成为我国居民家庭支出的主要项目之一。基于家庭教育投入在我国整个教育投资体系中的重要角色，了解家庭对于公共教育投资的反应，对于制定更加合理的教育财政政策具有重要的参考价值。

在各国政府不断增加基础教育支出的背景下，家庭教育支出模式对于公共教育投入的变化会做出怎样的反应，逐渐成为教育经济学领域的热点问题。从教育生产函数的角度来看，政府的公共教育投入与家庭的私人教育投入可以被视为教育生产过程的两大生产要素。在包含子女教育结果的家庭效用最大化决策中，当家庭面对外生的公共教育投入改变时，两种投入要素之间存在的技术替代或互补关系将表现在家庭教育投入的变化上。举例而言，当公共教育资源的投入增加时，父母有可能会减少对孩子在校学习的关注，减少辅导孩子学习的时间，减少家教需求和择校需求，从而产生政府对家庭教育投入的"替代效应"（或称"挤出效应"）。这种替代效应不仅将显著影响到其子女的受教育结果，而且还会最终影响到对公共教育投入效果的评价。特别是，当这种替代效应在不同收入的家庭之间出现不同的分布时，公共教育的公平性将受到消极的影响（Nordblom，2003）。

在我国，现实中的政府与家庭的教育支出之间的替代关系究竟情况如何？这种关系对于不同收入的家庭是否均匀分布？这是需要从经验角度回答的问题。本文将从小学和初中生家庭的教育支出规模及结构出发，以入户调查数据和城市的县级教育支出数据为分析对象，从微观角度深入考察并度量政府教育支出对于家庭教育支出行为的影响，并通过家庭在家教费和择校费中的反应,对教育财政投入对教学质量的改进程度进行评价。

本文的研究结果表明,政府教育支出对于家庭义务教育学杂费有着显著的替代效应,并且替代效应在不同收入家庭之间的分布是均匀的,这表明地方政府用于教育事业费的支出明显地改变了学校通过收取学杂费维持运转的倾向。同时,地方教育支出对属于校外教育的家教需求存在一定的挤出效应,但是对私立学校学费和择校等方面不存在直接的干预作用。教育财政对家教费的挤出效应呈现出随家庭收入变化而变化的异质性,在中高收入家庭出现较为明显的挤入效应。上述发现表明,增加公共教育投入,提高公立中小学校的教学质量,成为减少不同家庭背景下青少年教育机会相对不平等的唯一途径。

二、文献综述:公共教育投入与家庭教育投入之间的关系

教育历来为各国政府和民众所重视,它被认为是促进经济发展和社会公平的基本手段。在实践中,增加教育投资,特别是公共教育投入,已经成为毫无争议的政策取向。

但是在理论和经验研究中,学者们对增加公共教育投入的实际效果并不持有完全一致的意见。例如,Kim(2001)的理论和实证研究发现,政府增加对学校的投入,就会挤出教育水平低的母亲用于教育、照顾孩子的时间,从而降低教育成果,因此政府支出对于儿童受教育水平的正向影响可能有所降低。Houtenville & Conway(2008)也支持类似的结论。Glomm & Kaganovich(2003)在用世代交叠模型考察教育支出对公平的影响时发现:当政府投入与家庭投入存在替代关系时,增加政府教育支出将减少不公平;而当两者存在互补关系时,政府教育支出将增加不公平。

很多学者注意到：识别政府教育支出与家庭教育支出之间的替代或互补效应，对于政府教育政策的制定有着非常重要的意义。Nordblom（2003）的理论研究结果证明，政府教育支出与家庭教育支出是互补的，而增加公共教育支出会提高优势家庭的教育效率，并不能提高教育的公平性。Tilak（1991）运用印度的数据发现，家庭教育支出与政府教育支出是正相关、互为补充的，政府教育支出对于家庭教育支出具有挤出效应。但是从占GNP的比例上来看，两者则没有明显关系。Das et. al（2004）以及Das et. al（2011）通过对赞比亚和印度的数据分析发现，家庭的教育支出对于学校的教育经费弹性为负，家庭面对可以预测的教育经费的增加，将减少其教育投入。

中国政府对于教育支出的投入力度从2000年开始在逐步加大，已有大量文献从教育能促进经济发展的角度间接地证实了增加教育财政投入的必要性。但是国内对于政府教育支出效果的研究主要集中在财政分权体制与促进教育支出的公平和效率上，对政府与家庭教育支出之间关系的研究还不多见。在现有的文献中，研究者基本上都是采用宏观数据进行的分析。例如，石柱鲜、刘俊生和吴泰岳（2005）的文章显示，政府教育文化支出对于居民整体消费支出具有挤入效应，因此有利于提高居民消费水平，但是没有具体衡量对于家庭教育消费的影响；孙敏（2009）发现，政府教育投资对于私人教育投资在短期内存在挤出效应，长期内则表现为挤入效应，但是贡献率较低，该文章以学校资金来源中的非政府支出作为私人教育投资，忽略了家庭的非学校教育支出，如家教费等。

本文将考察中国城镇家庭的各类教育支出行为因地方教育财政支出而受到的影响，并以此为基础，就教育财政政策如何促进教育公平进行深入探讨。

三、经验研究：数据、模型与估计方法

(一) 数据说明

本文使用数据的时间跨度为 2002—2006 年，数据来源主要有三个。第一，城镇居民家庭的各类教育支出、家庭中各受教育阶段的学生数量、家庭可支配收入信息来自 2002—2006 年国家统计局城调队的"中国城镇住户调查"对全国九个省、直辖市[①]的抽样数据，涵盖了 166 个县级城市。需要说明的是，由于入户调查实行样本轮换制度，每年的受访家庭有一半会被轮换，因此我们将家庭入户数据视为重复截面数据（repeated cross-sectional data）。本文所研究的是基础教育阶段的家庭教育支出，因此我们所使用的样本只包括有小学生和初中生的家庭，将多子女家庭中有处于高中教育、高等教育和学前教育子女的家庭进行了删除或者调整，保留了有两个以上的孩子同处于义务教育阶段的家庭。我们共得到 21 196 个数据。

由于本文考察的家庭教育支出是专门指对于义务教育阶段子女的教育投资，即对小学和初中阶段的教育支出。因此，教育支出为扣除成人教育支出、托幼费后的所有教育支出，包括义务教育学杂费、教材费、家教费、其他（住校费、择校费等）。需要说明的是，我国从 2008 年 9 月开始免除城市义务教育学杂费，在此之前，全国各地的中小学要收取学费、杂费（收费的标准需要通过当地物价局的审核），乱收费的现象非常普遍，这导致我们的样本中在同一个城市同一个年份，即使家庭中子女的年龄相仿，所记录的义务教育学杂费也不尽相同，而且存在大量的"非义务教育学杂费"即"乱收费"的观察值。通过

---

① 包括：北京、辽宁、浙江、安徽、湖北、广东、四川、陕西和甘肃。

甄别和判断,我们将只有小学生或初中生的家庭所报告的"非义务教育学杂费"中的大部分归入了"义务教育学杂费"。

第二,县级城市的教育财政总支出来自 2002—2006 年《全国地市县财政统计资料》。第三,样本中城市和区县人均 GDP 数据与中小学在校生数据来自各类统计年鉴,根据这两个数据库的内容,我们计算出了每个地区的生均教育支出。所有的价值指标(包括家庭收入、家庭和地方教育支出、人均 GDP)都根据价格指数进行了调整。数据各年分布如图 10—1 所示。

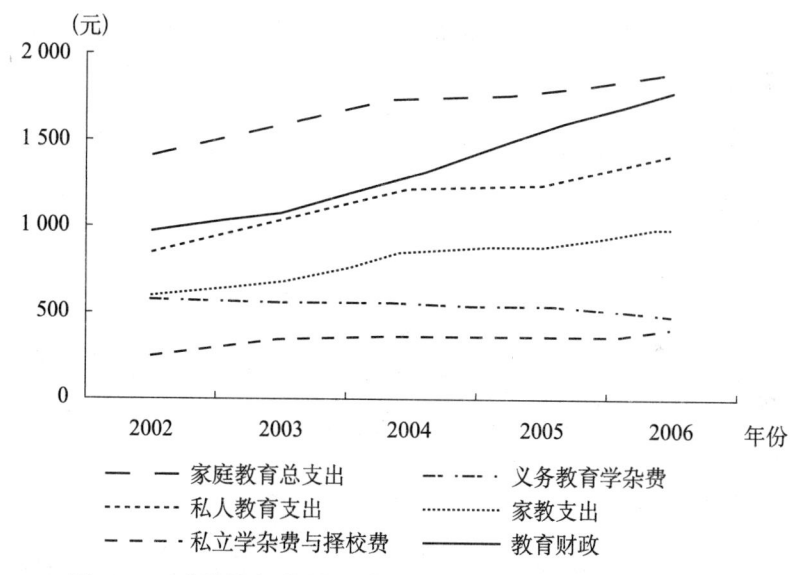

图 10—1　生均教育财政与家庭各项教育支出趋势:2002—2006 年

图 10—1 显示,2002—2006 年期间,县级政府的生均教育支出为 1 335 元,家庭教育总支出为 1 679 元,其中义务教育学杂费为 534 元,家教费为 797 元,私立学校学杂费和择校费为 1 144 元。在此期间,家庭的教育总支出与公共教育总支出整体上都呈上升趋势,但是其中的义务教育学杂费水平没有明显的变化,其支出呈现明显下降趋势,家教费和教材费略有上升。在 2002 年,义务教育学杂费与家教费几乎处于同一个水平,但是到了 2006 年,两者的差距达到 500 元,前者下

降了100元,后者上升了400元。

从图10—1中还可以看出,公共教育支出的增速是最大的,这表明地方政府在改善公立学校的办学条件上一直在增加投入。在样本期间,其增幅超过80%,这可能是导致家庭义务教育学杂费下降的一个主要原因。同时,2004年是所有教育支出变化趋势的转折点,公共教育支出在这一年出现明显的增加,而家教费和私立学杂费/择校费在同一时间开始放慢增速。这一发现意味着家庭在政府做出上述教育支出决策时,确实会作出反应。

表10—1提供了主要变量的描述性统计结果。其中,家庭教育总支出、非义务教育学杂费、义务教育学杂费、家教费和教材书本费是下文模型中的主要被解释变量;主要的解释变量包括生均教育财政支出、家庭人均年收入、当地人均GDP、母亲受教育程度以及家庭中的小学生、初中生、高中生人数。

表10—1　　　　　主要控制变量的描述性统计

控制变量	观测值	均值	中位数	标准差
家庭人均可支配收入(千元)	21 024	8.96	7.13	6.91
学生/家庭人口占比	21 024	0.33	0.33	0.06
学生平均年龄	21 024	11.77	12	2.83
母亲受教育程度				
高中毕业以下	20 125	0.3		
高中毕业	20 125	0.43		
高中毕业以上	20 125	0.27		
当地人均GDP(千元)	20 879	25.36	17.86	34.53

(二)模型设定

本文以下面包含家庭和时间固定效应的重复截面模型为基础,来估计教育财政支出对家庭教育支出的影响大小:

$$y_{it} = \alpha_0 + \beta \cdot pubedu_{it} + \gamma \cdot \boldsymbol{x}_{it} + \lambda_t + \eta_i + \varepsilon_{it}$$
$$(i = 1, \cdots, N, \ t = 1, \cdots, T) \tag{1}$$

式中，y_{it} 为家庭 i 在第 t 期对子女教育的支出，我们所考察的教育支出包括子女教育总支出、义务教育学杂费、家教费、私立学校学杂费/择校费。$pubedu$ 为家庭所在地的县级政府财政生均教育支出，它是我们重点考察的政策变量，其系数 β 衡量政府教育支出对于家庭教育支出的影响。x 为有关控制变量，包括家庭人均可支配收入、母亲受教育程度、学生子女占家庭人口的比重、学生子女的平均年龄、家庭所在地的人均 GDP（用于控制地区的经济发展情况）、家庭所在省份与年份交叉的固定效应、家庭所在城市的固定效应等。影响家庭教育支出的误差项被分解为：年份固定效应 λ_t，家庭固定效应 η_i，特异性随机扰动项 ε_{it}，并有 $E[(pubedu_{it}, x_{it}) \cdot \varepsilon_{it}] = 0$。

考虑到家庭的教育支出有一定的惯性，特别是家庭在面对公共教育经费调整进行教育支出决策时，其支出水平不会作出立即反应，政策的影响会存在一个时滞。因此，我们在经验模型中加入了被解释变量的滞后项 $y_i(t-1)$，来控制这一时滞的影响。后面的估计结果显示，滞后项的影响对于某些家庭教育支出是非常显著的。同时，滞后项 $y_i(t-1)$ 的引入，使我们的基础模型具有了动态性，成为一个动态的重复截面数据模型：

$$y_{it} = \alpha_0 + \alpha_1 \cdot y_{i(t-1)} + \beta \cdot pubedu_{it} + \gamma \cdot x_{it} + \lambda_t + \eta_i + \varepsilon_{it} \quad (2)$$

借助对 α_1 的数值观察，我们可以进一步估算政府教育支出对家庭教育支出的长期影响，其大小等于 $\beta/(1-\alpha_1)$，这个结果具有一定的政策价值。但由于我们使用的是重复截面数据，对于同一个家庭无法观察到它在第 $t-1$ 期的变量取值，因此对这一动态模型的估计将存在较大的困难，我们将在下节详细介绍我们的估计方法。

（三）估计方法

我们将采用混合 OLS（Pooled OLS）和工具变量法两种方式对家庭入户重复截面数据进行分析，下面对此进行讨论。

1. 混合 OLS：静态模型估计。混合 OLS 是我们对静态模型（1）进行估计的最简单选择。如果年份及家庭的固定效应 λ_t，η_i 与 $pubedu_{it}$ 和 x_{it} 无关，此时合成误差项 $\lambda_t + \eta_i + \varepsilon_{it}$ 与模型中的解释变量均不相关，矩条件 $E[(y_{it} - \beta \cdot pubedu_{it} - \gamma \cdot x_{it}) \cdot (pubedu_{it}, x_{it})] = 0$ 成立，对重复截面数据进行混合 OLS 估计可以得到一致的估计结果。

混合 OLS 只适用于重复截面数据的静态模型估计，而对于包含被解释变量滞后项的动态模型，由于无法观察到 $y_i(t_{-1})$，因此需要寻找其他的估计方法。

2. 工具变量法：动态模型估计。在这里，我们将采用 Moffit (1993) 提出的工具变量的方法，实现对全部的样本数据进行动态模型估计。该方法的核心思想就是利用同一组群中的其他个体 j 在第 $t-1$ 期的 y 值信息，来构造个体 i 的 $y_i(t_{-1})$ 的拟合值，并作为 $y_i(t_{-1})$ 的工具变量实现对模型（2）的估计。具体作法如下：

令 z_i 为解释变量中不随个体改变的变量，考虑在 t 期截面数据的正交映射：

$$E^*(y_{it} \mid z_i) = z_i' \delta_t$$

通过回归得到 $\hat{\delta}_t$，为了表示在重复截面数据中 $\hat{\delta}_t$ 是对其他个体的样本估计得到的，我们记 $\hat{\delta}_t$ 为 $\hat{\delta}_{j,t}$。这样 $y_i(t_{-1})$ 的拟合值为：

$$\hat{y}_{i(t-1)} = z_i' \hat{\delta}_{j,t-1}$$

将上述拟合值代入模型（2），我们有：

$$y_{it} = \alpha_0 + \alpha_1 \cdot \hat{y}_{i(t-1)} + \beta \cdot pubedu_{it} + \gamma \cdot x_{it} + \lambda_t + u_{it} \quad (3)$$

这里，新的误差项为 $u_{it} = \eta_i + \varepsilon_{it} + \alpha \cdot (y_{i(t-1)} - \hat{y}_{i(t-1)})$。注意到，不论采用什么样的方式来估计 $\hat{y}_{i(t-1)}$，它都不可能与其真实值 $y_i(t_{-1})$ 相等，因此测量误差 $(y_{i(t-1)} - \hat{y}_{i(t-1)})$ 总是存在的，但是该误差项与 $\hat{y}_{i(t-1)}$ 无关，这样 $E[(y_{i(t-1)} - \hat{y}_{i(t-1)}) \cdot \hat{y}_{i(t-1)}] = 0$ 成立。当 $E[(\eta_i + \varepsilon_{it}) \cdot z_i] = 0$ 假设满足，即不可观察的变量中不存在以 z_i 为标准划分的组群效应时，则有 $E[\hat{y}_{i(t-1)} \cdot u_{it}] = 0$，$\hat{y}_{i(t-1)}$ 便成为外生的解

释变量。当模型中加入充足的地区经济、学生人数增长等变量时，可以忽略变量 $pubedu_{it}$ 的内生性问题，我们通过第二阶段对模型（3）的 OLS，能够得到 α_1 和 β 的一致估计量。

在本文的研究中，z_i 所包括的变量有：家庭所在地的生均教育财政支出、人均 GDP、当年中小学毕业生的增长率、家庭所在省份和年份交叉项的固定效应、所处城市的固定效应。

四、经验结果

（一）混合 OLS 结果：基本观察

在回归方程中，我们控制了家庭人均可支配收入及其平方项、母亲的受教育程度、家中初中生和小学生占家庭人口的比重、学生子女的平均年龄、家庭所在地的人均 GDP、家庭所在省份与年份交叉项的固定效应、所处城市的固定效应。为了消除极端值的影响，回归中我们删除了生均教育支出低于 50 元或高于 10 000 元的部分观测值，此外还删除了家庭教育支出占收入比最高的 0.5% 观测值，得到近 20 000 个有效观测值。表 10—2 给出了在混合 OLS 中，生均教育财政支出（单位：千元）以及其他主要解释变量对各种家庭生均教育支出（单位：元）影响系数的回归结果。

表 10—2　　　　　　　　　　混合 OLS 估计结果

因变量	子女教育总支出		义务教育学杂费		家教费		私立学杂费/择校费	
	(a)	(b)	(a)	(b)	(a)	(b)	(a)	(b)
生均教育财政支出	−49.677	−83.141	−31.530**	−37.801**	−36.845+	−55.030*	18.699	9.69
	[38.934]	[64.714]	[11.433]	[11.400]	[19.949]	[22.044]	[46.588]	[68.822]
家庭人均年收入	94.415**	89.348**	3.346**	2.397*	64.618**	61.864**	26.452*	25.087*
	[13.383]	[12.412]	[1.098]	[1.168]	[3.408]	[4.027]	[12.857]	[11.081]

续前表

因变量	子女教育总支出		义务教育学杂费		家教费		私立学杂费/择校费	
	(a)	(b)	(a)	(b)	(a)	(b)	(a)	(b)
家庭人均可支配收入平方项	0.476+	0.412	−0.043**	−0.055**	−0.311**	−0.345**	0.830**	0.813**
	[0.256]	[0.296]	[0.009]	[0.014]	[0.026]	[0.032]	[0.232]	[0.277]
交叉项		3.32		0.622		1.804+		0.894
		[5.398]		[0.542]		[1.079]		[5.491]
人均GDP	−4.043	−4.59	0.492	0.389	−4.678*	−4.975**	0.144	−0.004
	[3.653]	[3.677]	[0.845]	[0.882]	[1.949]	[1.892]	[3.401]	[3.614]
学生/家庭人口比	−1328**	−1334**	3.207	2.093	−317*	−321*	−1013**	−1015
	[298]	[298]	[58.204]	[58]	[143]	[143]	[248]	[248]
学生平均年龄	140.47**	140.45**	32.91**	32.91**	39.20**	39.186**	68.36**	68.36**
	[7.573]	[7.575]	[2.394]	[2.396]	[3.889]	[3.895]	[5.914]	[5.908]
母亲受教育程度	√	√	√	√	√	√	√	√
R^2	0.255	0.255	0.174	0.174	0.267	0.268	0.106	0.106
观测个数	19 983		19 983		19 983		19 983	

+、*和**分别对应10%，5%和1%的显著水平。

说明：括号里的值为稳健标准差。

由上述结果可以看到，在方程（a）和（b）的设定下，家庭的各种教育支出都高度显著地受到家庭人均收入、当地人均GDP水平的正向影响；教育财政支出对家庭的教育总支出、义务教育阶段学杂费有显著的替代效应。在考虑公共教育支出和家庭收入的交互影响的情况下，教育财政支出每增加1 000元将减少近83元的家庭教育总支出、37元的家庭义务教育学杂费和55元家庭家教费的支出。这表明，政府教育支出能够在一定程度上分担家庭的教育负担，抑制学校的收费行为，并减少父母的家教需求。特别是，从家庭在家教费上的反应可以看出，当公共教育投入增加时，学校的办学条件、师资待遇得到改善，这有助于公立学校教学质量的提高，从而导致父母减少对其子女在课后的额外投入。

上述回归结果还显示，公共教育投入对于私立学校的学杂费和择校费没有显著的影响。这意味着当地方教育投入增加时，经济条件优越的家庭仍然会通过选择更好的学校，为自己的孩子选择超越平均水平的受教育机会。或者说，公共教育投入增加所带来的公立学校教学质量的改进，并不足以使追求更好教育水平的家庭达到满意。

同时，对比每个模型方程（a）和（b）的结果可以看到，引入公共和私人教育支出的交叉项之后，公共教育投入对于各类家庭教育支出的直接影响程度都明显增强了。以义务教育学杂费为例，生均教育支出财政的系数在方程（a）中为－32，在方程（b）中则为－38，变化的原因来自交叉项的影响，其系数为0.622，尽管并不显著。这个结果表明，在全部家庭样本中，教育财政支出对义务教育学杂费的平均影响为－32元，但是挤出效应在不同家庭之间的分布几乎是均匀的，这符合公立学校"一费制"的收费原则，并表明我们的数据是可信的。

但是，家教费支出的交叉项系数1.8为正数，并在10%的水平上显著，说明家庭人均收入越高，教育财政支出对其家教费总的挤出效应越小。当人均年收入超过3 000元时，这些家庭甚至会出现教育财政家教费的"挤入效应"。这意味着，当地方教育投入增加时，绝大部分家庭都会增加家教费支出，而经济条件优越的家庭会通过增加更多的课程补习或兴趣培训，为自己的孩子提供超越平均水平的受教育机会。

混合OLS的结果显示，教育财政支出对义务教育阶段学杂费的加总影响为负，对家教费的加总影响为正，对择校行为有直接的干预作用。另外，所有的教育支出项目都明显受到家庭收入和地区人均GDP的影响，较好的经济条件将支持家庭追加额外的教育投资，这对教育的公平性的提高是一个消极的信号。

（二）动态模型的IV估计

表10—3给出了动态模型的估计结果。我们在解释变量中引入了

每种教育支出的滞后项，回归的结果显示，除了各类家庭教育支出对教育财政支出的反应略有减弱之外，其他的结果在符号和显著性上均与静态结果基本一致。在对子女教育总支出、义务教育学杂费和私立学杂费/择校费的回归中，滞后项的系数都是显著的，因此可以认为家庭在这三类支出中存在明显的"惯性"，只是"惯性"的影响是负的，其中的原因在于模型中加入了学生的平均年龄，后者的影响非常显著而且数值较大。对于家教费，由于滞后项的系数不显著，因此静态模型的解释是充分的，OLS的估计结果是有效的。

表 10—3　　　　　　　　　动态 IV 估计结果

因变量	子女教育总支出		义务教育学杂费		家教费		私立学杂费/择校费	
	(a)	(b)	(a)	(b)	(a)	(b)	(a)	(b)
y_{t-1}	−0.193**	−0.192**	−0.082+	−0.083+	0.034	0.035	−0.339**	−0.337**
	[0.055]	[0.054]	[0.045]	[0.045]	[0.070]	[0.071]	[0.045]	[0.046]
生均教育财政支出	−41.044	−75.18	−24.008*	−27.543*	−19.139	−31.484	−3.37	−21.138
	[38.816]	[64.817]	[11.084]	[10.843]	[19.707]	[20.957]	[30.455]	[61.235]
家庭人均收入	92.254**	86.208**	3.051*	2.424+	63.890**	61.706**	25.432*	22.279*
	[13.184]	[11.390]	[1.185]	[1.289]	[3.618]	[4.168]	[12.618]	[10.460]
家庭人均可支配收入平方项	0.553**	0.487*	−0.038**	−0.045**	−0.302**	−0.326**	0.895**	0.861**
	[0.178]	[0.235]	[0.006]	[0.012]	[0.023]	[0.031]	[0.162]	[0.223]
交叉项		3.747		0.389		1.354		1.953
		[5.956]		[0.574]		[1.127]		[5.897]
人均 GDP	−5.434	−5.936	0.208	0.16	−5.486*	−5.667*	−1.005	−1.263
	[4.060]	[3.999]	[1.132]	[1.169]	[2.492]	[2.464]	[3.439]	[3.593]
学生/家庭人口比	−1343**	−1348**	−39.142	−39.662	−364*	−366*	−948**	−951**
	[316]	[316]	[69.596]	[69.620]	[164]	[164]	[237]	[237]
学生平均年龄	142.96**	143.09**	31.252**	31.266**	40.341**	40.388**	71.396**	71.463**
	[8.687]	[8.746]	[2.616]	[2.623]	[4.479]	[4.488]	[6.415]	[6.443]
母亲受教育程度	√	√	√	√	√	√	√	√
R^2	0.269	0.27	0.178	0.178	0.27	0.27	0.125	0.125
观测个数	15 298		15 298		15 298		15 298	

+、* 和 ** 分别对应 10%，5% 和 1% 的显著水平。
说明：括号里的值为稳健标准差。

五、结论与政策建议

我们通过对2002—2006年九个省区的"城镇住户调查"重复横断面数据以及地方财政和在校生数据分析，混合OLS回归结果和使用工具变量的动态OLS回归结果发现：（1）当地政府的教育支出对于家庭教育支出，主要是义务教育阶段的学杂费有着明显的替代效应，且替代效应对于所有家庭的分布是均匀的；（2）教育财政支出对家教费具有明确的替代效应，并且静态OLS的估计还表明教育财政支出对中高收入家庭存在互补效应；（3）地方教育财政支出对择校费支出没有直接的影响，择校需求明显受到家庭和地区经济发展水平的影响。下面我们对这些发现进行影响机制的分析，并提出相应的政策建议。

首先，公共教育投入的替代效应在不同收入家庭中的异质性，是值得教育财政政策制定者考虑的一个问题。我们的研究结果表明，在义务教育阶段，地方政府教育支出的增加仅仅满足了低收入家庭对于教育质量的要求，中高收入家庭需要进一步投资才能够实现它们的教育需求，这无疑将扩大不同收入家庭子女的教育结果的差距。但是我们可以看到，如果地方政府能够真正提高公立学校的教学水平与效率，通过进一步加大教育投入，减少无家教和有家教的学生在教育资源占用上的绝对差异，进而减少两类学生之间的相对差别；同时，改善公立学校的办学条件和教学质量，降低家教的边际生产力和市场需求，就可以真正降低教育机会的不平等性。

其次，我们认为，家教费支出属于家庭的自发教育行为，它和公立学校的教育都能增加子女的教育水平。但是家教需求由于显著地受到家庭收入水平的影响，因此成为增大教育不平等性的重要因素。由于公共教育投入对于低收入家庭的家教费存在明确的挤出效应，因此对于这类家庭，可以对家长的进行适当的宣传教育，或采取教育补贴等经济手段，鼓励他们对子女教育在时间和物质上的投入。同时在假设低收入家庭教育水平或意识不足的情况下，政府有针对性地提高他们子女所就读的学校教学水平，将提高整体的教育效率，减少家庭条件对学生教育结果的约束和影响。

特别需要指出的是，2012年我国财政性教育经费占GDP的比重终于达到了4%的目标，尽管4%仍然是一个较低的水平，但这确实是一个历史性的提高。在政府公共教育投入不断增加的背景下，本文所关注的政策含义仍然是值得讨论的，那就是对所增加的公共教育资源如何进行分配。我们看到，教育财政支出对于家庭自发性教育投入存在一定的影响，而后者与家庭和地方的经济条件密切相关，因此对落后地区、弱势学校的扶持对实现义务教育均衡性发展的目标非常重要，这样的投入虽然会在一定程度上减少低收入家庭的教育投入，但是不会损害全社会的教育投入总量，而且这是改善教育不平等性的唯一途径。

本文从提高社会教育投入、教育公平、优化教育支出结构的角度，以经验研究的结论为基础，论证了政府增加教育支出的合理性和必要性。但是由于缺乏政府分类教育支出的数据，我们没有具体论证政府应该如何分配教育支出，又应该如何合理地管理使用教育支出以发挥最大的效果。本文的结果并不意味着只要增加政府支出，就一定能达到促进教育发展的目标。事实上，假如政府滥用教育支出，它将无法发挥提高教育水平的作用。在财政资源有限的条件下，增加其中的教育支出对政府而言实施起来是非常困难的。因此，如何提高财政教育支出的使用效率也是需要探讨的问题。

参考文献

1. Arcalean, Calin and Ioana Schiopu, "Public versus Private In-

vestment and Growth in a Hierarchical Education System", *Journal of Economic Dynamics and Control* 2010, 34 (4): 604-622.

2. Becker, Gary, S. and Nigel Tomes, "Human Capital and the Rise and Fall of Families", *Journal of Labor Economics* 1986, 4 (3): S1-S39.

3. Coleman, James et al., Equality of Educational Opportunity, US Department of Education, Washington, DC: USGPO, 1966.

4. Glomm, Gerhard and Micheal Kaganovich, "Distributional Effects of Public Education in an Economy with Public Pensions", *International Economic Review* 2003, 44 (3): 917-938.

5. Habib Ahmed and Stephen Miller, "Crowding-out and Crowding-In Effects of the Components of Government Expenditure", *Contemporary Economic Policy* 2000, 18 (1): 124-133.

6. Hanushek, Eric, "The Failure of Input-Based Schooling Policies", *Economic Journal* 2003, 113 (485): F64-98.

7. Houtenville, Andrew and Karen Conway, "Parental Effort, School Resources, and Student Achievement", *Journal of Human Resources* 2008, 43 (2): 437-453.

8. Hoxby, Caroline, "How Much Does School Spending Depend on Family Income? The Historical Origins of the Current School Finance Dilemma", *The American Economic Review* 1998, 88 (2): 309-314.

9. Jishnu Das, et al., "When Can School Inputs Improve Test Scores?", *Centre for the Study of African Economies Working Paper* 225 2004.

10. Jishnu Das, et al., "School Inputs, Household Substitution, and Test Scores", *NBER Working Paper* 16830 2011.

11. Kim, Hong-Kyun, "Is There a Crowding-Out Effect between School Expenditure and Mother's Child Care Time?", *Economics of*

Education Review 2001, 20: 71 - 80.

12. Kim, Sunwoong and Ju-Ho Lee, "Private Tutoring and Demand for Education in South Korea", *Economic Development and Cultural Change* 2010, 58 (2): 259 - 296.

13. Moffitt, Robert, "Identification and Estimation of Dynamic Models with a Time Series of Repeated Cross Sections", *Journal of Econometrics* 1993, 59 (1 - 2): 99 - 123.

14. Nordblom, Katarina (2003), "Is Increased Public Schooling Really a Policy for Equality? The Role of within-the-Family Education", *Journal of Public Economics*. 87 (9 - 10): 1943 - 1965.

15. Tilak Jandhyala, "Family and Government Investments in Education", *International Journal of Educational Development* 1991, 11 (2): 91 - 106.

16. Todd, Petra and Kenneth Wolpin, "On the Specification and Estimation of the Production Function for Cognitive Achievement." *Economic Journal* 2003, 113 (485): F3 - F33.

17. Todd, Petra and Kenneth Wolpin, "The Production of Cognitive Achievement in Children: Home, School and Racial Test Score Gaps." *Journal of Human Capital* 2007, 1 (1): 91 - 136.

18. Verbeek, Marno and Francis Vella, "Estimating Dynamic Models from Repeated Cross-Sections", *Journal of Econometrics* 2005, 127 (1): 83 - 102.

19. 石柱鲜,刘俊生,吴泰岳. 我国政府支出对居民消费的挤出效应分析 [J]. 学习与探索, 2005 (6): 249 - 252.

20. 孙敏. 政府教育投资对私人教育投资的引导效应分析——基于我国政府1978—2008年教育财政支出的实证研究 [J]. 山西财经大学学报(高等教育版), 2009 (3): 1 - 6.

11 影响我国儿童医疗服务利用的家庭、社会和经济因素分析[①]

一、引 言

儿童的健康是人类持续发展的前提和基础，是关乎国计民生的大事。在医疗体制改革过程中，我国不断加大对儿童医疗卫生服务的重视。2009年4月，国务院公布了《关于深化医药卫生体制改革的意见》，标志着一个覆盖城乡居民（含全体儿童）的健康保护网正在形成。在国务院印发的《2011—2020年中国妇女儿童发展纲要》及"十二五"规划中，对妇女儿童卫生工作提出了明确要求。从全国范围来看，截至2011年底，全国儿童医院数已达到79个，床位数25 690张，卫生

---

① 本文由马哲、赵忠合著，二人均供职于中国人民大学劳动人事学院。本研究得到国家自然科学基金（71173227）的资助，作者在此表示感谢。

人员 40 808 人，分别比 2010 年同期增长 9.7%、4.5% 以及 9.1%。同时，全国儿科门诊人次占医院门诊总数的 8.8%，出院人数占总数的 9.9%，床位数占总数的 5.5%，各项数据与 2010 年大致持平，但比上一个十年有明显上升。[①] 不难发现，我国儿童医疗服务机构逐渐呈现专业化。但儿童医院人满为患，而其他综合医院的儿科就医人数较少等现象仍然较为普遍。一方面儿童医疗有效供给不足，另一方面医疗资源闲置浪费，导致我国儿童的医疗供需呈现两极分化的特征（胡岚、范茂槐，2009）。为何在国家投入大量人力物力后仍出现上述弊端？究其原因，刘宏、王俊和方海（2010）讨论了两种可能：一是政策本身设计不合理，造成政策无效；二是政策设计虽然合理，但受相关因素的干扰制约，政策对微观主体的影响效果降低，从而公共政策在实施中整体表现为低效或无效。其中，第二种可能性更大。因此，对我国儿童医疗服务使用现状进行评估分析，对制定和调整政策、解决问题、深化医疗制度改革有重要的意义。本文对我国城镇和农村儿童的医疗服务使用现状进行分析，主要研究影响儿童医疗服务使用的社会因素和经济因素。

　　许多学者都对卫生医疗需求行为进行了实证研究，发现患者年龄、受教育程度、性别、就医成本、疾病严重程度、对医疗信息的认知程度等都会在特定的条件下对个人卫生医疗需求产生显著影响。在儿童卫生医疗服务领域，Klein et al.（1999）指出，部分儿童群体难以获取医疗服务，其中女童有更多的情感障碍。Lieu et al.（1993）发现，没有医疗保险的儿童因为难以承受巨大的经济压力而无法获得医疗服务。因此，有的学者指出，儿童的医疗保险应当成为整个社会保障体制的一部分，不应重蹈美国商业医疗保险的覆辙（王凯戎，1994）。孙佳、吴明（2008）在对我国城市儿童医疗服务需要及利用进行分析后

[①] 资料来源：中华人民共和国卫生部：《2012 年中国卫生统计提要》，2013 年。

指出，城市儿童随着年龄的增长，患病率有所降低，但医疗服务需要转化为医疗服务利用是一个复杂的过程，受到多种因素的影响，其中年龄及疾病严重程度显著影响这一过程，而家庭经济因素影响较小。

在此背景下，本文将全面系统分析影响我国儿童医疗服务使用状况的社会经济因素，并通过 Tobit 回归模型分析时间因素、父母关系、社会制度、地区等影响因素的作用。

二、数据与描述统计

（一）数　据

本文利用中国健康与营养调查数据（China Health and Nutrition Survey，CHNS），从中选出 2004、2006 以及 2009 年 0～18 岁居民 4 314 位作为样本。与文献相同，本文将医疗费用支出作为分析的主要因变量，包括门诊、住院、保健及其他费用。

自变量方面，由于我国医疗保险制度种类多样，儿童需要在年龄、居住地、上学等方面达到一定的要求才能享受医疗保险。同时，考虑到儿童的特殊身份，其主要的社会经济关系通过父母实现，因此需要考虑父母关系以及家庭收入的影响。[①] 同时，医疗保险规定被保险人所执行的保险相关内容以其居住地为准，因此城乡变量根据儿童现居住地来界定。本文用一组虚拟变量衡量儿童与父母的关系，分别为双亲为亲生父母、单亲为亲生父母以及双亲均非亲生父母；儿童是否在校、是否在工作均以儿童目前状况进行界定；收入方面，本文以 2009 年为基准，用经物价指数调整后的家庭人均收入进行衡量；儿童拥有

---

① 儿童与父母的关系的衡量较为烦琐，部分文献使用家庭结构来反映这一变量，其中将儿童与父亲的关系分为有父亲、无父亲以及继父三种类型（Summers，2006）。

医疗保险的情况划分为社会医疗保险、商业医疗保险、其他类型医疗保险以及无医疗保险四种类型；而地区变量虚拟包括辽宁、黑龙江、江苏、山东、河南、湖北、湖南、广西、贵州九个省区。儿童的健康程度是一个重要的儿童人口统计变量，也会对医疗费用产生影响，但相关统计变量数据缺失严重，无法进行有代表性的数据分析。

(二) 描述性统计分析

1. 基本情况

在总体样本中，农村儿童占71.4%。儿童医疗费用支出平均为20.84元，而家庭人均收入达到6 581元，医疗费用支出仅占人均收入的0.32%，其中，城镇儿童的该比例为0.33%，农村儿童为0.31%，说明对于大部分家庭而言，儿童的医疗费用支出不再是儿童获得医疗服务的障碍。但同时我们注意到，城镇儿童医疗费用比农村高出55.06%，城镇儿童家庭人均收入比农村高出44.66%，高出部分为2 608元。这说明城乡家庭收入和医疗费用支出均存在较大差距。儿童与父母的关系以双方亲生为主，占总体的77.2%，但农村双亲非亲生儿童所占比例略高于城镇。

2. 医疗保险覆盖

表11—1是各地区儿童医疗保险的覆盖率。从表中可以发现，2004年我国总体儿童医疗保险覆盖率很低，但沿海地区的儿童医疗保险发展水平较高，覆盖率达到其他地区的2倍以上。2006年各地区儿童医疗保险覆盖率均有所提高，沿海地区提高速度较慢。2006—2009年，各地区医疗保险发展迅猛，除了初期医疗保险水平较高的沿海地区外，其他地区儿童医疗保险覆盖率均至少增长了1倍。初期儿童医疗保险水平最低的西部地区变化最为显著，在2009年保险覆盖率达到92.6%。

表 11—1　　　　　　各地区儿童医疗保险覆盖率　　　　　　（%）

地区	医疗保险 2004年	医疗保险 2006年	医疗保险 2009年	社会医疗保险 2004年	社会医疗保险 2006年	社会医疗保险 2009年	商业医疗保险 2004年	商业医疗保险 2006年	商业医疗保险 2009年
东北	23.3	48.6	84.1	1.4	31.6	68.2	17.7	15.6	11.9
沿海	48.9	56.9	85.1	28.9	34.7	61.2	21.1	20.3	22.4
中部	21.2	35.3	87.7	5.3	26.4	79.4	11.2	7.1	10.4
西部	20.6	37.4	92.6	1.5	18.2	80.0	8.4	16.4	14.8

说明：东北地区包括辽宁和黑龙江，沿海地区包括江苏和山东，中部地区包括河南、湖北和湖南，西部地区包括广西和贵州。

儿童社会医疗保险发展迅猛，是儿童医疗保险覆盖率增长的重要因素。但即使在2009年，各地区的儿童社会医疗保险覆盖率最高仅达到80%左右，仍有提高的空间；儿童商业医疗保险覆盖率普遍较低，经济较为发达的沿海地区覆盖率最高，但也仅仅达到22%左右。2004—2009年各地区儿童商业医疗保险覆盖率发展均出现起伏。笔者认为，商业医疗保险与宏观经济因素关系紧密，商业医疗保险的发展之所以出现波动，有可能是受到经济危机的影响。近期儿童社会医疗保险覆盖率上升，也挤占了商业医疗保险的空间。通过对比可以发现，儿童社会医疗保险的发展趋势与儿童医疗保险的总体发展趋势大致吻合，儿童社会医疗保险在我国儿童医疗保险领域具有重要的地位。

3. 父母关系

从表11—2可以看出，单亲为亲生父母的儿童拥有医疗保险的比例最高，也最有可能拥有商业医疗保险。而双亲为亲生父母的儿童拥有医疗保险和社会医疗保险的比例反而最低。双亲均非亲生父母的儿童拥有社会医疗保险和其他类型医疗保险的比例最高，但商业保险比例最低。在医疗费用支出方面，双亲为亲生父母的儿童医疗费用支出最高，达到25元，几乎是其他儿童医疗费用支出的4倍。

表 11—2　　　　不同父母关系的儿童医疗保险覆盖情况　　　　（%）

	没有医疗保险	社会医疗保险	商业医疗保险	其他医疗保险
双亲都是亲生父母	52.3	31.2	13.5	4.3
单亲为亲生父母	47.6	35.3	15.9	4.0
双亲均非亲生父母	49.3	36.9	12.9	5.1

4. 地区因素

医疗费用支出在不同地区之间存在较大差异，沿海地区平均医疗费用为 43.53 元，大约是西部地区 11.78 元的 4 倍；而沿海地区家庭人均收入为 9 955 元，大约为西部地区家庭人均收入 5 054 元的 2 倍。在儿童与父母的关系方面，可以发现东北、沿海、中部及西部地区儿童双亲为亲生父母的比例依次下降，而双亲均非亲生父母比例依次上升。儿童在校率最高的地区为西部地区，而不是更为发达的中部、沿海地区（见表 11—3）。

表 11—3　　　　　　　各变量与地区的关系　　　　　　　（％）

变量名称	东北地区	沿海地区	中部地区	西部地区
双亲都是亲生父母	86.8	80.2	76.0	71.3
单亲为亲生父母	11.0	15.1	14.7	17.8
双亲均非亲生父母	2.2	4.7	9.3	10.9
在校	89.6	91.8	92.2	92.5
在工作	2.9	3.2	3.1	2.0

5. 纵向描述统计比较

随着时间的发展，无论在城镇还是农村，双亲为亲生父母的儿童的比例都有下降的趋势，而农村中这一趋势更加明显，儿童与父母的关系逐渐疏远。一方面，儿童在校率处于较高水平，且总体呈上升趋势。2004 年，城镇儿童在校率略高于农村儿童，但 2009 年出现了相反的情况；另一方面，儿童的工作比例逐年降低，且始终保持在较低的水平，说明大部分儿童的教育有所保证。收入方面，2004—2009 年的 5 年时间家庭人均收入增长了近 60％，其中城镇增长了 46.72％，农村则达到 67.77％。从城乡角度来看，城镇儿童医疗保险覆盖率 5 年增长了 2.35 倍，农村则增长了 2.47 倍，到 2009 年农村儿童医疗保险覆盖率已经超过 90％。城镇和农村儿童社会医疗保险覆盖率分别增长了超过 17 倍和 8 倍，虽然增长速度很快，但 2009 年城乡儿童社会医疗保险覆盖率分别仅达到 59.2％和 80.9％，仍有较大的提升空间。

三、计量模型分析

(一) Tobit 模型

James Tobin (1958) 在研究耐用消费品需求时提出了 Tobit 模型，基本结构为：设某一耐用消费品支出为 y_i（因变量），自变量为 x_i，则耐用消费品支出 y_i 要么大于 y_0（y_0 表示该耐用消费品的最低支出水平），要么等于0。在医疗费用支出方面，有类似的情形，存在部分居民医疗费用支出为0的情况。Tobit 模型的一般形式为：

$$y_i = \begin{cases} \beta^T x_i + \varepsilon_i, & \text{若 } \beta^T x_i + \varepsilon_i > 0 \\ 0, & \text{其他} \end{cases} \quad (1)$$

$$\varepsilon_i \sim N(0, \sigma^2), i = 1, 2, 3, \cdots\cdots, n$$

在该模型中，自变量 x_i 是可观测的，因变量 y_i 则只能以受限制的方式被观测，即当 $y_i^* > 0$ 时，取 $y_i = y_i^* > 0$，为无限制观测值；当 $y_i^* \leq 0$ 时，取 $y_i = 0$，为受限制观测值。此模型特别适用于很大一部分观测值的因变量为0的情况。

(二) 估计结果

社会医疗保险在我国儿童医疗服务利用中具有很大的影响。为了进一步分析其他社会经济因素对医疗费用的影响，本文使用 Tobit 模型对医疗费用支出进行分析，结果见表11—4。其中除了第（2）栏的回归以实际支付的儿童医疗费用的对数形式为因变量以外，其余回归均以儿童获得医疗服务的支出的对数形式作为因变量。实际支付的医疗费用为扣除医疗保险支付的费用后，由儿童所在家庭支付的费用。从表11—4的前两栏可以看出，两个回归的结果极其相似，差异基本可以忽略不计。因此，本文主要以第（1）栏的回归结果进行分析。

从第（1）栏可以看出，反映时间趋势的样本年份的系数为正，且

2006年样本的系数在0.1的水平上统计显著，说明随着时间的发展，儿童医疗费用在不断增加。年龄、性别两个变量的回归系数并不显著，表明二者对医疗费用的影响不大。回归结果中，儿童目前的状态（即在上学或者在工作）系数估计并不显著。在我国人民生活水平不断提高的今天，儿童是否获得医疗服务，似乎不再受限于儿童是否在上学或者工作。

父母关系方面，双亲都是亲生父母和单亲是亲生父母两个变量的系数均为负且统计显著，表明在同时拥有社会医疗保险的情况下，儿童与父母之间的关系越亲密，儿童医疗支出越少。一个可能的解释是父母关系在儿童健康营养方面具有较大影响，父母与儿童之间的关系越亲密，越会注意儿童平时的营养健康状况，因而儿童生病的概率相对较小。

表11—4　　　　　　　　Tobit模型参数估计

因变量	整体样本(1) 儿童医疗费用的对数	整体样本(2) 实际支付费用的对数	整体样本(3) 儿童医疗费用的对数	城镇样本(4) 儿童医疗费用的对数	农村样本(5) 儿童医疗费用的对数
2004年样本			参照组		
2006年样本	2.499*	2.448*	2.499*	4.827	2.608*
	(1.80)	(1.81)	(1.80)	(1.18)	(1.76)
2009年样本	1.688	1.625	1.688	−0.364	2.585*
	(1.26)	(1.24)	(1.26)	(−0.10)	(1.78)
儿童年龄	−0.0107	−0.00946	−0.0107	−0.0820	−0.0118
	(−0.11)	(−0.10)	(−0.11)	(−0.41)	(−0.10)
男性儿童	0.187	0.203	0.187	−0.463	0.244
	(0.29)	(0.33)	(0.29)	(−0.35)	(0.34)
城镇儿童	2.253***	2.217***	2.253***		
	(2.87)	(2.89)	(2.87)		
双亲都是亲生父母	−2.906***	−2.830***	−2.906***	−3.237	−2.575**
	(−2.33)	(−2.75)	(−2.74)	(−2.75)	(−1.06)
单亲为亲生父母	−3.459***	−3.377***	−3.459***	−3.605	−3.445***
	(−2.57)	(−2.70)	(−2.69)	(−2.70)	(−0.97)

续前表

因变量	整体样本(1) 儿童医疗费用的对数	整体样本(2) 实际支付费用的对数	整体样本(3) 儿童医疗费用的对数	城镇样本(4) 儿童医疗费用的对数	农村样本(5) 儿童医疗费用的对数
双亲均非亲生父母			参照组		
在校	−1.351	−1.304	−1.351	−2.169	−1.683
	(−1.09)	(−1.08)	(−1.09)	(−0.88)	(−1.20)
在工作	−2.517	−2.430	−2.517	−32.15	−2.411
	(−0.92)	(−0.91)	(−0.92)	(.)	(−0.85)
家庭人均收入	0.000 076 2**	0.000 074 7**		0.000 202**	0.000 047 6
	(1.21)	(2.22)	(2.22)		(2.40)
标准化家庭人均收入			0.595**		
			(2.22)		
辽宁	3.940***	3.903***	3.940***	8.029**	3.176**
	(2.70)	(2.74)	(2.70)	(2.47)	(1.96)
黑龙江	0.723	0.668	0.723	5.758*	−0.870
	(0.44)	(0.42)	(0.44)	(1.87)	(−0.43)
江苏	4.233***	4.176***	4.233***	−37.09	5.016***
	(3.05)	(3.08)	(3.05)	(3.08.)	(3.29)
山东	0.797	0.763	0.797	3.322	−0.0891
	(0.48)	(0.47)	(0.48)	(1.00)	(−0.05)
河南	2.258*	2.255*	2.258*	4.712*	0.628
	(1.67)	(1.70)	(1.67)	(1.85)	(0.38)
湖北	3.451**	3.382**	3.451**	4.428	3.161**
	(2.52)	(2.52)	(2.52)	(1.49)	(2.08)
湖南	2.778**	2.742**	2.778**	−1.685	3.197**
	(1.99)	(2.01)	(1.99)	(−0.40)	(2.13)
广西	3.169**	3.149**	3.169**	5.719**	2.606*
	(2.55)	(2.59)	(2.55)	(2.15)	(1.88)
贵州			参照组		
常数项	−9.996***	−9.833***	−9.494***	−6.441	−9.768**
	(−3.76)	(−3.79)	(−3.57)	(−1.16)	(−3.25)
样本量	1366	1366	1366	246	1120

说明：括号内是 t 统计值。

* $p < 0.1$。

** $p < 0.05$。

*** $p < 0.01$。

家庭人均收入变量回归系数为正且统计显著，但系数很小，仅为0.000 076 2。为了进一步分析家庭收入因素对儿童医疗服务利用的影响，在第（3）栏中将家庭人均收入变量标准化后进行整体回归，其结果显示，家庭人均收入每增加一个标准差（7 803.5元），医疗费用上升60%左右。虽然理论上人均收入越高的家庭对儿童医疗费用支付的能力越强，但是在社会医疗保险制度下，人均收入高低对医疗费用的影响已经较小。

在地区方面，贵州省的儿童医疗费用支出最低，江苏省的儿童医疗费用支出最高。中部地区三个省份（河南、湖北、湖南）以及辽宁、江苏、广西回归系数为正且统计显著。同一地区内不同省份之间的医疗费用支出存在一定差异，各地区、各省份之间儿童社会医疗保险的水平差异是导致这一现象的一个原因。

城镇虚拟变量的回归系数为正并在0.01的水平上统计显著，说明城镇儿童的医疗费用支出比农村儿童高。这一结果与已有文献相符合，例如唐天伟、陈凤、段文清（2012）。一方面，城市化的进程使得城镇儿童的健康水平降低，对医疗服务的需要程度增高；另一方面，城镇的经济发展水平领先于农村，儿童进入医院的频率明显提高，多种原因共同造成了城镇儿童更高的医疗费用支出。

由于社会医疗保险在城乡儿童之间存在制度差异，表11—4第（4）和第（5）栏分别展示了城镇儿童和农村儿童医疗费用的回归结果。在第（4）栏中，收入变量系数为正，且在0.05的显著水平上统计显著，其系数估计仅为0.000 202，说明其对医疗费用支出的影响极小。但与整体回归估计系数相比略大，一定程度上说明了城镇家庭人均收入对儿童医疗费用支出的影响要强于农村家庭。在城镇的生活水平下，城镇儿童社会医疗保险可能存在保障水平仍然相对较低、落实程度相对不完善的问题。东北地区辽宁、黑龙江两省以及河南、广西的回归系数为正并且统计显著，表明在控制了其他条件的情况下，各地区、各省份之间儿童医疗费用存在差异。

第（5）栏是农村样本的结果。估计结果显示时间变量2006年样本和2009年样本的回归系数同时在0.1的显著水平上统计显著，表明了农村儿童医疗费用支出水平不断提高，从一个侧面表现了我国农村儿童获得医疗服务的机会增多、医疗水平不断提高。与整体样本相似，双亲都是亲生父母以及单亲是亲生父母两个变量的系数均显著为负。可见，儿童与父母关系越亲密的家庭的医疗费用支出越少，其原因见前面的讨论。在农村样本中，家庭人均收入变量估计系数并不显著，表明在农村中，拥有社会医疗保险的儿童获得医疗服务对家庭人均收入并不敏感，社会医疗保险在农村儿童医疗服务中有很高的保障水平，起到了更大的作用。地域方面，仍然存在地区、省份之间的差异，辽宁、江苏、湖北、湖南以及广西五省区的农村儿童医疗费用显著地高于贵州省。

四、结论和建议

影响儿童医疗的主要社会制度在于医疗保险制度以及城乡二元结构。2004—2009年，儿童医疗保险覆盖率显著提高，农村儿童医疗保险覆盖率增长快于城镇，尤其是社会医疗保险覆盖率总体增长了大约9.5倍，城镇和农村儿童社会医疗保险覆盖率增长分别超过了17倍和8倍。各地区医疗保险覆盖率均有所上升，尤其是西部地区。医疗保险制度的不断深化有效地推动了我国对儿童医疗服务的利用，其中儿童社会医疗保险产生的影响最大。

时间因素对儿童医疗的影响主要表现在随着时间的推移，儿童医疗保障制度得到不断推进和完善，医疗保险覆盖率不断提高，经济发展水平不断上升等方面。在这一过程中，一些宏观经济事件等因素也会随着时间的推移影响儿童医疗，如部分地区从2004年到2009年商业医疗保险覆盖率的发展在 2006 年左右出现波动，很有可能是在一定程度上受到了经济危机的影响，同时社会医疗保险覆盖率上升也是导致儿童商业医疗保险需求下降的一个重要因素。

2004—2009 年，各地区儿童社会医疗保险都得到快速发展，但发展情况不均衡，各地区、各省份之间保险覆盖率仍存在较大差异。由于各地区、各省份社会经济水平不同，其儿童医疗保障水平也存在差异，沿海地区医疗费用支出大约是西部地区的 4 倍。

儿童的年龄、性别、是否在上学以及是否在工作对儿童医疗利用并没有显著影响。笔者认为，年龄对儿童医疗利用的影响主要体现在医疗保障制度等方面，如随着年龄的增长，儿童能够享受更多的医疗保险内容。男女平等的观念逐渐深化，性别对儿童医疗的影响微乎其微。儿童医疗费用平均仅占家庭人均收入的 0.32%，对于大多数家庭而言，儿童的医疗费用支出不再是儿童获得医疗服务的障碍。在拥有社会医疗保险的儿童群体当中，家庭人均收入对儿童医疗仅仅具有非常微弱的正效应。

医疗保险制度已成为我国儿童健康的重要保障，儿童的家庭、社会及经济因素均能通过医疗保险影响到儿童医疗服务的利用，因此政府可以通过对医疗保险政策的把握来改善儿童医疗服务利用的情况。

首先，进一步规范涉及儿童医疗的城镇居民基本医疗保险制度以及新农合制度，尽快实现儿童强制性参与社会医疗保险；其次，统筹平衡各地区及城乡之间的儿童医疗保险水平，完善各地区、各制度间医疗保险关系的转移接续；再次，鼓励和引导商业儿童医疗保险的发展，与社会医疗保险形成合力；最后，优化医疗资源配置，提高医疗卫生服务效率，平衡各地区以及城乡之间的医疗水平。

参考文献

1. Klein, Jonathan, Karen M. Wilson, Molly Mcnulty, Cynthia Kapphahn and Karen Scott Collins (1999), "Access to Medical Care for Adolescents: Results from the 1997 Commonwealth Fund Survey of the Health of Adolescent Girls," Journal of Adolescent Health, Vol. 25, No. 2, 120 – 130.

2. Lieu, Tracy A., Paul W. Newacheck and Margaret A. Mcmauns (1993), "Race, Ethnicity and Access to Ambulatory Care among US Adolescents," American Journal of Public Health, Vol. 83, No. 7, 960 – 965.

3. Summers, Bryee (2006), "The Effects of Family Structure and Parenting Style on School Disciplinary Incidents of High School Seniors," http://soar.wichita.edu/dspace/handle/10057/380, 2006, 5.

4. van de Poel, O. O'Donnell and E. Van Doorslaer (2009), "The Health Penalty of China's Rapid Urbanization," Tinbergen Institute Discussion Paper, 2009, 016/3.

5. Tobin, James (1958), "Estimation of relationships for limited dependent variables", Econometrica, Vol. 26, No. 1: 24 – 36

6. 高梦滔. 美国健康经济学研究的发展 [J/OL]. 2002. http://ie.cass.cn/yjsl/yjszy/12.htm, 2002 – 5 – 29.

7. 胡岚, 范茂槐. 优化配置人力资源, 合理满足儿童医疗保健需求[J]. 中国卫生经济, 2009, 28 (5): 34 – 35.

8. 刘凤龙. 中国农村医疗保障现状研究——从财政支持角度[J]. 应用经济学评论, 2011 (1): 164 – 168.

9. 刘宏, 王俊, 方海. 个人信息认知对医疗保障改革的影响

[J].经济研究,2010(10):48-62.

10. 邵德兴.农民"看病贵"问题的政治经济学分析[J].价格理论与实践,2005(8):25-26.

11. 孙佳,吴明.我国城市儿童医疗服务需要与利用分析[J].中国医院,2008,12(7):42-44.

12. 唐天伟,陈凤,段文清.中国基本卫生医疗服务及效率分析[J].江西师范大学学报,2012,45(1):43-47.

13. 王俊,昌忠泽,刘宏.中国居民卫生医疗需求行为研究[J].经济研究,2008(7):105-117.

14. 汪云,陈霞,汪莹,熊巨洋.我国医疗卫生服务效率及其改进策略[J].卫生经济研究,2007(12):3-4.

15. 中华人民共和国卫生部.2012年中国卫生统计提要.

12 中国社区卫生人力资源的探讨[①]

导 言

人力资源是世界上各种资源中最宝贵的资源（于子明，1986）。毋庸置疑，在卫生体制改革中，卫生人员（包括所有从事以增进健康为主要目的的活动的人）不仅是各项计划与改革的设计者，更是让蓝图变为现实的实践者。

对于人力资源的研究不乏先例，尤其是在工商管理领域，然而对卫生人力资源的特别重视和系统研究应该是从 21 世纪才开始的，《联合行动报告》和《2006 年世界卫生报告》发布后，卫生人力资源的建设和发展以更明确的目的性和规划性在各国陆续展开，起推波助澜作用的国际组织也应运而生，例如亚太卫生人力资源联盟（AAAH）于 2005

---

① 本文作者张玲玲，美国哈佛大学博士后。

年成立。包括中国在内的15个成员国，目前共召开了三次会议，其中第二届于2007年10月在北京举行，主题为"农村卫生人力资源与初级卫生保健"，促进了"卫生人力资源是影响卫生事业发展的关键因素"这一共识的达成。

卫生人力资源隶属于刘远立教授所阐述的五个重要的医疗卫生体系子系统之一的资源提供系统（刘远立，2007），如果把医疗卫生体系看作一个人，那么资源提供系统与筹资系统一起组成支撑人体的两条腿，缺少任何一个都会步履维艰。

卫生人力资源包括在各个医疗卫生领域工作的人，其中不仅有医生、护士等直接参与看病治病的人员，还包括那些为医疗服务提供辅助性工作的人。本章主要侧重对社区卫生人力资源的分析，以切合当前发展社区医疗和实现"健康中国2020"目标的需要。我国目前的卫生人力资源存在地区分布不均衡、技能配置不合理、医疗人员质量偏低和管理人员严重缺乏的现象，这些问题在社区卫生服务单位显得更为突出。就地区分布而言，无论是医疗人员的密度还是质量，都是东部高于中西部，城市高于农村；就专业结构而言，首先是医疗机构之间以及学科之间的搭配不合理，其次是医生与护士的比例不合理；就医疗人员的专业素质而言，拥有正规医学院校本科学历的只是凤毛麟角；同时，既懂医又懂管理的复合型人才普遍缺乏。值得特别注意的是，与一些发达国家相比（见表12—1），中国存在严重的护士短缺。随着人口老龄化的不断加剧，人们对初级卫生保健的需求会越来越大，因此，若不尽早采取措施增加护士人员的供给，这一短缺问题会更加显著并逐步加剧。

对卫生人力资源的培养、激励和监督对整个卫生改革有着举足轻重的影响。卫生人员在很大程度上是一个国家卫生体制的表达者和实施者，他们与接受医疗卫生服务的消费者有着最直接的接触，所以群众对他们工作的评价是观察卫生体制所存在的问题的窗口，由此揭示

表12—1　不同国家医生与护士数目的比较（平均每万人口中）

国家	数量	
	医生	护士
英国	16.4	49.7
葡萄牙	31.8	36.7
美国	27.9	93.9
加拿大	18.7	74.8
中国*	15.0	10.3

＊数据来源于《中国卫生统计年鉴（2005）》。
资料来源：WHO HRH database。

出体制改革才是改善医患关系和解决老百姓"看病难，看病贵"问题的根本。体制上的革新需要从全局出发进行规划，如果为了解决"看病难"而仅仅强调发展医疗保险，那么即使老百姓看得起病，也没有合格的医生作为医疗质量的保证，人们对大医院和名医的盲目追崇仍会造成卫生资源利用不合理导致的"看病难，看病贵"；同时，"大处方"的问题反映了目前的激励和监督机制都存在不足。由此可见，在医疗卫生改革中，对卫生人力资源的考虑实际上涉及各个环节的工作，对改革的成败起着不可估量的作用。

　　研究中国问题的习惯思路就是要一分为二，这也是我们探讨卫生人力资源问题需要遵循的。中国的城乡差异决定了中国的社区卫生建设在城市与农村也要有不同的规划和发展。城市无论是在卫生人员的数目还是密度上都高于农村（《中国卫生统计年鉴（2005）》），这与农村人口占全国人口60%～70%的事实显然不协调。而农村现有的卫生人员普遍没有接受过高等教育，技术水平较低。社区卫生的建设对农村而言显得尤其重要，在远离大医院的情况下，农村居民会比城市居民更多地依赖方便实惠的社区卫生中心（站）。虽然目前我们还没有对农村社区卫生建设和对私营企业所属的医疗机构的发展及转型提出具体指导，但是城市的社区建设无疑会为下一步在农村开展同样的改革开辟道路。

一、卫生人力资源分析的理论框架

(一) 卫生人力资源的相关问题

Anand & Baernighausen（2004）展示了卫生人员的密度（每一千人口中的医生、护士和助产士数量）与死亡率（包括孕产妇、婴儿和五岁以下儿童死亡率）呈负相关关系，即卫生人员的密度越高，死亡率就越低。由卫生人力研究领域的先驱之一 Lincoln Chen（2004）教授领衔的联合学习报告进一步总结了各国在卫生人员分布密度上的异同，指出了卫生人力资源对健康的重要影响。

一个国家的卫生人力资源不仅在其分布的合理性方面影响着人们的健康状况，其专业结构即技能分布也是不可忽略的重要因素。卫生人力的技能分布主要是指在一个特定的医疗队伍中，各科医生之间（如临床、中医、口腔等）以及医生和护士之间的数量比（Chen, 2004）。专业结构上的混乱不仅会造成工作的低效，而且严重影响医疗质量。目前国际上对合理的专业结构标准尚无定论，《联合学习报告》也只是根据各国的常规经验以医护比例 1∶2 为暂定标准（Chen, 2004）。

判断卫生人员素质的最直接标准是他们的医疗水平和质量。如果说针对卫生人力资源的数量、分布和专业结构做出的规范属于宏观调控，那么针对卫生人员的培养和管理则可以算是微观范畴的调控。

要提高一个国家医疗队伍的水平，可以从医学教育、在岗培训和继续教育等各种培养医疗人员的途径等方面寻找入手点。教育是决定宏观层面的卫生人员数量供给的基础。可以通过适当的教学安排（如到社区和农村实习）辅以正确的思想教育，从而在一定程度上调节卫生人员的分布。而对于适合当前中国国情的基层人才培养离不开在岗培训和继续教育。

好的医疗队伍形成后，好的管理制度是使其能够充分发挥作用的关键。哈佛大学的一位教授曾断言说，因管理失误而造成的病人死亡比医疗事故本身造成的还要多。错误的激励机制会成为医疗事故的隐患，治病若变成以利益为主导，患者就会付出健康的代价。不到位的激励机制则无法充分调动工作者的积极性，比如说建立了绩效考核制度后，在提供实际奖励时，工作 60 个小时与工作 40 个小时的做完全相同工作的人的实际所得却相差无几。对于这种激励不到位的问题不仅要从医疗体制内部分析，还要从各个行业之间的情况对比入手。医学教育年限比一般的专业要长，工作中精神上和身体上还要承受很大的压力，因为这关系到病人的性命。担负如此重要工作的医护人员如果在经济收入或其他方面得不到相应的补偿，就无法体会到社会对这一职业的重视和对他们所担负工作的重要性的肯定，对工作本身也就很容易丧失热情。这时，他们的工作积极性一定会受挫，因懈怠而造成的失误更是无法预测。

针对上面提到的有关卫生人力资源的供给问题（包括分布和教育方面）、专业结构和管理问题，我们将从中国人力资源的普遍现状开始，对以社区医生为代表的社区卫生人力资源的分布以及管理，特别是激励机制的建设进行探讨。

（二）社区的含义

费孝通认为，社区是若干社会群体或组织（家庭及企事业单位）聚集在一定地域所形成的生活上相互关联的大集体（顾杏元，1997）。依此定义来理解社区卫生服务的范畴可以超越传统的界定范围，如城市社区一般指街道及居委会，农村社区指乡（镇）及村（顾杏元，1997），那些在一个单位一起工作的群体也构成社区，其单位设置的基本医疗服务机构也是提供社区卫生服务的来源之一。2006 年颁布的《城市社区卫生服务机构管理办法（试行）》中明确指出了哪些卫生机构有望转型为社区卫生服务机构："政府举办的一级医院和街道卫生院应转型为社区卫生服务机构;政府举办的部分二级医院和有条件的国有企事业单位所属基层医疗机构通过结构和功能改造,可转型为社区卫生服务机构。"私有企业所属的医疗机构向社区医疗服务机构方向的发展与转型或许可以参照国有企事业单位的做法。

(三) 中国全科医生的泛定义

明确了社区的概念与范畴之后,需要对社区医疗的主要执行者——社区医生的定义有一个了解。我们在提倡基本医疗和大力倡导社区卫生服务建设的时候,实质上是在发展国外所称的全科医学和培养全科医生,很多学者也是据此来分析我国的社区卫生建设的。吴春容、李俊伟(1996)指出,"全科医学被制定为关于初级保健的学科,其核心内容是'以家庭为单位的初级保健服务',这是全科医学最鲜明的专业性特征,也是许多国家和地区将其称为'家庭医学'的主要原因。将家庭这一要素引入医学和医疗,同时兼顾个人和社区,是将全科医学与其他学科相区别的重要基础。""全科医生"这一称谓常见于英国和其他英联邦国家,在这些国家,全科医生都需要经过正规的医学培训。美国培养的全科医生从医学院校毕业后要实习三年,所以一名全科医生要经过约七年时间的培训。目前在中国,经过如此严格训练的全科医生还是凤毛麟角,这主要是因为我国的全科医学教育起步较晚,只有近十年的历史,而且配套的激励机制还未成型,所以如果我们完全照搬国外培养全科医生的模式恐怕是不符合中国国情的。我们的研究主要以当前的中国国情为立足点,所以我们所说的全科医生除特别强调外,均泛指社区医生,他们是我国全科医疗任务的主要执行者,为社区成员提供综合性的医疗保健服务。他们不仅是社区服务的组织者和实施者,还会扮演咨询者、教育者等多种角色。世界卫生组织强调:"社区卫生人员应当是那些属于他们所服务的社区的成员,应由社区选出,他们的行为应对社区负责,应受到卫生体制的支持但不必要归属于其中的某一个组织，并且他们的培训期可以比专业的卫生人员短（WHO，1997）。"

（四）发展社区医疗的必要性

发展全科医学和振兴初级卫生医疗无疑是适合中国国情的一项重要而明智的举措，也是控制卫生费用从而实现卫生资源优化配置的有效手段。世界银行的《1993年世界发展报告研究》指出：合理配置卫生资源是指以社区为主导的一种资源配置方式，其宏观表象呈"正三角形"。它的提出依赖于两个已得到验证的基本事实和结论（王梅、李卫平，1997）："第一，人群中60%～80%的基本医疗问题完全可以在社区得到治疗，并不需要高、精、尖的专科技术。第二，解决人类的两个主要健康问题（传染病和非传染病），一方面不能仅仅靠医疗措施，更主要的是靠人均的收入水平、收入分配的平等程度、营养、教育以及计划免疫等其他公共卫生措施；另一方面是社区预防对于解决健康问题可以起到事半功倍的作用。"据统计，所有到三级医院就诊的患者中只有50%左右需要专科医生的诊治，而人群中80%以上的基本健康问题可以由以训练有素的全科医生为骨干的社区卫生服务队伍来解决（王均乐，1996）。所以，改革势在必行，目标是建立起以社区为基础，以大中型医院为医疗中心的卫生服务体系，从而充分利用卫生资源，缓解群众"看病难，看病贵"的问题。提高社区卫生服务队伍的素质关系到这一改革的成败。只有切实改善社区的医疗质量和服务水平，人们才会对基本医疗服务产生信任感，同时辅以教育和其他在社区看病的优惠措施，过去那种有病就找专家的就医方式才有望得到改变，这样一来，提倡与发展社区医疗不仅可以增强了医疗卫生体制的公平与效率，同时还可以通过避免有病乱投医的现象而提高医疗质量。

二、中国全科医学和中国式全科医生的发展历程

有学者指出，全科医学在世界上有50多年的历史（戴玉华、乌正赉，2000），即从20世纪50年代左右英美两国正式成立全科医师协会开始；另外一些学者则认为，全科医学的发展甚至可以追溯到"医学之父"希波克拉底（公元前460年—前377年）时期（王均乐，1996）。虽然从不同的角度看，全科医学的历史起源会有所不同，但社会进步、人群疾病谱的变化和对初级医疗保健的需求的增长是导致近代全科医学兴起的原因，这一点是已达成共识的。

我国从20世纪80年代开始建立和开展全科医学工作。早在1984年，北京市东城区朝阳门医院就率先进行了防保体制改革，在居民社区建立起全科医疗站，提供家庭病床服务（戴玉华、乌正赉，2000）。1989年首都医科大学成立了全科医师培训中心（戴玉华、乌正赉，2000；王均乐，1996），全科医学和社区卫生服务随之遍及全国20多个省区。至2000年，全国668个城市中，已有近100个城市开展了全科医疗和社区卫生服务（戴玉华、乌正赉，2000）。据统计，截至2005年底，全国已设社区卫生服务中心1 382个，社区卫生服务站15 746个（卫生部，2006）。但这些机构还远远不够，在5 902个城市街道中只有23%设立了社区卫生服务中心，对于尚未设立社区卫生服务中心的街道，其社区医疗预防保健任务仍然由"街道卫生院、区级医院、企业医院和医务室、门诊部承担"，"也有部分街道或企业设立了社区卫生服务站"（卫生部，2006）。根据《国务院关于发展社区卫生服务的指导意见》确定的工作目标："到2010年，全国地级以上城市和有条件的县级市要建立比较完善的城市社区卫生服务体系。具体目标是：社区卫生服务机构设置合理，服务功能健全，人员素质较高，运行机制科学，监督管理规范，居民可以在社区享受到疾病预防等公

共卫生服务和一般常见病、多发病的基本医疗服务。"

为了适应发展社区卫生服务的需要，对全科医生包括社区医生在内的医疗人员队伍的培养显得尤为重要。据悉，北京市政府每年拨出100万元用于全科医学人才的培训，2003年还投入1 600万元进行社区医疗基地建设（《中医药报》，2005）。据北京医学教育协会培训中心透露，北京市从1999年6月启动全科医生培训工程开始至2005年，培训的基层医生已达到1万人，获得全科医生资格的医生有近5 000人（《中医药报》，2005）。不过至2005年，我国全国全科医学医师仅有2.6万人，占医师总数的1.6%（卫生部，2006），这一数字与发达国家全科医生占医生总数50%的比例相去甚远。根据2006年《关于加强城市社区卫生人才队伍建设的指导意见》，"到2010年，在全国每个地级市要遴选建设至少1~2个社区卫生服务人才培养示范基地"。

在农村，合作医疗体制是发展全科医疗和培育适宜社区卫生工作的人才的土壤。虽然全科医学的理论是在20世纪80年代才从国外系统引进的，但全科医疗和社区卫生服务的实践早已存在于我国的卫生工作当中，并且一向以强调卫生工作要面向广大群众，强调防治结合、预防为主，强调团结中西医、依靠科技进步的工作方针为主导（王均乐，1996）。"从50年代开始，我国农村逐步建立了县、乡、村三级医疗卫生服务网络，配备了专业或不脱产的卫生人员，为广大农民提供基本医疗服务，提高了农民的健康水平，对保护农村生产力、振兴农村经济、维护农村发展和稳定起到了积极作用"（卫生部，2006）。中国的农村三级医疗预防保健网、乡村医生队伍和合作医疗制度为发展中国家提供可借鉴的宝贵经验，被誉为"三大支柱"（温益群，2002）。"赤脚医生"这一称谓至今仍在世界各地尤其是发展中国家广泛流传，成为那些工作在最基层的农村医疗工作者的代名词，这一体制也成为很多致力于建设农村医疗的国家效仿的榜样。"赤脚医生"这一名称最早发源于上海川沙县，从1968年正式见诸报刊后便在中国广为流行，到1985年前后修改为"乡村医生"（温益群，2002）。20世纪70年代的时候，赤脚医生发展到了鼎盛时期，全国人数达到500多万，远远超过了当时卫生部拥有的卫生人力总量（220万名卫技人员）（温益群，2002）。有学者指出，赤脚医生的出现和存在，是中国在当时的现实条件下所能选择的适合农村卫生医疗服务需求的"最佳"方案，笔者很赞同这一说法。"赤脚医生"的称谓并非只是表明他们与医院正规医生之间的区别，更主要的是他们代表了在特定的经济条件下，一种符合国情需要因地制宜地开展卫生医疗服务的模式，这个名称只是这样一种模式的象征符号。随着时间的推移，中国农村社会经济从70年代末开始发生了新的变化，合作医疗的形式被独立核算、自负盈亏和看病收费的集体或个人卫生所所取代，村卫生人员也要经过统一考试，合格者授予乡村医生证书，不合格或未参加考试者统称为卫生员。至此，"赤脚医生"的名称被正式取消。目前我国农村卫生队伍包括县级医疗卫生机构、县以下医院及门诊部（所）、乡镇卫生院专业卫生人员、村卫生室乡村医生和卫生员（卫生部，2006）。到2005年底，我国有乡村医生和卫生员91.7万人，由于城市化进程的加快，与1990年相比，这一数字减少了31.5万（卫生部，2006）。

虽然"赤脚医生"的名称已成为历史，但它所象征的卫生医疗服务模式仍适用于今天的社区卫生建设，而且是我们培养社区卫生服务适宜人才应借鉴的经验。

1994—1995年，世界卫生组织和世界家庭医师学会（WONCA）联合发表了名为"使医疗服务和医学教育更适合民众的需要——家庭医生的贡献"（WHO/WONCA，1994）的工作报告，指出"为了满足民众的需要，保健系统、医学界、医学院校及其他医学教育机构必须进行根本变革。在保健系统提供适用、优质、经济有效、公平的服务过程中，家庭医生应发挥核心作用。为了承担起这一重任，家庭医生应具有为患者提供医疗保健的高水平技能，同时又必须将个人和社区的保健融为一体（卫生部，1997）"。这对全科医学和家庭医学提出了更高的要求（王均乐，1996）。

三、现状分析

我们对中国卫生人力资源的评估应围绕制约卫生体系运行的"三力"因素展开（刘远立，2007）。首先是这个系统的能力，包括培养一定数量和质量的卫生人员，满足当前医疗卫生服务的需求并实现其在数量和专业结构上的合理分配的能力。其次是帮助系统良好运行的动力（激励）机制和压力机制，即通过一定明确的奖惩制度，使得我们这个系统的目标转变为我们这个系统内各个组织和人员的自觉行动。对这"三力"因素的分析将以公平、效率和质量为标准（见图12—1），考察卫生体系是否在为达到健康、公众的满意度和财务风险的防范（Roberts et al., 2004）这三项主要目标而努力，同时找出不足之处和问题存在的原因。

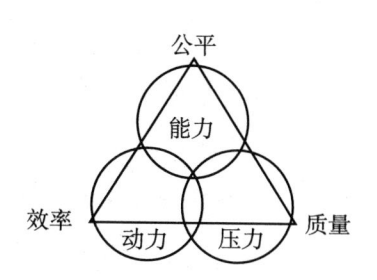

图 12—1　卫生人力资源评估框架

（一）能力机制

1. 卫生人力资源的培养与需求缺乏系统的规划。卫生人力资源的培养直接关系到卫生人力资源的专业结构和质量，同时对卫生人力资源的分布可以起到引导和协调的作用。

以总人口 13 亿粗略计算，至 2005 年，我国卫生人员的密度达到每千人口 4.5 人，远远高于国际上拟定的每千人口 2.5 个卫生人员的标准（Chen et al.，2004），所以我国卫生人员的存量从整体而言是充足的，理论上应当可以满足我国人民对医疗卫生服务的需求。

然而我国全科医生的培养模式尚处于摸索阶段，许多医学院校还没有设立相关的教育学科，目前大部分全科医生都是通过在岗培训和转岗培训而来的。继首都医科大学之后，全国各地的一些院校也设立了全科医师培训中心，但这些中心所培育的医师的数量离未来几年为新建 4 520 个社区卫生服务中心所需要的约六万名全科医师的保守需求（卫生部，2006）还相距甚远。有关专家反映，这些社区卫生服务中心很难吸引到新毕业的大学生，笔者认为这至少折射出两方面的问题：第一，学校缺乏全科医学人才的预培养和服务社区的导向；第二，社区缺乏招揽人才的条件和机制。现实的情况是，有近三分之二的医学毕业生没有从事医疗卫生领域的工作（卫生部，2006），医学毕业生就业难且流失严重的现象与高层次卫生人员匮乏以及农村和社区等初级医疗卫生机构人员匮乏的现象并存（王保郧等，2004）。

此外，卫生人力资源培养过程中存在一些严重的缺门和缺科现象，比如对卫生管理人才的培养重视不够，学校无论在课程的设置还是专业的安排方面，都没有相应地对希望从事卫生管理工作的人才进行培养，当然这与医疗单位在用人制度上重专业而轻管理的传统不无关系。在这两种因素的共同作用下，现今在职的医院院长中有 80% 都毕业于临床医学和公共卫生类院校（卫生部，2006）。此外，虽然每千人口卫生人员的数量超过了国际标准，但分解来看，真正达到执业医师标准的医生的每千人口数量相比于国际标准则仅仅为中等水平，若更进一步按科目来看，对某些专科（如精神科）医师的供给事实上是严重缺乏的。

2. 卫生人力的分布有失公平。卫生人力的分布可从横向与纵向两个角度来分析。横向分布主要指在城乡之间和区域之间的分布，纵向则指在卫生人员在医疗机构内部的分布。

卫生人力在其横向分布上一直呈城市高于农村、东部强于西部的状态。以分布的数量为例，从1990年到2005年，城市拥有的卫生人员数量比农村高出16.8%～36.6%不等，其中医生的数量分布差距为11.0%～33.2%，护师（士）为30.2%～48.8%，而且这一差距呈逐年扩大趋势。东、中、西部之间卫生人力资源的分布差异如表12—2所示。

从数量上看，卫生人力资源在东部的数量远远高于西部，亦高于中部；在中部的数量则高于西部，但两者的差距比东部与中部之间的差距小。若以人口为标准分析卫生人力资源的供给，我们发现从1990年至2005年，其分布的趋势一直是这样的：城市卫生人力资源占全国总量的比例一直高于城市人口占全国人口的比例，农村则恰恰相反（表12—3）；同样，东部卫生人力资源占全国总量的比例一直高于东部人口占全国人口的比例，中部和西部则相反（表12—4）。这样的分布显然是有失公平的。

表12—2　1990—2005年卫生人力资源在东、中、西部地区分布差异

卫生人力资源	地区比较	1990年	1995年	2000年	2005年
卫生人员	东部∶中部	9.1	9.0	9.3	11.6
	中部∶西部	6.9	7.4	7.7	7.3
	东部∶西部	16.0	16.4	17.0	18.9
医生	东部∶中部	8.3	8.9	8.8	11.9
	中部∶西部	4.0	4.0	4.2	4.3
	东部∶西部	12.3	12.9	13.0	16.2
护师（士）	东部∶中部	10.4	19.9	11.4	14.5
	中部∶西部	8.1	8.9	7.7	6.9
	东部∶西部	18.5	18.8	19.1	21.4

资料来源：以《中国卫生人力报告（2006）》为基础。

表 12—3　　1990—2005 年市县人口数与卫生人力资源的分布　　　　（%）

人口数/卫生人力资源数	城乡	1990年	1995年	2000年	2005年
人口数	市	29.4	41.9	44.4	47.2
	县	70.6	58.1	55.6	52.8
卫生人员	市	58.4	64.5	65.1	68.3
	县	41.6	35.5	34.9	31.7
医生	市	55.5	61.7	61.1	66.6
	县	44.5	38.3	38.9	33.4
护师（士）	市	65.1	70.2	70.9	74.4
	县	34.9	29.8	29.1	25.6

资料来源：《中国卫生人力报告（2006）》。

表 12—4　　1990—2005 年东、中、西部地区人口数与卫生人力资源的分布　（%）

人口数/卫生人力资源数	地区	1990年	1995年	2000年	2005年
人口数	东部	37.6	37.4	37.4	37.3
	中部	33.9	34.0	33.9	33.9
	西部	28.6	28.6	28.7	28.8
卫生人员	东部	41.7	41.8	42.1	43.5
	中部	32.6	32.8	32.8	31.9
	西部	25.7	25.4	25.1	24.6
医生	东部	40.2	40.6	40.6	42.7
	中部	31.9	31.7	31.8	30.8
	西部	27.9	27.7	27.6	26.5
护师（士）	东部	43.0	42.9	43.5	45.3
	中部	32.6	33.0	32.1	30.8
	西部	24.5	24.1	24.4	23.9

资料来源：《中国卫生人力报告（2006）》。

卫生人力资源在纵向上的分布呈"倒金字塔形"，可以说是我们卫生资源"倒三角形"配置的表象之一。在各医疗机构之间，卫生人力资源主要流向了以治疗为主的机构，比如医院和乡镇卫生院。以 2005 年为例，卫生人员中供职于医院的占到总数的 62.5%，供职于乡镇卫生院的占到 19.9%，而供职于以预防和保健为主的医疗单位的合起来还不到 20%，其中社区卫生服务中心（站）仅占 2%（卫生部，2006）。

12 中国社区卫生人力资源的探讨

从质量分布来看,拥有高学历(本科及以上)的卫生人力资源的分布与数量分布呈相同的趋势,而中低学历(大专及以下)者的分布则大致与数量分布呈相反的趋势(表12—5)。

表12—5　　　　　卫生技术人员学历的横纵向分布构成　　　　　(%)

分布	地区/机构		本科及以上	大专	中专	高中及以下
横向* (2005年)	城乡	市	22.0	30.0	39.8	8.2
		县	6.7	26.9	52.5	13.9
	地区	东部	20.1	27.4	42.9	9.6
		中部	14.2	31.1	45.0	9.7
		西部	15.1	29.6	44.3	11.0
纵向** (2002年)	医院		19.3	29.5	42.0	9.1
	社区		7.6	27.3	52.8	12.3
	乡镇卫生院		1.6	16.9	59.9	20.6

* 数据来源:《中国卫生人力报告(2006)》。
**数据来源:《中国卫生统计年鉴(2006)》。

高精尖的卫生人力资源(特别是医生)都集中在医疗机构(尤其是大医院)的情况造成一些地方的人才饱和甚至超饱和。结果是很多人员的真正技能得不到充分的发挥,而只承担一些医生助理或护士就能胜任的工作,造成人力资源的浪费。而同时那些基层医疗卫生单位又面临着人才短缺的问题。

简而言之,我国卫生人力资源分布存在两种矛盾的格局:一是总量储备过剩与农村、中西部以及社区等初级医疗卫生机构卫生人力资源严重短缺并存;二是高质量人才在大医院的浪费与基层医疗卫生机构卫生人才严重短缺并存。

3. 卫生人力资源的专业结构不合理。卫生人力资源的专业结构主要从其在医疗机构和公共卫生机构之间的分布以及技能配置(最普遍的就是指医护比例)来分析,尤其要提醒注意的是全科医生的严重短缺。从2005年的统计数据来看,全国医疗机构的卫生人员占卫生人员总数的94%,疾病预防控制中心的人员占4%,卫生监督机构只占0.9%;在全国执业医师和执业助理医师中,临床、中医及口腔等专业的医师占到92%，而公共卫生专业的医师只占8%（卫生部，2006）。如果就专业技能的结构配置更进一步分析的话，各类专科医师之间的比例是否合理也有待根据实际需求（比如根据人口结构和疾病谱的变化以及科技的进步等）进行评定。

如前所述，我国医生多于护士，从1∶2的国际通用的医护比例标准来看，我国的医护比例失调。我国正式获全科医师资格的人员至2005年仅有2.6万，仅占医师总数的1.6%（卫生部，2006）。虽然身在社区的卫生人员的数目远不止于此，但他们的水平偏低，需要进一步的培训。

4. 卫生人力的质量偏低，缺乏培训。我国卫生人力的总体水平不高，从学历看，2005年在职的卫生技术人员中，拥有硕士学历的占不到2%，拥有本科学历的也只占15%；从专业技术职称看，拥有高级职称的（主任医师和副主任医师级）占5.6%，拥有中级职称的（主治医师及主管医师级）占22%（卫生部，2006）。2002年，工作在社区卫生服务中心的卫生技术人员中，拥的硕士学历的只占0.1%，拥有本科学历的占7.5%，拥有大专学历的占27.3%，拥有中专及以下学历的占60%还多《中国卫生统计年鉴（2006）》。而2005年乡村医生中只有将近4%的人拥有大专及以上学历，58.8%的人具有中专学历及中专水平，其余为在职培训合格者《中国卫生统计年鉴（2006）》。

当然，学历只是评估卫生人力资源质量的一个方面，另一方面还要看实际工作能力，而岗位培训和继续教育是提高工作能力的最好途径。但是据统计，在实际贯彻培训和继续教育制度的过程中，效果并不明显。以2005年为例，分别只有35%和55%的医院医生和乡镇卫生院医师接受了继续教育，而住院医师规范化培训更是差强人意（医院为27%，社区卫生服务中心为9%，乡镇卫生院为6%）（卫生部，2006）。至于培训的质量如何，也有待进一步的探究。据在北京一家大医院调查初级卫生保健工作的一位加拿大医生反映，虽然该院设有正式的培养全科医师的住院医项目，但他当时访谈过的所有住院医生都没有到社区卫生服务中心进行过任何实践。

（二）激励机制

如何看待人的问题关系到管理制度与激励机制的设计与制定。西方管理学和心理学根据科学和生产力的发展，对人性先后提出了四种假设，即"经济人"，"社会人"，"自我实现人"和"复杂人"（于子明，1986）。将其与人的五个层次需要管理理论结合起来，我们可以看到不同的人性假设对应不同的需要层次和管理方法，而"复杂人"则涵盖了以上所有的特征，也是我们想要强调的，即人是复杂的个体，其需要是多方面的，激励机制与压力的设置就是为了发挥人性中的优点，避免缺点，以满足人的某种需要来刺激其更好地工作，同时克服其在其他方面的弱点。虽然个人的需求因人而异，但有些常见的因素具有普遍性。例如 Awases et al.（2003）在调查影响五个非洲国家医疗人员移民国外的因素时指出：希望就职于管理更完善的医疗卫生系统，希望继续学习和培训，希望有一个更活泼和协作的工作环境，希望有更好的或更现实的收入，这五条即为主要原因。《联合学习报告》指出，医疗卫生毕竟是为人服务，这样的一个服务体系若要良好运转，需要其工作者有服务客户的愿望和主观能动性（Chen et al., 2004）。激励措施是激发工作积极性的手段，一个人的工作动力无疑对其工作表现起着至关重要的作用，而能激发人的工作动力的是个人价值、职业道德、工作环境和卫生体系的支持等多方面因素的综合（Chen et al., 2004）。激励措施大体可分为经济上的和非经济上的两种。我们可以大致从三个方面考察我国卫生人力资源的动力建设，首先是影响工作效率和质量的激励因素，其次是影响人才流动的因素，最后，由于消费者的就医取向或者说价值取向会刺激基层医疗卫生单位工作人员的责任心和工作质量，所以影响消费者就医习惯的因素也值得探讨。

1. 岗位激励制度不到位，绩效考核走形式（Lim et al.，2004）。在中国的三个省进行了问卷调查和12组集体访谈，来衡量中国医生对工作的满意度和他们对中国医疗卫生的看法及体会。研究结果显示，医生们对目前工作和收入的满意程度分别为27％和8.1％。只有32％的医生对本省的医疗卫生体系的评价为"好"或"很好"。对福州中医院136名医务人员进行的调查显示，热爱医护工作的有97人，占被调查总人数的71.32％；持将就态度的有38人，占27.94％；抱厌恶态度的有1人，占0.74％。在从事医护工作的动机上，有88人认为医护工作高尚，占64.71％；41人认为只是为了解决职业问题，占30.15％；被迫服从他人意愿的有7人，占33.82％。在90名表示不希望改行的医护人员中，有少数并非完全安心本职工作，原因是工资、奖金等待遇偏低；夜班、值班频繁，生活无规律。医护工作辛苦劳累，却得不到社会应有的理解和尊重（张南，1996）。虽然这一调查的样本量并不大，但其所反映的问题具有一定的代表性。一位西方医生在中国对全科医学进行实地考察后得出这样的结论："从一个医生的角度不难看出为什么生活对于一名（中国）全科医生来说是艰难的。大部分西方国家的家庭医生享受的待遇（比如工作和生活安排的灵活性、切实的中上等的收入以及看得见的工作满意度）在中国是得不到的。取而代之的是在社区工作所得到的少得可怜的尊重、偏低的收入和渺茫的晋升机会，如果很不幸地在农村的卫生站任职的话，那么余生都要过着每两个晚上就要到护理站值一次夜班的日子。"

计划经济时期，中国的医疗卫生工作者的工资在全国范围内是一样的（Bloom et al.，2001），医院完全由政府资助。但早期的卫生体制改革打破了这一状态，将医院推上了市场化的自负盈亏的道路，卫生人员之间收入的差异也自此越拉越大（Lim et al.，2004），比如上海的一家市属医院提供给医学院新毕业生的薪水比国家直属医院高出两倍。但中国的医院从本质上讲终归是社会福利性单位，所以整体上讲它们很难为医生提供具有竞争力的薪水。虽然医疗单位也为适应变化进行了逐步的机构改革，但结果却是允许医疗工作者从投机行为中赚取利益，造成工作的低效和医疗服务可及性的恶化（Lim et al.，2004）。医生在接受笔者访谈时都承认暗箱操作的存在，他们认为，这一问题的严重性完全不能与乱开药同日而语。特别是如今有的医院采取科室包干分红的制度，为医生个人的乱开药行为添了几许为集体谋利的"公益"色彩，医生似乎变得更理直气壮了。不过他们表示，有时病人家属在手术成功后给医生送红包表示感谢是正常的事情，特别是当孕妇顺利生产之后，家人即便不送红包，也希望发点儿什么东西让他人一起分享这份快乐。

收入只是激励机制中的一个组成部分，正如很多研究所表明的（卫生部，2006；Awases et al.，2003），非经济方面的激励（比如事业发展、晋升机会、工作环境、个人价值的体现等）也起着很重要的作用，有时甚至比经济收入的作用更重要，计划经济时期"赤脚医生"致力于农村建设，追求自我价值和社会价值的双重体现就是好的例证。从笔者走访的一些乡村医生的反应来看，除了希望能为人民服务之外，他们大部分人都有进修的愿望，在岗培训和继续学习的机会对他们来说似乎非常重要。

绩效考核是深化和加强激励机制的一项重要措施。医疗卫生单位并不缺乏绩效考核机制，但现有的绩效考核机制并未发挥应有的作用。"绩效"就是工作成绩，而事实上，在有些单位目前的实践中，绩效考核的标准则被别的因素（比如人脉关系等）所取代，而有的单位只是搭架子做摆设，这暴露出管理制度的缺陷。由于缺乏统一的行为和质量标准，我们很容易看到被扭曲的"绩效"，如开药所得的回扣。还有一些医生反映，为了在工作上表现好，就要做很多行政上的汇报工作；

为了评职称，还要不停地发表文章，很多时候自己被这些烦琐的事情所累，不能专心提高自己的医疗技术水平。

卫生人力资源对于国家卫生体制的表现具有战略上的重要性。偏低的工作满意度和医疗卫生职业逐渐衰落的社会价值观是导致这一职业吸引力下降的重要原因（Bruno et al.，2003）。笔者对三所医学院校的2 700多名学生做的关于从事全科医学工作意向的调查显示，大学生不愿选择全科医生这一职业的原因按所占比例从高到低排列如下：发展空间小（77%）、收入低（58%）、社会地位低（50%）、工作辛苦（36%）和对这一职业不了解（34%）（Zhang et al.，2008）。

2. 激励机制不健全导致人才流失。导致人才流失的因素与岗位激励机制是相互影响的，只是研究的侧重点不同，关注的是受激励机制影响的不同后果。很多国际学者做了有关医生从低收入国家向高收入国家移民的研究，总结了相应的影响因素。针对中国国内的卫生人才流失问题，有的是属于从农村移到城市或从基层跳槽到大医院，有的则属于永远离开医疗卫生行业。国际上所总结的激励因素在中国得到了一定程度的延伸和印证。

对哥伦比亚、尼日利亚、印度、巴基斯坦和菲律宾的医生向国外移民的原因所做的调查结果显示：90.8%的人是希望有更高的收入和更好的购买力；74.1%的人是希望能更多地使用先进的技术、设备和仪器；78%的人是希望自己的孩子可以有更好的未来；72.5%的人是希望生活在经济稳定增长的国家；51.9%的人是希望生活在安全程度较高的国家；还有58.4%的人是希望取得相对其他职业来说更高的收入。有相当一部分人（48.3%）将学术氛围（尤其是许多院校有自己感兴趣的领域）作为一项重要因素（Astor et al.，2005）。

而我国对医院院长的调查显示，人才流失的主要原因为：工资待遇低（70%）、个人价值得不到体现（46.6%）、晋升机会少（25.6%）、工作条件差（25.6%）（卫生部，2006）。

笔者在美国采访了十位曾经的中国医生，收集了他们当初选择学医的动机和对收入、工作环境、及工作辛苦程度的看法，虽然样本量很小，但反映的问题具有普遍性。总的说来，他们认为在中国从医的收入低、工作环境不适宜职业发展、工作相当辛苦。当问及他们是否愿意推荐其他家人学医时，大部分持否定态度。而他们来美国的原因主要表现为求学（6/10）和对在中国的工作不满意（4/10）。从被调查者的回答来看，他们选择来美国或多或少是因为卫生体系中存在不公正和低效。无论是明确表达的还是没有表达的，影响他们移民国外的因素与 Awases et al.（2003）得出的其他国家医生移民的研究结果基本一致，所以中国的卫生体制改革应针对这些因素采取措施。

3. 对消费者的就医习惯缺乏引导。前面分析到我国卫生资源的配置呈"倒三角形"，比如 2005 年医院的诊疗人次数是社区卫生服务中心和卫生院（包括街道卫生院和乡镇卫生院）诊疗人次数少和的 1.8 倍（《中国卫生统计年鉴（2006）》）。这种状况不仅造成大医院的专家不得不为应付感冒等小问题奔忙，还使得社区等基层医疗单位的重要性无法得到体现。所以影响消费者就医习惯的因素，会对无论是专科医生还是全科医生的个人价值的实现和工作效率的提高产生一定的作用。对消费者就医的选择加以引导，不仅可以避免"乱投医"，还可以提高医疗质量的整体水平。目前我们针对消费者的就医习惯和需求进行的教育和引导还不够，当前正在进行的一体化改革和让在社区看病者享受更高报销比例等优惠措施是值得继续推进的。

（三）压力机制

如果说动力建设是"胡萝卜"的话，那么压力建设就是"大棒"，只有两者配合使用才能更好地达到提高医疗质量和效率、完善服务公平性的目的。有关卫生人力资源的发展、建设和管理，目前有诸多条款，我们这里将讨论的压力建设并不局限于"惩罚"制度，而是从更广泛的角度，站在立法和行政的层面上看它如何促进能力和动力建设，并探究它存在的问题和导致问题的原因。

我国在卫生人力资源的培养、准入以及上岗的考核和职称评定等方面都有相关的法律法规或行政规定来指导和约束。这里对几个突出的问题进行概括性的分析。

1. 压力机制不健全。首先，对于卫生医疗单位雇佣人数的标准和专业结构的比例缺乏指导性的规定，当然这并不是给出一个数字让各单位照办就能解决的问题，而是需要经过大量的分析和研究才能得出结果。虽然医护人员的合理比例似乎已人尽皆知，但还未见哪家单位在招聘时利用这一标准调整其专业结构。对医疗机构和公共卫生机构的人员配置也缺乏政策上的具体要求。

其次，缺乏统一的临床标准是很多医疗卫生管理者反映的不利于提高工作效率和质量的因素。举例来说，对相同的症状采取不尽相同的处理手段，哪一种是最好的？或者一些数据表明对某一症状使用不同处理方法的概率不同，那么怎样的概率是合适的（Mueller, 1993）？这些标准也是需要经过研究得出的。

再次，虽然国家对医疗事故给予了高度重视，但对如何降低医疗事故还缺乏有效手段。相比较而言，美国曾在1986年出台《医疗卫生质量法案》，规定建立全国范围的监测医生行医表现的数据库，一个医生是否吃过官司、遭过投诉，都会被记录在案（Mueller, 1993）。

最后，对群众"乱投医"和医生"乱行医"的现象缺乏有效的引导和控制。适当引导群众的就医习惯在谈及动力建设时已经提过，现在这一改革只在上级医院与社区间建立了完善的双向转诊和保险报销机制的少数社区有所见效，其他地区还有待依靠政策扶持尽快跟进。"乱行医"粗略地概括了医生乱开药的行为、不负责任的"走穴"行为以及在农村等偏远地区无照行医和非法行医的行为。在这些问题上，政府要么缺乏明确的禁令和合理的指导，要么控制不到位，执行不彻底。2001年时政府考虑在农村建立选举产生的委员会对当地的医疗卫生服务进行"民主监督"（Bloom et al., 2001），这不失为一种简单有效的好办法。

2. 压力建设虎头蛇尾，缺乏配套改革措施。压力机制的设置只是第一步，如果没有相应的监督机制促成它的有效实施，那么法律法规也不过是一纸空文。前文曾提到，2005年我国卫生监督机构的卫生人员只占全国卫生人员总数的0.9%，卫生监督的执行效率和质量难免令人担忧。目前卫生监督机构的职能强调"卫生"二字，其监督的范围存在局限性，而卫生人员制度方面的监督则由卫生部承担。我国目前规定"城市医生在晋升主治医师或副主任医师职称前要到农村累计服务1年"，以推动"万名医师支援农村卫生工程"，这项措施可以帮助农村地区提高医疗技术和水平，有利于减缓城市与农村之间的健康不公平性。但是对这项措施的有效监督和评估却不到位，根据一位卫生部官员透露，检查和监督也顶多就是去看看这些下乡医师是否在农村。所以要想晋升，只要人在农村就好，至于工作质量如何则几乎无人问津。

Bloom et al.（2001）指出，地方卫生部门控制着医疗设备的分配，但从来不考虑服务的质量和成本，这反映出地方政府并没有把医疗卫生放在优先的位置考虑（Bloom et al., 2001；Liu et al., 1996）。造成规章制度的执行在地方（特别是贫困地区）出现问题的因素包括许多地方政府的技术能力低和缺少监督卫生人员工作的资金。

四、问题诊断

大体上说，经济发展的不平衡导致了卫生人力资源分布的不均衡，但这种"先天缺陷"是可以通过适当的政策和有效的激励机制加以弥补的。我们将从政策调整和改革的角度出发，分析造成目前社区卫生人力分布上缺乏公平性以及实际工作中质量和效率偏低的问题。

(一) 能力建设

出现问题的主要原因包括：

1. **缺乏对卫生人力供给与需求的适时调整。**首先是缺乏培养适宜卫生人力资源的规划，即培养人力资源应与各地和各医疗卫生机构的现实需求和条件相吻合。上文提及的几个现实中存在的卫生人力资源的供给与需求的矛盾状态（比如找不到工作的医学毕业生和招不到医学毕业生的初级医疗卫生机构）恰恰反映了当前我国医学教育观念和体制与社会发展对医学教育的要求不协调。

其次是对各医学专科领域的人才的培养缺乏系统的研究。一般而言，医学院校的招生计划会根据上一年或几年的人数和比例作调整，而缺乏根据人群健康的实际情况，如疾病谱的变化，运用研究手段来系统规划卫生人力资源专业结构的措施。虽然招生结构并不能最终决定实际工作中的专业结构，但从教育开始进行引导是很有必要的。

再次，因为医学是一个专业性很强的领域，而人的健康又是一个受多种因素影响的变量，所以卫生人力的教育与培养规划由教育部门全权负责是不合理的，也会给教育部门造成额外的、不该由其承担的任务。卫生部与教育部的通力合作对于达到有效的规划与执行是非常必要而且重要的。

2. **缺乏引导人才合理流向的机制。**虽然卫生人力的培养方向和结构不够合理，但不管怎么说，卫生人力资源的总存量在我国处于过剩状态，所以如果具备合理的引导人才流向的机制，卫生人力资源分布的公平性也会得到提高。说到引导人才流向的机制，无外乎学校培养期间有侧重点的教学安排和鼓励毕业生到需要的地方就业的激励手段。因为激励机制的重要性会在后文做系统的分析，所以这里只谈培养手段。举例来说，如果要引导学生将来致力于社区卫生服务，那么让他们对社区有所了解并安排社区实习的课时就很有必要，对特定地区的定向培养是一种好的办法。有的人可能会顾虑到学生越了解社区就越不愿意去那里工作，如果这是事实也并不奇怪，但造成这种现象的一部分原因是医学院学生对服务社区的责任感不够和激励机制的欠缺。事实上，很多学生并不了解全科医生的重要性和这一职业在国外的情况，所以他们很容易就将全科医学理解为低于专科的职业。虽然有的医学院校举办了全科医师的培训班，但对广大的在校生还缺乏全科教育的普及。激励手段是引导人才合理流向的办法，已在很多国家被采用，我国目前尚缺乏这方面的政策。强制手段虽然可以暂时地解决一些问题，但毕竟不是长久之计。

3. 重专业轻管理的医学人才培养模式和管理制度的弊端。一个医生的管理能力相对于他的业务能力而言似乎显得微不足道，然而只有好的管理者和管理体制才能让所有的医生更好地发挥他们的潜能。我国医学教育侧重医学人才的专业知识和技能的培养的做法无可厚非，但忽视了帮助这些医学人才之中会从事管理工作的人准备所需要的技能，而这种疏忽造成的损失有可能超过技术不过硬造成医疗事故带来的损失。

同时对于医学管理人才的选拔存在"外行不能领导内行"的偏见。在2005年卫生机构的38万名管理人员中，44％出身于医疗卫生专业，只有24％毕业于管理专业（卫生部，2006）。

从大部分医院的管理模式来看，管理人员既要从事管理工作又要从事专业工作。卫生部对500名中西部地区医院院长的调查显示，69.1％的院长处于这种状态，并且几乎所有的人都认为需要接受管理知识和技能的培训（卫生部，2006）。为提高管理工作的效率和质量，管理岗位职业化是必要的。

4. 重治轻防，初级卫生保健的理念和文化缺失。"赤脚医生"时代，我国曾在预防保健方面取得了卓越的成绩。但近年来，卫生事业朝着重治轻防的方向发展。由于全科医生在中国一直处于缺失的状态，我国的初级卫生保健也因此缺乏得力的贯彻者和执行者，因此这些概念和模式对于广大人民来说是新鲜事物，对其重要性和功能还缺乏了解。一些个人的访谈反映出不仅群众不知道家庭医生具体应做什么，连那些目前工作在社区的全科医生也不清楚。

另一个阻碍全科医生队伍建设的理念是专科高于全科的想法。听在医院接受全科医师培训的学员反映，他们中的有些人是在竞争三甲医院的其他住院医项目落榜后才选择全科医师培训的，而参加这项培训只是他们进军三甲医院的垫脚石，而并非真的打算在全科领域发展。

5. 政府投入不足、医疗保障制度滞后。卫生体系的各子系统间是相互关联相辅相成的。筹资对卫生人力资源的发展有着直接的影响。目前，由于政府投入不足，造成卫生人力资源的培训和继续教育不到位，尤其是在农村和西部地区。

医疗保障制度对卫生人力的能力建设的影响体现在两方面。一是可以通过拉动需求（特别是对基本医疗保健的需求）带动社区医疗卫生队伍的建设；二是可以通过改善激励机制（比如建立事业单位职工保险等形式）鼓励更多的卫生人员到基层工作。

（二）动力机制

出现问题的主要原因包括：

1. 以医院为代表的医疗机构的非营利性与其自给自足的经营方式的矛盾。中国大部分的卫生人员都就职于公有制企业，他们的基本工资是按国家标准制定的。如我们前面谈到的，自从政府不再养活医院而将其推上自负盈亏的道路之后，医院不得不自谋出路，然而政府虽然在经济上不再支持，但在行政上（比如对费用的规定等方面）仍进行管理，以保证其公共福利企业的性质。

一些学者指出西方国家医生的满意程度是与他们自己的生产力和

表现（Lim et al.，2004；DiMatteo et al.，1993；Melville，1980）以及病人的满意度（Lim et al.，2004；Hass et al.，2000；Linn et al.，1985）相联系的，但医生的不满意度在中国却有着更深的含义。比如最普遍的不满意是针对收入，大部分医生的收入由医院的薪水决定。由于缺乏有效的保险制度，大部分的中国人看病是自掏腰包，为了尽可能使每个人都能看得起病，政府对挂号（诊断）费有着严格的控制，检验费和住院费也维持在很低的水平（表12—6）。

表12—6　省级医院医疗服务的平均价格与成本（元/服务或元/天）

服务	平均价格	平均成本	价格与成本差价
专家门诊	6.00	14.98	−8.98
全科门诊	2.75	3.87	−1.12
住院	4.25	7.58	−3.33
特护	91.50	164.61	−73.11
一级护理	6.25	27.62	−21.37
阑尾切除术	274.00	309.06	−35.06
冠心病搭桥	1 830.10	2 384.25	−554.15

资料来源：《中国卫生经济杂志》，2002，21（5）。

这样的企业效益恐怕无法养活卫生机构的人员，更不用提按劳取酬、高薪留人了。医院的办法就是走上目前招致非议的"以药养医"的道路。医生的工资由此也衍生出明码标价的基本工资和非局内人无法测定的灰色收入。

2. 政府投入不足。从2005年诊所、卫生所、医务室、社区卫生服务站的收支状况来看，除了社区卫生服务站的收支能基本平衡外，其他机构都处于亏损状态，上级的补助收入只占总收入的8.5%，而仅人员经费一项支出就比上级补助收入高出三倍（《中国卫生统计年鉴（2006）》）。

培训和继续教育对卫生人员（特别是工作在基层的人员）无疑是一项有效的激励措施，然而由于培训经费要由医疗机构自行解决，因此经费不足使得这项措施在实践中（尤其是在农村和西部地区）很难落到实处。

关于社区卫生服务站等基层单位缺乏卫生人员的原因，除了个人和社区工作本身的问题外，另一个原因就是财政上的制约，因为这些单位都要自负盈亏，所以现有的工作人员不愿意再有更多的人来分享有限的收入，特别是当居民还没养成到社区看病的习惯时，他们也就缺乏充足的收入来源。这样一来，繁重的工作量不仅影响到医疗质量，还会令医生和病人双方的满意度都下降。

3. 官僚风气是建立合理的人才选拔制度的阻碍。在医生访谈中所反映的医院晋职看年头、看发表的论文和看人际关系等问题忽视并扭曲了绩效评估的意义。这些因制度造成的个人事业发展的屏障源于具有官僚色彩的管理制度。在医学界，年长的医师具有更多的临床经验是不争的事实，然而，职称评定和晋升不应拘泥于按资排辈，还应综合考虑个人的能力。同时，一味追求达到一些硬性指标，比如需要发表论文多少篇等，都是人才选拔的障碍。而那些有权势或关系的人往医疗卫生部门（特别是医院）安插亲戚朋友的行为更会令医疗工作者对他们所处的环境产生不满并对管理制度的公平和公正性产生怀疑，这种不正当的操作应该杜绝。

4. 职业倦怠进一步降低工作的主动性和积极性。职业倦怠是一种因"工作时间过长、工作量过大、工作强度过高所经历的一种疲惫不堪的状态"（Schwab, 1996），是个体因不能有效地应对工作上延续不断的各种压力而产生的一种长期性反应。职业倦怠不可避免地影响个体的工作，导致的问题包括工作满意度降低、工作效率下降、与家人同事的冲突增加等（Cordes & Dougherty, 1993）。

医护人员的工作关系到患者的健康和生命，这使他们的工作压力相对较大，工作时间相对其他职业的人员来说具有不稳定性，这就使得医护人员成为职业倦怠的易发群体。一些研究发现，相当一部分医护人员都有这种症状（李超平等，2003）。医护人员职业倦怠的存在，极大地影响了医疗质量和效率以及医护人员个人的身心健康。作为医护人员工作的直接对象，患者也就首当其冲地成了医护人员职业倦怠问题的受害者（李兆良，2005）。

5. 专科医疗门槛太低，无法分流病人。社区和大医院的门诊费用不相上下，低廉的诊疗费使人们有条件首先选择大医院而不考虑他们认为质量不高的社区服务中心（站）。

6. 医疗水平不高是全科医生发挥作用的绊脚石。全科医生的整体水平偏低是造成人们不愿到社区看病的一个原因，尤其是在双向转诊制度还未发展成熟的时候。不过既然"追求最高的健康水平是每个人的基本权利"，那么患者生病时首先选择三甲医院的专科大夫也似乎无可厚非，但是"乱投医"会影响医疗体制运转的效率和医疗质量。

7. 老百姓对全科医学（生）还不甚了解。不了解就会产生不信任，全科医生在中国医疗体制中一直处于缺失状态，群众看病已经形成了直接找专科医的习惯，缺乏首先找作为健康"看门人"的全科医生的意识，所以全科医生会感到个人价值得不到体现，所从事的职业缺乏社会的尊重和认可。虽然当前我国的社区卫生服务在如火如荼地开展，但要人们接受和适应还需要一个过程，目前除了采取一些激励措施扭转人们倒置的求医习惯以外，切实提高社区医生的水平以吸引患者才是最根本的。

（三）压力机制

出现问题的主要原因包括：

1. 政府投入不足。政府的投入可以说是重中之重，无论是能力建设、动力建设还是压力建设，其效率和质量都与政府的财政支持密切相关。只有政府加大投入，我们才能集中更多的人力、物力来分析不足之处，也才能更好地监督和评估已有规范的落实。政府投入的不足还反映在上下级政府之间的财政关系上，这也是监督不得力的一个原因。目前，上级卫生部门对下级几乎不提供任何卫生设备的资助，所以对下级表现产生不了什么影响，也很少进行监督性的走访（Bloom et al.，2001）。但云南省的妇幼保健部门为我们提供了相反的例子，它通过绩效制度使乡镇卫生院对当地卫生单位的工作表现产生了积极的影响。① 据报道，在同行的监督和小额经济奖励的共同作用下，这些单位的工作表现都有了提高。

2. 压力措施出台的复杂性。无论是补充现有压力机制的不足，还是加强已有的或建设专门的卫生人力政策的监督机构，都不是一件轻而易举的事情。所以各种行为指标（比如临床标准）发展滞后和监督机制的缺失，从一定程度上说是可以理解的。虽然这些都是复杂的、需要结合研究与实践，还要征求各方意见建议以达成共识，但不能就此产生惰性，而应该确立制定和发展这些机制的目标并逐步付诸实施。

3. 有法不依、执法不严。有法不依一方面是因为缺乏法制观念，另一方面是企图钻法律的空子。比如我国《乡村医生从业管理条例》中明确规定："乡村医生经注册取得执业证书后，方可在聘用其执业的村医疗卫生机构从事预防、保健和一般医疗服务。未经注册取得乡村医生执业证书的，不得执业。"但在一些农村地区，无照行医和非法行医的现象依旧很严重。

执法不严有时是执法人员对法律法规的忽视或错误理解造成的，有时也有处罚不适度（过轻）的情况。如对新出台的控制乱开药问题的《处方管理办法》，其中有规定指出"同一通用名称药品的品种，注射剂型和口服剂型各不得超过2种"，那么执法人员在对医生开药行为进行监测和评估时就一定要严格地以这一规定为标准，如果发现各开了3种也可以过关就属于执法不严。只有对违反法律法规的行为制定

---

① Zhang K, Wang A, Du K, et al. A study of the maternal and child health prepay scheme in rural yunnan. In: Financing, provision and utilization of reproductive health services in China. Research report for Ford foundation, Beijing, 1997.

明确而适度的处罚措施，才能使法规真正发挥威慑作用。

4. 单一的行政命令占主体，缺乏自律形式。我们所说的压力建设基本上都是以政府部门的法律法规和管理办法等为主要形式，并同国外的经验相对照，因为我国缺乏能够对成员的职业行为进行监督的行业组织（如医师协会等）。我国也有类似的协会，但没有发挥监督的作用。如果能充分发挥职业协会的专业优势对成员进行监督，就可以为政府的监督工作减轻负担，而且协会的职能较政府而言要单一得多，可以将更多的时间放在监督工作上，使其开展得更有效。当然，在设计这一监督体制时应预见到医师间会有包庇同行的倾向，并加以避免。

通过对卫生人力资源的能力建设、动力建设和压力建设中存在的问题及原因的大致分析，我们看到，实际上，卫生体系的"三力"因素相辅相成，能够在不同程度上促进了卫生系统的公平、效率与质量。所以对某个问题的研究和解决绝不能孤立地对待，而是要从多方面入手进行分析，才能达到最大限度促进卫生体制的建设和改革，追求其最高的目标：健康、公众的满意度和财务风险的防范。

五、政策建议及相应的国际经验

虽然卫生人力资源非常重要，但对这一课题的系统研究和相关政策的改革也只是近几年的事情，所以需要完善的地方还有很多，我们无法在这里面面俱到地一一罗列，只能针对以上所述的卫生人力资源建设的现状、存在的问题及对问题原因的剖析，以社区医疗卫生服务队伍的建设为侧重点提出一些政策建议。

（一）适宜人才的教育与培养

我们前面提到，我国卫生人力的总供给处于过剩状态，因此更充分、更合理地利用现有人力资源显得尤为重要，要加强基层卫生医疗队伍的建设，提高医疗服务的可及性和质量，同时达到卫生资源的合理配置，缓解乱投医造成的低效。这是在"最优"方案（即配备与西方国家受教育程度相当的全科医生）和"最佳"方案（即就地取材培养具有一定实践经验，能通过培训满足社区医疗卫生服务需求的适宜人才）之间的选择。"最优"方案虽然是我们向往的，但未必是可行的。在我国目前的社会经济条件下，养活一大批高成本的社区医生似乎是不可能的，而根据社区卫生医疗服务的性质和需求，此类医生发挥的空间有限，所提供的服务质量也未必超过我们所强调的适宜人才；另一方面，即便我们想以受过医学本科教育的卫生人员最终取代现今工作在社区的、数量庞大的、受教育水平不高的卫生人员，也需要一个合理的调整计划和平稳的过渡时期。所以，当前看来，"赤脚医生"模式的适宜人才的培养方式才是社区卫生人力建设的出路。

从国情出发，我们现有的卫生人力队伍有 53.9% 不具备高等学历，而这些人却是构成基层卫生医疗单位的主力。我们在培养全科人才时，不仅要充实医学高等院校的专业全科医生储备，更要重视那些已经工作在全科战线上的"赤脚医生"，发挥他们实践经验丰富和熟悉社区的长处，给予他们适当的培训，以满足社区医疗服务的要求。

1. 医学院校的全科医学教育。除了教授医德医术之外，学校的全科医学教育还可以起到以下几方面的作用：

（1）让学生对全科医生职业有更深的了解，从而对自己的职业选择有更清楚的认识。通常情况下，人不喜欢选择未知的事物。如果学生从来没有接触过全科医学的理念，也不了解全科医生的重要作用，恐怕很难会有从事这一职业的意愿，就如前面提到的那位西方医生在医院看到的状况，很多去不了专科的学生才"沦落"到全科领域。

（2）通过社区实践等课程设计让学生提早进入全科医生的角色，有助于他们了解社区医疗的需求，从而提高医疗质量和水平。

（3）通过社区定向，特别是对农村等偏远地区定向培养全科医生，调节和引导毕业生的合理分布。例如美国新墨西哥大学医学院就采用了社区定向的方法培养基层卫生保健医生。

全科医学与专科医学有着很大的不同（鲍勇、龚幼龙等，1999），所以全科医学教育的设计应符合其本身的特质。虽然全科医学教育在中国还处于起步阶段，但在欧美国家已有近半个世纪的历史。概括而言，西方国家的全科医学教育大体有三种（禹学海等，1999）：其一是医学本科教育阶段的全科医学教育，相当于对全科医学的入门教育。据统计，美国有85%以上的医学院校都设有家庭医学系或专业。其二是医学生毕业后的全科医学教育，在西方国家这是培养全科医生的主要途径，通过3~4年的"全科医师专业培养计划"项目来实现，基本上一半的培训是在医院轮转，一半则在社区实践。其三是全科医学的继续教育，即对那些已取得全科医师资格的人进行知识更新，以帮助他们通过执业之后的考试和审查（禹学海等，1999）。

在重视和加强初级卫生保健课程的设置上，国外也有很多我们可以借鉴的经验。比如，它们的大多数医学院校都开设了全科或家庭医学必修课和选修课。美国目前已有75%以上的医学院将初级卫生保健列入必修课程；加拿大的很多医学院设立了社区医学课程；泰国的医学教育改革特别强调充实社区医学的内容，因此许多医学院已经增加学生接触社区的时间（王素瑛，1994）。菲律宾大学为农村定向培养卫生人才的措施也值得参考。该校的卫生科学院根据该国的农村卫生人力的需求，招生时首先看学生毕业后是否愿回到农村服务，其次才看学业成绩。其教学计划采取教学与现场实习相结合的阶梯模式，共分五个阶段，即学生在完成一段培训后回到他们所在的农村服务一段时间，圆满完成规定的学习任务后再回到学校进行下一阶段的学习，直到完成最后一门课程。学业结束后，几乎所有的毕业生都留在当地工作，为社区卫生建设输送了各种层次的卫生人才（冯燕俊，1994）。

除了在教育模式和方法方面有可循的国际经验，其他国家对全科医生所占的比例的要求也可以借鉴。比如美国医学院校致力于将50%的毕业生培养成为全科医生，加拿大和英国全科医生的比例已经达到或超过50%（王素瑛，1994）。中国全科医生的数量如果严格地按照国际标准来计算，截至2005年只有约2.6万人，占执业医师总数的比例还不到1/30。

2. "赤脚医生"的适宜技术培训。目前，对全科医生的培养主要采取再教育和转岗培训的方式，根据2006年的《城市社区卫生服务机构设置和编制标准指导意见》，"原则上社区卫生服务中心按每万名居民配备2~3名全科医师，1名公共卫生医师"。这是我们要争取达到的一个标准，但并不说明我们现在具备了向社区配置接受过高等教育的全科医师的条件。现实的情况是，工作在社区卫生服务中心的专业卫生人员中，50%以上只具备中专学历，不到30%是大专毕业，接受过大学本科教育的只有7.5%（《中国卫生统计年鉴（2006）》）。而这只是对于城市社区的统计，农村地区卫生人员的配置和水平还要更低。然而这些人员已经形成了中国当前社区卫生服务的中坚力量。

就实际情况来看，让中国完全借鉴用7~8年时间培养全科医生的国际做法似乎是不切实际的，即便可以如法炮制大批量的全科医生，在最需要他们的广大农村地区，要吸引并留住这些人恐怕也不是能简单地做到的，卫生体制改革的配套措施（如激励机制）必须同步跟上。尤其是在吸引人才到基层原本已经很困难的条件下，要另起炉灶建设新的、高素质的社区医疗队伍会得不偿失，重点应放在对现有人员进行整合与再培训和对适宜人才的培养上。受经济发展条件的制约，就农村地区目前的情况来看，掌握基本医疗常识，可以应付一般常见疾病并能够准确地对病情做出转诊决定的医疗人员才是最需要的，把经过7~8年正规培训的"全科人才"放到农村去，显然也是一种资源的浪费。对于那些只具备中专水平或未经过正规培训但在农村扎根并已广泛开展实际医疗工作多年的"赤脚医生",若施以适当的培训,不仅省时省力,也是更切合当前农村医疗需求的做法。同时把有限的资源用在急救设备的充实上,让急诊病人可以在最短时间内到达上级医院就诊,似乎也是比为农村培养正规全科医生队伍更切实的需要。

当然,要提高基层医疗卫生的质量,离不开医疗人员质量的提高。我们不是说在基层不需要正规的全科医生甚至专业级的医师,相反,那里是人才最紧缺的地方,但经济的发展和其他相应的配套设施的构建需要时间,也许要经过一两代人甚至更长。所以在改革的初级阶段,在社区医生的队伍建设青黄不接的时候,只有培养和发展有中国特色的全科医生才能更好地满足基层医疗卫生的需求。

适宜技术应包括适合于社区医疗服务的技术,例如针对一些常见病的诊断、预防和治疗,对社区居民进行健康教育、康复、保健及计划生育的服务。在卫生部妇幼保健与社区卫生司的指导下,由首都儿科研究所牵头编撰的《社区卫生服务适宜技术手册》应运而生,例如在慢性病病例管理的手册中明确强调了全科医生和专科医生所担任的不同职责,即"全科医生主要负责社区病例管理和疾病筛查;专科医生负责疾病确诊和治疗方案的制定,高危、疑难病例的诊治,对全科医生提供技术指导。全科医生和专科医生之间形成双向转诊的合作制度"。社区卫生服务适宜技术编委会出版的《社区高血压病例管理》和《社区Ⅱ型糖尿病病例管理》可以说是培养社区适宜人才的教科书。不过还有一些适宜技术要靠社区医生在实践中创造和摸索。给笔者留下深刻印象的是前年冬天参观北京市西城区汽南社区卫生服务站时,看到那里的医生为控制做饭时的用盐量而特别制作了一把小勺免费发放社区居民,这一措施让高血压的病例有了明显的下降。这里还想强调几点社区医生应具备的技能或我们应有针对性地培养的技能:

● 与病人和居民良好沟通的能力;
● 对病情的准确把握和转诊;

● 适应信息时代的变化，对信息管理方式的变化有所掌握。

合理而完善的全科医学教育的设置和社区医生培养计划的实施，无论对即将从事全科医学的人还是已经在岗位上的医护人员都是一种鼓励。因为中国社区医生的来源广泛，所以我们应建立健全培养全科医生的多种教育模式，而不可能采取单纯的大学本科教育。在学校应开设与全科医学相关的必修课，并设立与学业挂钩的社区实践。同时，要发挥统筹调配的优势，对招生的数目和分配进行引导。对决定从事社区医疗服务的学生可设立奖学金等鼓励机制，对在职人员可提供免费的培训机会。

（二）管理人才的教育与培养

医疗卫生管理者职位的重要性与他们缺乏相应的培训成了一对矛盾体。没有好的管理人员，卫生机构就无法正常高效地运行，虽然这样的道理浅显易懂，但在实践中，我们往往把管理科学当做"软科学"看待，似乎没有专门学习，特别是当做专业学位来进修的必要，尤其在讲究医术的医学领域，管理学仿佛更容易被忽视。然而在医疗卫生方面领先于我们的西方国家，它们的做法恰恰相反，对培养医疗卫生的管理人才十分重视。美国许多高校设有公共卫生硕士的学位（Master of Public Health，MPH），它为那些在读的医学生或已经成为医生的人提供了医学专业课程所不能带来的其他方面的知识，如管理学、社会学、统计学、流行病学、环境学、人口学等等。下面就以哈佛大学 MPH 专业的设置为例，做一个概括的介绍。

第一，MPH 的申请者必须已经在此之前获得了一个专业学位，比如医学博士、法学博士或工商管理硕士等。对于在校的医学生，可以允许他们从医学院休学一年，读完 MPH 之后，再回去继续攻读他们的医学学位。

第二，MPH 的学生被要求完成 42.5 学分的课程，大概合 8.5 门课程，其中包括必修课和选修课，学生还被要求从7个领域中选择一个作为自己学习的主攻方向（表12—7）。

表12—7　哈佛大学公共卫生学院 MPH 专业课程设置一览表

必修课领域*	7个专业领域**
一伦理学（2.5）	一临床效果
一实践/经验积累（2.5~5.0）	一家庭与社区卫生
●要求依各专业领域而定	一卫生政策与管理
一生物统计（5.0）	一国际卫生
一流行病学（2.5）	一法律和公共卫生
一环境卫生（2.5）	一职业和环境卫生
一卫生服务管理（2.5）	一定量方法
一社会及行为学	

*各领域内有多个课程供学生选择。
**针对每个专业领域还有特定的可供选择的必修和选修课。
资料来源：哈佛大学公共卫生学院 MPH 专业介绍（www.hsph.harvard.edu）。

第三，为了满足很多在职学生边工作边上学的需求，MPH 专业既可以以全职学生的身份用大概九个月的时间完成，也可以以兼职的方式在两到三年之内修完。

从录取要求来看，攻读 MPH 专业的学生不完全都是从事医学工作的人，但毕业后，都有资格胜任医疗卫生领域的管理工作，对于这样的"外行领导内行"，我们可以看作"不拘一格降人才"的一种方式。

如果说卫生人力是一种重要的资源，那么人力资源的管理者则是重中之重，没有好的管理者发动和协调广大的卫生人员，卫生人力政策就不可能得以有效落实，新的政策建议和需要也无法及时地传达给政策制定者。

（三）激励机制的研究与完善

在 Ford et al.（1967）对美国克利夫兰 250 名医生的调查中，医生分别列出了影响医疗工作效率的 25 项第一层因素（表12—8）。

表 12—8   24 项第一层因素（数字表示顺序）

有利因素，当医生…	不利因素，当医生…
1. 专业能力和动力	1. 失去医疗的方向
2. 控制治疗	2. 感到专业上的欠缺
3. 视病人为人	3. 只对诊断感兴趣
4. 从整体上照顾病人	4. 没有控制权
5. 以专业方式行医	5. 不把病人视为人
6. 有加班的愿望	6. 处理商务方面的医疗实践
7. 公正	
8. 借助于别人	
有利因素，当病人…	不利因素，当病人…
1. 信任并合作	1. 与医生对立
2. 相信他的医生是最好的	2. 缺乏信任和合作
3. 得到好的调整	3. 有主要的社会和财政问题
4. 按医嘱治疗	4. 不按医嘱治疗
5. 有个人的独立性	
6. 表示感激	

由此可见，医生工作效果的好坏不仅与医生本人有关系，还与病人同医生的互动有着紧密联系。因此，激励机制政策的完善和改革也应从卫生医疗人员和患者两个方面来考虑。

1. 对医疗卫生工作者的激励。如果人的本性纯粹受经济利益驱使，那么在坐标图中，卫生人员的表现与其经济收入应该构成一条从原点出发向右上方延伸的直线，横坐标为经济收入，纵坐标为工作表现。然而现实情况是人的工作表现不仅仅与物质收入有关，一些非经济层面的激励也起着重要的作用。同时，职业道德、行为准则、同事间的监督和其他各种制约因素也起到一定的作用。

就社区医生的职业而言，让毕业生愿意选择到社区工作，让在社区工作的卫生人员充分发挥他们的能力并热爱本职工作，是一项艰巨的任务。发达国家对医生实行的高薪制是其中的一种方式。在中国，医生在医患关系中扮演着双重角色，既要作为患者的代理人或顾问为患者利益着想，还要作为医疗服务的提供者为自己的利益着想。这样的双重角色极易引发供给者诱导需求，进而导致过度医疗与医疗费用的上升。因此，有学者提出应在支付机制、成本费用约束和外在监督等方面（即通过动力与压力两种机制），实现对医生的激励，从而达到规范医疗行为、切实降低医疗费用的效果（陈晓阳、杨同卫，2006）。综合各方文献和经验，具体的激励措施可以分为以下几种：

（1）经济补偿机制。为了进一步研究经济补偿与工作动力的关系，在采访医生时，笔者问了一个假设性的问题：如果你的工资是现有工资的好几倍，这会对你的工作满意度和工作表现有何影响？被采访者都毫不犹豫地说满意度一定会提高，但提高的幅度还要看个人的性格，比如有些人比较容易满足，而有些人则不是。至于工作表现，他们认为即便在目前的工资水平条件下，医生们还是很认真地在履行自己的职责，只不过工作热情和努力的精神也许要打折扣。所以如果工资水平有所上升，他们觉得至少医患关系的紧张程度会从医生这一方得到一定的缓解。

还是以社区为例，确立合理的社区卫生服务的经济补偿机制很重要。有学者建议社区卫生服务应实行非营利性的有偿服务原则，经济补偿的途径可以有几种：一是医疗保险。我国已明确规定"要把社区医疗服务纳入职工医疗保险"。在农村，农民的合作医疗保险中也应包括社区卫生服务。二是政府财政投入。由政府负责非个人受益部分的卫生服务费用，如预防保健、健康教育、公共卫生服务等。其他为个人提供的医学服务（如常见病诊治、护理及康复服务、基本检查等），应实行非营利性的有偿服务，按服务成本收费。三是将医疗服务的收支与药品收支分别管理。社区卫生服务人员的工资可由基本工资和绩效工资构成。社区卫生人员的收入水平至少不应低于城市医院，以体现公平与效率。

（2）绩效评估的应用。绩效评估是评价工作表现的常见方法。值得注意的是，这一评估不仅要依据医疗数据等硬性指标，还要深入了解社区民众对服务切实满意度。为了有的放矢地进行绩效评估，中国应有一个统一而详尽的医疗质量评估准则作为参考，比如针对社区医生的医疗指导手册和服务原则，其中合理开药并指导病人合理用药应是重要的组成部分。医疗质量主要由技术质量和服务质量构成（Roberts et al.，2003）。消费者因医学知识的欠缺，难免将医生的过度医疗当做是对自己的认真负责。如果在主动要求开抗生素或输液时遭到医生的劝阻，他们反而很容易对这样的负责行为产生不满。所以在调查消费者满意度的时候，我们要认真地分析和辨别信息，区分问题是医生的医疗服务质量还是技术水平造成的。

美国大部分的绩效评估项目都针对初级保健医生，采用各种方式对达到预定目标的医生给予经济上的鼓励，比如通过不同的报销方式和比例对那些质量达标和为提高质量而付出努力的医生进行奖励。有四分之三的绩效评估项目给医生提供汇报卡，有大约一半的项目提供信息（比如教育病人的资料或对病人的提醒）帮助医生工作，以消除护理上的差距（Endsley et al.，2006）。只有三分之一的绩效评估项目公开结果来帮助消费者做选择，但基于消费者、购买者和健康计划对费用与质量数据透明度的强烈要求，这一比例有望在2007年增加到50%（Endsley et al.，2006；San Francisco：Med-Vantage，2005）。绩效评估的重点是一系列的工作表现的测量标准。虽然临床标准仍旧是最基本的工作表现的测量标准，但50%的绩效评估项目目前也包括了效率指标（比如门诊数量或开非专利药品处方的频率）。对信息技术的应用（如电子病例、病人注册和电子处方），在42%的绩效评估项目中也是受奖励的范畴（Endsley et al.，2006；San Francisco：Med-Vantage，2005）。各种评估标准和方式的综合运用则因绩效评估的项目而异，根据每个标准在各项目中所占的比重不同而有所不同。比如说，有可能50%的奖励以临床表现为标准，40%看工作效率，还有10%看信息技术的应用（Endsley et al.，2006）。别人的经验只能作为参考，卫生部可以根据我国各级医疗卫生机构的不同情况给出制定绩效评估的指导和参考标准，各单位再根据自己的实际情况整理完善，之后上交由专家和各机构领导组成的绩效评估方案评审委员会进行审核和监督执行。

（3）非经济补偿机制。经济上的激励是很重要的，但仅有经济激励是不够的。关于卫生人员对本职工作满意度的各项调查都显示：除了经济上的激励之外，非经济收入方面的激励措施也很重要，有时甚至超过了经济补偿的作用，所以我们除了要对社区卫生服务建立合理的经济补偿机制之外，还要站在医生的角度考虑他们的需要。比如有些人不愿意到偏远的地方工作是因为考虑到下一代的教育问题，那么我们应该在政策上对这些支援边远地方社区的医护人员的家属给予一定的照顾，如对其子女上学的优惠政策等。

工作中的成就感和被认同感也很重要，在社区工作的前途也是医生所关注的。因为西方国家的全科医学发展得比我们早，我们可以根据自身条件为社区医生提供出国进修的机会，让他们意识到自己是国际医生家庭的一员（顾杏元，1997）。同时，还应定期举办在职培训以提高社区医生的业务水平和业务素质，培养社区医生的岗位自豪感和对本职工作重要性的认同感，这样他们才能热爱自己的工作，从而为社区民众提供更好的服务。

在走访杭州下城社区卫生服务中心时，笔者发现那里的社区医生都统一配备了走访病人时需要的交通工具和方便病人与他们联系的手机。这一做法不仅方便了社区医生的工作，还可以帮助他们随时追踪病人的情况，从而提高预防保健等医疗服务的质量。这些切合工作需要的装备的意义不在于证明下城社区卫生服务中心优于其他社区卫生服务中心，而是表明一种对社区卫生服务的重视和专业精神，那么作为在那里工作的医护人员自然会感觉到自己的工作受到重视，自己的贡献很重要。事实上有些激励措施是见于细微之处的，不用耗费大笔的资金却可以收到事半功倍的效果，但这些细节往往容易被忽视，所以只有切实了解工作人员的需要才能让激励措施更完善。一次在笔者与受雇于洛川农医合的一位乡医攀谈时，他讲出了由于地形的关系他出诊所耗费的汽油要多于其他地方的难处，所以提出是否能考虑给他的报销比例提高一些。其实这些都是情理之中的要求，管理人员也很乐意为其解决这个难题，但假若这些乡医没有机会说出他们的要求和感受，那么他们心里对工作的不满就会越积越多。

还有一点值得我们注意的是，医生将那些令他们分散医疗精力和注意力的因素归结为工作中的不利因素，也就是说，如果我们要求医生只有通过发表论文才能获得晋升机会，那么这种科研与临床的矛盾就会让医生无法专注于对病人的治疗和医术的提高。科研对医生精力的分散还算是好的，况且有的医生也乐意专门从事科研；可有些医生的精力却往往被一些行政上的琐事所牵扯，由于没有机会提高自身的医疗水平，心中对工作的不满意度也会越来越强。

2. 对居民就医的引导和合理医患关系的确立。在非洲、亚洲和南美洲推行的一系列新公共管理改革证实，由外在因素激发的改革很少能获得成功，而来自地方和公众的支持是必要的（Batley, 1999）。社区卫生的改革也是如此，只有真正切合社区的需要，得到社区居民的认可和接受，才能真正达到建设初级卫生保健和发展社区医疗卫生服务的目的。

目前除了大力宣传"小病不出社区"之外，还要切实的从硬件——医护人员的素质和业务水平——抓起，否则难以建立居民对社区医疗服务的信任，有病时还是会直奔大医院而去。将医疗保险报销与到社区就医挂钩不失为一种引导就医方向的好方法。此外，还可以通过提高看专科医生的门槛以实现对病源的分流：首先可以拉开社区卫生服务机构与大医院之间门诊价格的差距，其次是鼓励大医院与社区建立兄弟关系，并达成双向转诊的协议。

社区医生应是与病人接触最多和联系最紧密的居民的"健康守门

人"。Bloom（1963）指出，医生与病人之间的关系存在三种基本形式。第一种是（医生）主动与（病人）被动的关系，这种形式主要针对于病人处于急诊状态的情况，病人完全受医生的支配，类似于父母对待无助的婴儿；第二种是（医生）指导与（病人）合作的关系，主要是当病人患有急性疾病（特别是传染病）需要得到治疗的时候，病人有一定能力对治疗给予配合，对医生给予信任，类似于父母对待孩子（或青少年）。第三种是（医生病人）共同参与，主要适用于对慢性病的管理，在这种形式中，医生帮助病人来帮助他们自己，就是说一方所具备的某种知识正是另一方所需要的。我们的社区卫生服务就是要致力于第三种医患关系的构建，通过医生与患者乃至与社区的所有居民的接触和了解，对每个人健康状况给予切实的关注，提出有用的建议，由此建立起以信任为基础的和谐的医疗氛围。享受社区卫生服务的居民同时也是服务质量的监督者，他们的满意度将被作为评估社区卫生服务机构和社区卫生人员表现的一项重要指标，这一点应明确写入工作手册，并告知社区卫生人员。

一个成功的企业为了盈利和创造好的业绩，在倡导"顾客是上帝"的服务理念背后，崇尚永远把员工放在第一位的管理方法。同理，虽然医疗卫生服务要倡导以病人为中心，但只有把医疗卫生工作者的需要放在第一位，才会激发他们的工作热情，提高工作效率和质量，患者的要求也才能更好地得到满足。

（四）压力机制的革新与构建

Freidson（1975）指出，任何法律法规，无论是描述性的还是惩罚性的，都以关于人的行为的一系列假设为基础——即对他们的心智和身体能力、他们的道德取向、他们工作的基本动力、他们适应变化的能力以及其他类似的假设。根据对人的工作动机的不同诠释，应采取的制裁措施也各不相同。Freidson（1975）的调查表明，医生的出色表现多归因于三方面因素：第一，固有的职业素养；第二，社会环境（同事间的压力）；第三，个人的物质追求。如果我们相信医生的基本工作动机出自他们固有的职业素养，那么法律法规对他们的工作表现恐怕是无效的；如果我们相信医生的基本工作动机来自社会压力，那么对他们施加同事或同僚的压力则会有效；同理，如果我们将物质追求定义为医生工作表现的基本动机，那么经济上的惩罚措施对控制和补救差强人意的工作表现更适用，也更有效。

我们所分析的压力机制可大体分为惩罚性的和鼓励性的两种。惩罚性的压力机制以带有制裁性和剥夺性后果为主要形式，目的是规范医生从业时的常规行为，要求他们"不为"；鼓励性的压力机制则主要激励医生去做更有益的事情（比如下乡等），提倡他们"为"。这两种方式并没有绝对的界限，医生所受到的压力来自经济、职业道德以及社会影响等方面，制定政策时对各种方式的使用可以不一而足。

1. 具有惩罚性质的压力机制的改革。此类压力机制首推对医疗事故和违法违纪行为的处理。我们在前文提到过，为了减少医疗事故，美国联邦政府在1986年颁布了《医疗卫生质量法案》，其中规定卫生部要建立全国范围的数据库，收录所有医生受法律制裁的情况，这些信息为各州录用医生提供了有用的参考（Mueller, 1993）。我们可以参照类似的做法，建立医生信用档案，不仅仅收录法律纠纷的信息，还应包括病人投诉并得到证实的裁决和绩效考核成绩等有助于监督医生工作表现的信息。

对于乱开药、收受红包等不正当的行为应规定严厉的惩罚措施，首先要建立起患者对医生此类行为的监督机制，当然，卫生机构的执法部门也不能只要收到投诉就对医生加以惩罚，而是要在认真调查的基础之上给予不同程度的惩罚。比如湖南一家医院过去曾有占总数1%以上的员工有收红包的现象，他们采取了奖惩并用的办法来努力杜绝这一现象。他们设立了"诚实服务奖"，奖金授给了院里大约20%

拒绝收受红包的员工；他们对违反者采取了一系列的惩罚措施，包括罚款、扣奖金、开除、留职、降级以及剥夺处方权。他们最近出台的一项措施是患者与医生共同签约保证不送或不接收红包（Bloom et al.，2001；Liu，1995；Song，1995）。

此外，压力机制的建设还可以通过加强行业协会（比如医师协会等）的职权，赋予他们监督医生行为的权利，允许他们就个案进行同行审查或公审，对医生作出裁决并上报医生信用数据库。

2. 具有鼓励性质的压力机制的改革。起到鼓励效果的措施是多种多样的。从卫生人力的培养来看，准入制度就是其中的一种。而做了医生后，为了通过行医执照审查等，还要参加继续医学教育。

当前政府提倡的"百万医生下乡"很大程度上促进了农村医疗的发展。医生职称评定与下乡服务挂钩，不失为一项促进医生参与农村医疗建设的有效措施。但目前配合这一下乡运动的有效的监督机制还不到位，往往只是停留在考核出勤的层面上，而没有从当地的卫生人员以及患者那里了解更详细的情况以确保下乡医生的工作质量。为了不让这一下乡运动变成走形式，合理而严格的监督是很有必要的。

有的社区卫生服务中心开展的责任医师制也值得借鉴。这一责任制的具体实施方式为：由一名有资历的全科医生任组长并享有足够的独立性，组长可以任命自己的组员，小组的收益在组员之间分配。这样一来，对于工作上的任何问题，服务中心的领导只需找负责的医生询问就可以了。这种责任医师制不仅鼓励了个体在工作中承担责任的行为，还带动了各小组间为提高服务质量展开的竞争。因此，这一措施对提高工作效率和质量都有帮助。

此外，《联合学习报告》还指出，加强社区卫生人力资源队伍建设的一项关键策略在于增强他们对当地人民和权力机关的责任感。对社区的强烈责任感会促使他们与社区领导和组织打成一片，而这些领导和组织应当参与医疗卫生项目的设计、实施和评估。

六、结 论

在卫生体系中，卫生人力资源是创造价值最多但又往往最易被忽视的一个环节。为了帮助大众达到更高的健康水平，提高医疗卫生的公平、效率和质量，卫生体系各子系统的建设和改革需要相辅相成、共同开展，虽然步调上有快有慢，有早有晚，但只有在各个环节相互配合，才能令卫生体制改革更有效、更成功。

追求健康，为建立全民健康的社会而努力，我们每个人作为个体可以从自身做起，从疾病的预防做起：培养有益健康的行为，消灭或减少环境对健康的危害，控制慢性病并防止其恶化（Liu，1996）。

参考文献

1. Anand S., Barnighausen, T., Human resources and health outcomes: cross-country econometric study. *Lancet* 2004; 364: 1603 – 09.

2. Astor, A., Akhtar, T., Matallana, M. A., Muthuswamy, V., Olowu, F., Tallo, V., and Lie, R., *Physician migration: Views from professionals in Colombia, Nigeria, India, Pakistan and the Philippines*. Social Science & Medicine. 2005 Elsevier, Ltd.

3. Awases, M., Gbary, A., Nyoni, J., Chatora, R., *Migration of health professionals in six countries: report*. Brazzaville: WHO Regional Office For Africa; 2003 (Draft report).

4. Batley R., The New Public Management in Developing Countries: Implications for Policy and Organisational Reform. Journal of International Development, 1999, 11: 755 – 765.

5. Bloom, S. , The Doctor and His Patient: A Sociological Interpretation. Russell Sage Foundation, 1963.

6. Bloom, G. , Han, L. , Li, X. , How Health Workers Earn a Living in China. *Human Resources for Health Development Journal (HRDJ)* Vol. 5 No. 1-3, January- December 2001.

7. Bruno Marchal, Guy Kegels. *Health workforce imbalances in times of globalization: brain drain or professional mobility*? Department of Public Health, Institute of Tropical Medicine, Antwerp, Belgium. 2003 John Wiley & Sons, Ltd.

8. Chen L. et al. , Human resources for health: overcoming the crisis. *Lancet* 2004; 364: 1984-90.

9. Cordes, C. L. , Dougherty, T. W. , A rewiew and an integration of research on job burnout [J] . Academy of Management Review, 1993. 18 (4) : 621~656.

10. DiMatteo, M. R. , Sherbourne, C. D. , Hays, R. D. , Ordway, L. , Kravitz, R. L. , McGlynn, E. A. , Kaplan, S. , and Rogers, W. H. , Physicians' characteristics influence patients' adherence to medical treatment: results from the medical outcomes study. *Health and Psychology* 12 (1993), p. 93-102.

11. Endsley, S. et al. , What Family Physicians Need to Know About Pay for Performance. Family Practice Management. www. aafp. org/fpm. July/August 2006.

12. 2005 *National Pay for Performance Survey*. San Francisco: Med-Vantage; 2005.

13. Freidson, E. , Doctoring Together: A Study of Professional Social Control. The University of Chicago Press, 1975. p. 121.

14. J. S. Hass, E. F. Cook, A. L. Puopolo, H. R. Burstin, P. D.

Cleary and T. A. Brennan, Is the professional satisfaction of general internists associated with patient satisfaction? Journal of General Internal Medicine 15 (2000), p. 122 – 18.

15. Lim, M. K., Yang, H., Zhang, T. H., Zhou, Z. J., Feng, W., and Chen., Y. D., China's evolving health care market: how doctors feel and what they think. Health Policy, Vol. 69, Issue 3, September 2004. p. 330.

16. Liu Xiaoren, The public agreement is good. Health News, April 21, 1995.

17. Liu, Y., Hu, S., Fu, W., et al., Is community financing necessary and feasible for rural China? *Health Policy* 1996; 38: 155 –171.

18. L. S. Linn, J. Yager, D. Cope and B. Leake, Health status, job satisfaction, job stress, and life satisfaction among academic and clinical faculty. *Journal of the American Medical Association* 254 (1985), p. 2775 – 2782.

19. Marko Vujicic, Pascal Zurn, Orvill Adams. Towards a Labor Economics Approach to Human Resources for Health Planning: Understanding Supply and Demand.

20. Melville, A., Job satisfaction in general practice: implications for prescribing. *Social Science & Medicine* 14 (1980), p. 496 – 499.

21. Mueller, K., Health Care Policy in the United States. University of Nebraska Press, 1993.

22. Roberts M., Hsiao W. et al., Getting Health Reform Right: A guide to improving performance and equity. Oxford University Press, 2004.

23. Schwab, R. L., Teacher Stress and Burnout [J]. *Handbook*

of Research on Teacher Education. Sikulan Editor, Macmillan, 1996.

24. Song Lisheng, Acceptance when admitting and seeking suggestions when check out. Health News, August 11, 1995.

25. World Health Organization (1987), "Community Health Worker: Pillars for Health for All." Report of the Interregional Conference, December 1-5, 1986, Yaoundé, Cameroon.

26. WHO/WONCA. The 1994 working paper of the WHO/WONCA- making medical practice and medical education more relevant to people's needs: The Contribution of the family doctors. Geneva: WHO. 1994. 1-48.

27. Zhang, K., Wang, A., Du, K., et al., A study of the maternal and child health prepay scheme in rural yunnan. In: Financing, provision and utilization of reproductive health services in China. Research report for Ford foundation, Beijing, 1997.

28. Zhang, L., Hu, G. Q., Guo, Q., Yang, L., Community Health Careers Futures in China: A Survey of 2714 Students in Three Medical Schools. 2008.

29. 鲍勇,龚幼龙,王勇,吴永平. 中国全科医学教育体制理论和实践研究 [J]. 中国卫生事业管理, 1999 (1).

30. 陈晓阳,杨同卫. 论医生的双重角色及其激励相容 [J]. 医学与哲学, 2006 (27).

31. 戴玉华,乌正赉. 全科医学和社区卫生服务在我国发展的历史现状和展望 [J]. 中国医学科学院学报, 2000, 22 (2).

32. 冯燕俊. 社区定向型医学教育概况 [J]. 西北医学教育, 1994, 12 (1).

33. 顾杏元. 论社区卫生服务 [J]. 上海预防医学, 1997, 9 (11).

34. 李超平，等．医护人员工作倦怠的调查［J］．中国临床心理学，2003，11（3）：170-172．

35. 李兆良．论医护人员职业倦怠的原因与对策［J］．医学与社会，2005.18（6）．

36. 刘远立．什么是合理的医疗卫生体系？［J］．中国卫生经济，2007（6）．

37. 世界银行．1993年世界发展报告［M］．北京：中国财政经济出版社，1993．

38. 禹学海，朱东喜，王兵．关于建立中国全科医学教育模式的设想［J］．中国高等医学教育，1999（5）．

39. 于子明．现代人力资源开发与管理［M］．北京：中国展望出版社，1986．

40. 张南．136份医护人员思想状况调查分析［J］．中医药管理，1996，6（5）．

41. 中国中医药报，http：//www.100md.com．

42. 中华人民共和国卫生部．全国卫生工作会议文件汇编［C］．北京：人民卫生出版社，1997．

43. 王保郧，毛宗福，刘冰，肖瑛，柴云．医学教育与卫生人力资源现状互动性研究［J］．郧阳医学院学报，2004．

44. 王均乐．全科医学是社区医生的专业方向［J］．中国农村卫生事业管理，1996（1）．

45. 王梅，李卫平．中国城市社区卫生服务政策研究总报告［J］．中国卫生经济，1997（7）．

46. 王素瑛．初级卫生保健在医学教育改革中的体现［J］．中国初级卫生保健，1994，8（7）．

47. 温益群．从赤脚医生到乡村医生［M］．昆明：云南人民出版社，2002．

48. 吴春容，李俊伟. 第一讲 全科医学的基本概念（上）［J］. 中国乡村医生，1996（7）.

49. 中华人民共和国卫生部. 中国卫生统计年鉴（2005）［M］. 北京：中国协和医科大学出版社，2005.

50. 卫生部人事司和卫生部统计信息中心. 2006年中国卫生人力报告［M］. 北京：中国协和医科大学出版社，2006.

51. 中华人民共和国卫生部. 中国卫生统计年鉴（2006）［M］. 北京：中国协和医科大学出版社，2006.

13 中国农村患者的医疗需求行为研究

——来自三省农户调查的实证分析[①]

一、引 言

改革开放以来，随着医疗费用的上涨以及医疗费用中自付比例的提高，农村患者尤其是农村贫困患者"看病难、看病贵"的问题表现得日益突出。第四次国家卫生服务调查的数据显示，2008年农村居民患病两周未就诊率和应住院未住院的比例分别达到37.8%和24.7%。在最为贫困的四类农村地区，农村居民患病两周未就诊的比例更是高达40.8%（卫生部，2008）。由于不能获得及时充分的医疗服务，疾病已经成为导致许多

[①] 本文由孙梦洁、韩华为合著。孙梦洁供职于北京大学经济学院，韩华为供职于北京师范大学社会发展与公共政府学院。本研究受到由北京大学经济与人类发展研究中心刘民权教授主持的加拿大国际发展研究中心（IDRC）项目"中国农村卫生人力资源研究—现状评估与预测"（编号：105008-001）和中国博士后基金面上资助项目"中国农村居民的寻医行为研究"（编号：2011M600161）的资助。作者在此表示感谢。

农村居民陷入持续性贫困的重要根源,"因病致贫、因病返贫"构成了中国农村发展所要面临的重大挑战之一。除此之外,伴随着经济社会的发展,我国人口老龄化趋势日益明显,且农村地区的老龄化现象比城市更严重(张华初,2013)。较高的患病率导致农村中老年居民医疗需求迅速上升,这势必会给我国的农村医疗体系带来更多的压力(韩华为,2010)。因此,对农村居民医疗需求行为进行深入的研究对于完善我国医疗体制,推动和谐社会和新农村建设,具有重要的政策意义。

个体对医疗服务的需求行为主要包括三个阶段的决策:第一是个体在感知患病症状后的初次就诊选择,即患者在自我治疗和去正规医疗机构治疗之间进行选择;第二是就诊机构的选择;第三是医疗需求数量的选择(见图13—1)。目前,国内外文献针对前两阶段决策的研究较多,由于缺乏更精细的医疗服务利用量的数据,针对第三个阶段决策的实证研究还比较少。此外,从医疗服务的内容来看,现有的医疗需求数量选择研究几乎全部围绕门诊需求数量开展实证分析,国内文献中还没有出现与住院服务需求数量有关的实证研究。鉴于此,本文利用2010年三省实地调查数据,采用严格的计量经济学模型分析了影响农村患者门诊和住院需求数量的主要因素。本文基于更好的数据为个体医疗需求行为研究提供了最新的证据,这不仅有助于推进该领域的研究进程,而且对我国各级政府制定合理的卫生资源规划具有重要价值。本文的结构安排如下:第二部分对相关文献进行梳理和评述;

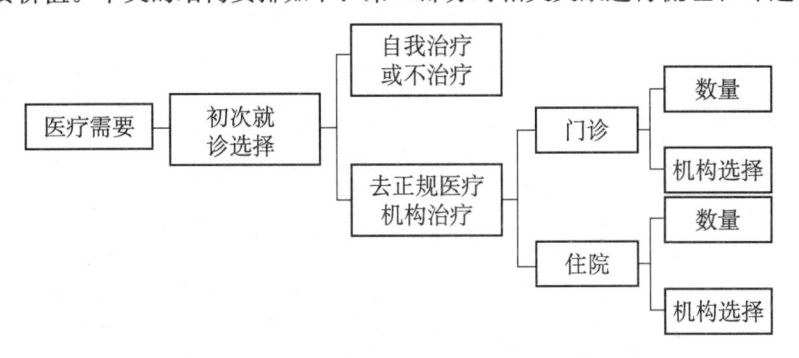

图13—1 患者个体的寻医路径图

第三部分介绍本研究所使用的实证方法；第四部分介绍数据、变量；第五部分分析实证结果；第六部分给出结论和政策建议。

二、文献综述

在此部分，我们主要从实证方法和研究结果两方面对以往有关个体医疗需求数量的研究进行综述。从所采用的实证方法来看，已有文献一般通过医疗支出和医疗使用次数两种方式来度量患者的医疗需求数量。相应的研究医疗需求数量时可供选择的计量方法也分为两类。一类是用来研究医疗支出的两部分模型（two part model，TPM）和四部分模型（four part model，FPM）；一类是用来研究医疗利用次数的计数模型（Count Data Model）。由于医疗支出等于医疗服务量与其货币价格的乘积，用这种衡量方法来度量医疗需求数量会使其受到价格水平的影响（韩华为，2011）。鉴于此，更多学者用医疗服务利用量来度量医疗需求，并且通过计数模型来估计价格、收入等因素对医疗需求的影响，以便得到更为稳健的分析结果（Cameron et al.，1986）。[①]由于计数模型更多地考虑了医疗利用次数非负整数的数据结构，因此该类模型在关于医疗需求总数量决定因素的研究中被广泛应用。考虑到门诊需求次数的计数特点，Cameron（1988）最早采用泊松回归模型和负二项分布回归模型两种计数模型来分析澳大利亚患者门诊需求数量的决定因素。他指出，泊松模型设定的均值等于方差的内生规定与就诊次数存在过度分散的现象不一致，而负二项分布回归模型通过引入相乘随机项控制了不可观测异质性，从而放松了均值等于方差的假设。因此，负二项分布回归模型能够对门诊次数进行更优拟合。

[①] 有关以"医疗支出"来度量患者的医疗需求数量，采用两部分模型和四部分模型来分析个体医疗需求数量的研究，详细综述可参见韩华为：《中国农村居民的健康状况和就医行为》，北京大学博士学位论文，2011年。

Gertler et al.（1997）分别采用这两种计数模型估计了牙买加患者的门诊需求方程，似然比检验的结果验证了 Cameron（1988）的结论，即负二项分布回归模型对门诊次数的拟合程度比泊松回归模型更高。

另有学者指出，患者医疗需求数量的决策包括两个相对独立的选择过程。首先，患者在感知患病后决定是否进入正规医疗机构就诊，这一决策过程更多地受需求方特征的影响。其次，患者进入正规医疗机构后，要根据医生的建议决定他们最终消费的医疗服务数量，这一过程则会受到需求方特征和供给方特征的共同影响。基于这种考虑，有学者提出采用负二项分布栅栏模型来对两个决策过程进行联合考察（Pohlmeier et al.，1995）。Gerdtham（1997）使用泊松回归模型、负二项分布回归模型和负二项分布栅栏模型分析了瑞典成人患者门诊需求次数的影响因素，结果表明，负二项分布栅栏模型具有比前两种计数模型更高的拟合优度，并且可以更好地考察相同影响因素在不同决策阶段的效应。在针对中国的实证研究中，韩华为（2010）采用这三种计数模型考察了浙江和甘肃两个省份中老年患者门诊需求数量的决定因素，同样验证了负二项分布栅栏模型具有较高的拟合优度。高梦滔（2010）基于多种计数模型探讨了新农合制度对农户医疗服务利用数量的影响，类似地，该研究也发现，带有栅栏设定的计数模型具有更好的统计特性。

从研究结论方面来看，通过梳理文献，我们总结了影响个体医疗消费数量选择的四大类因素，分别是：医疗需要、经济因素、家庭人口学特征和供给方诱导需求。① 首先，医疗需要是影响患者医疗消费数量的重要因素。许多研究使用自评健康（Hakkinen, 1996）、是否患有慢性病（Cameron, 1988）、是否存在行动障碍（Gerdtham,

---

① 医疗服务主要包括门诊和住院两大类，由于国内外文献对住院服务需求行为的研究较少，因此这里笔者主要梳理了个体门诊消费行为研究的文献。

1997）作为医疗需要的度量指标，发现个体的医疗需要越大，其消费的门诊次数越多。其次，经济因素反映个体的支付能力会显著影响个体门诊消费数量，以往研究表明，家庭收入或财富水平通常与门诊利用次数存在正相关关系。同时，拥有医疗保险的人群更倾向于选择更多的门诊服务（韩华为，2010；高梦滔，2010；Deb，2002）。家庭人口学特征因素（包括年龄、性别、受教育程度、婚姻状况等）也会显著影响个体利用门诊服务的数量（Cameron，1988）。最后，一些研究指出，医疗供给方诱导需求同样会对个体门诊数量的选择产生显著影响（Pohlmeier，1995）。

在对与贫困群体的健康和医疗需求有关的文献进行整理时发现，大多研究着重分析影响贫困居民健康水平的主要因素（Kobetz，2003；F. Karim，2005；Zimmer，2007），目前还没有文献在实证分析居民的医疗服务需求数量时将贫困群体单独列出。鉴于此，本研究在以往文献的基础上有所改进。首先，在数据方面，目前国内外关于中国农户家庭的健康和医疗需求行为问题的研究大多采用的是中国健康与营养状况调查（CHNS）数据，最多更新到 2009 年，本研究所采用的数据则均来自 2010 年的实地调查。其次，本文首次对影响我国农村患者住院需求数量的影响因素进行分析，弥补了以往有关居民住院需求量分析的不足。最后，本文将着重考察贫困群体的医疗服务需求量，并且基于严格的计量经济学模型识别影响和制约中国农村贫困群体医疗需求数量的主要因素。

三、实证模型

本文分别采用泊松回归模型、负二项分布模型和负二项分布栅栏模型三种计数模型来分析农户个体门诊和住院需求数量的决定因素。

(一) 泊松回归模型

泊松回归模型是计数分析的起点。该模型假设个体的门诊消费次数服从泊松分布,其概率函数为:

$$Pr[Y=y] = \frac{e^{-\mu}\mu^y}{y!}, y=0,1,2,\cdots$$

泊松回归模型通过将均值参数化为: $\mu = \exp(x'\beta)$,以保证其均值始终大于 0,但是这一设定将会导致异方差性(韩华为,2010;Cameron,2005)。泊松回归模型的约束性很强,且存在过度分散性的缺点。为了更好地处理医疗利用次数数据的过度分散问题,研究人员发展出了统计特性更好的计数模型。

(二) 负二项分布回归模型

负二项分布回归模型采用负二项分布来拟合计数数据。许多统计学家认为,可以通过引入相乘随机项 ($\mu\nu$) 来代替泊松分布中的参数 μ 来控制不可观测的异质性,从而解决泊松模型过度分散性的问题。此时,假设 $y \sim Poisson(y|\mu\nu)$,将 ν 设定为: $E(\nu)=1$, $Var(\nu)=\sigma^2$。可以得到 $E(y)=\mu$, $Var(y)=\mu(1+\mu\sigma^2) > \mu = E(y)$。当 $\nu \sim Gamma(1,\alpha)$ 时,y 服从于负二项分布,其概率密度为:

$$Pr(Y=y|\mu,\alpha) = \frac{\Gamma(\alpha^{-1}+y)}{\Gamma(\alpha^{-1})\Gamma(y+1)} \left(\frac{\alpha^{-1}}{\alpha^{-1}+\mu}\right)^{\alpha^{-1}} \left(\frac{\mu}{\mu+\alpha^{-1}}\right)^y$$

负二项分布回归模型放松了泊松模型均值等于方差的假设,因而比泊松模型更加灵活。但是,它同样存在缺陷,即如果方差被误设,它将无法得到一致的最大似然估计结果(韩华为,2010;Cameron,2009)。

(三) 负二项分布栅栏模型

有学者指出,医疗需求数量的决定包括两个独立的选择过程:是否选择正规医疗机构就诊,医疗服务消费数量的选择。鉴于此,他们认为，在负二项分布回归模型中引入栅栏设定可以满足区分两个选择过程的要求。在负二项分布栅栏模型中，个体门诊服务的消费数量服从一个两阶段的分布函数：

$$f(y) = \begin{cases} f_1(0) & \text{如果 } y = 0 \\ \dfrac{1-f_1(0)}{1-f_2(0)} f_2(y) & \text{如果 } y \geqslant 1 \end{cases}$$

针对第一个阶段的决策，可以采用两部门的 Logit 模型来分析患者的初次就诊选择（去正规医疗机构和不去正规医疗机构）。在第二个阶段，则对那些医疗消费数量大于 0 的样本进行负二项分布回归。有学者认为，这种设定可以考察相同的个体特征对不同阶段就医选择的影响，也可以考察供给方诱导需求对个体医疗服务消费数量的影响（韩华为，2010）。另外，一些研究所进行的模型设定检验也证明，对医疗服务需求数量选择的两个阶段需要区别对待，忽视这种差别将导致模型误设（Pohlmeier，1995）。

四、数据说明和变量描述

（一）数据说明

本文所用数据来自北京大学经济与人类发展研究中心 2011 年 1 月至 2011 年 9 月期间对甘肃、河南和广东三省 18 个样本县、72 个乡镇（街道）、72 个行政村（居委会）进行的实地调查。本次调查依据《中国家庭动态跟踪调查》（CFPS）的抽样框架选择样本县。实地调查包含家庭调查与机构调查两个部分，机构调查与入户调查同时开展，收集了 2010 年的农户和机构数据。本次调查采用分层整群随机抽样法抽取样本农户，共计回收农户家庭问卷 1 800 份，其中有效问卷 1 775 份，问卷有效率为 99.4%。调查总计包含 8 057 个农户个体，其中汇报"近三个月有疾病症状"的个体为2 915个，汇报"过去一年有住院经历"的个体为1 097个。

农户调查问卷包括农户家庭基本情况、农户健康状况及农户就医行为三部分内容，其中对农户家庭基本情况的调查包括：家庭人口结构、饮用水和卫生设施状况、交通和医疗机构可及性、收入和支出情况。在对农户家庭健康状况的考察中，则着重关注居民的自评健康状况、在各类危险因素下的暴露水平以及个体病史情况。在对农户就医行为的考察中，询问了农户最近三月的实际患病及就诊状况、最近一年的住院经历、疾病严重程度、医疗消费数量（门诊次数、住院天数）。

(二) 定义变量

本文分别将居民"过去三个月的门诊次数"和"过去一年的住院天数"作为因变量，而自变量包括四类：个体特征变量，经济因素变量，医疗需要变量和地区虚拟变量。

1. 个体特征变量。具体包括：居民的性别、年龄、文化程度、婚姻状况、家庭规模。以往研究结果表明，个体特征可能会对患者的医疗需求量选择产生影响。

2. 经济因素变量。本文主要考虑家庭人均纯收入、家庭居住条件、家庭医疗负担、医疗保险四类经济因素。收入水平高往往代表患者具备较高的支付能力，他们在出现疾病症状后可能更倾向于选择正规医疗服务。本文参考王俊（2008）针对收入水平的分组方式，将人均纯收入由低到高分为四组：分别是最低组（5 000元以下）；次低组（5 000~8 000元）、次高组（8 000~16 000元）和最高组（16 000元以上）。本文采用医疗支出占家庭年纯收入的比重反映家庭的医疗负担。医疗负担较重的家庭在做出针对不同家庭成员的医疗消费决策时会带有倾向性，造成医疗资源在家庭成员间分配不公。医疗负担也反映了一个家庭在有患病成员之后的支付能力，医疗负担很高的家庭，其支付能力往往较差。本文将家庭医疗负担由低到高分为四组，以考察不同家庭医疗负担情况对个体医疗需求量的影响。居住条件是改善个体生活和健康状况的最基本的要素。本文通过在模型中加入财产指数[①]来考察患者家庭居住条件对其医疗需求数量的影响。本文通过在模型中加入家庭拥有的交通工具情况[②]来侧面反映患者的医疗机构可及性。本文认为，拥有交通工具的家庭更容易克服距离带来的就医障碍，因此在出现疾病症状时，家庭成员更倾向于去正规医疗机构就诊。目前，我国大部分农村居民参加了新农合，为了考察新农合等社会医疗保险和其他商业医疗保险对患者医疗需求量的影响，本文在医疗需求数量方程中加入了社会医疗保险和商业医疗保险[③]两个变量。

3. 医疗需要变量。本文使用自评健康状况、行动障碍和疾病史三个变量考察不同健康状况的患者医疗需求数量的差异。一般来说，患有某种慢性疾病或传染性疾病的居民往往对自己的健康状况更敏感，因此他们在感知患病后可能会倾向于选择消费更多的医疗服务。自评健康状况是患者对于自身健康的主观感受。自评健康状况较差的患者可能倾向于增加医疗服务利用的数量。

4. 交互项。本文认为收入水平、是否有疾病史、是否有行动障碍、自评健康水平对居民医疗需求量选择的影响可能因居民是否为贫困人群而异。为了验证这一思考，本文在模型中加入了家庭人均纯收入、疾病史、行动障碍、自评健康水平与"是否贫困"[④]虚拟变量的交互项。

---

① 这里家庭财产的衡量主要考虑了房屋类型、厕所类型、饮用水源情况等能够反映患者居住条件的指标以及家庭拥有的耐用品数量，本文采用主成分分析法计算家庭的财产指数。

② 在调查中，我们通过询问农户家庭是否拥有汽车、摩托车、拖拉机等来了解农户家庭交通工具的拥有情况。"交通工具"变量为"0—1"变量，"0"代表一种也没有；"1"代表拥有至少一种。社会医疗保险和商业医疗保险的分组方式与之相同。

③ 社会医疗保险主要包括城镇职工医疗保险、城镇居民医疗保险和新农合。商业医疗保险则是指由个体购买、保险公司经营的盈利性质的医疗保险。

④ 本文采用世界银行"2美元/天"的收入贫困线将被调查农户样本分为贫困组和非贫困组。这一贫困线标准按照2005年的购买力平价指数调整后为人均纯收入2 154.5元/年。

5. 地区虚拟变量。不同地区的居民文化、饮食习惯、医疗卫生政策、信息沟通程度等不可观测的因素可能会对居民的就医行为产生影响。本文通过设置地区虚拟变量来控制这些不可观测但与地区相关的变量。

(三) 变量的描述性统计分析

由于变量较多，本文仅汇报了关键变量的分组方式和描述性统计分析的结果，如表13—1所示。表13—2和表13—3则分别描述了样本居民一定时期内门诊和住院的发生频率。

由表13—1中的数据可知，无论是贫困组还是非贫困组患者拥有社会医疗保险的比例都达到了96%以上，这说明新农合在样本居民中已基本普及。从样本患者的健康水平来看，贫困组患者汇报自评健康水平为"比较不健康"、"不健康"和"很不健康"的比例要明显高于非贫困组患者。同时，贫困组患者中患有慢性病或传染性疾病以及行动障碍的比例也要高于非贫困组患者。这说明，与非贫困组患者相比，贫困组患者的医疗需要较高。另外，由表13—1中的数据可知，贫困组患者中不拥有任何交通工具的比例远高于非贫困组患者，这间接反映出贫困组患者的医疗可及性较差。

表13—2显示了调查样本过去三个月内门诊就诊次数频率，可以看出患病样本总体在三个月内不去就诊的比例相当高（54.58%）。其中，贫困患者比非贫困患者不去就诊的比率更高，贫困组中有58.21%的患病个体三个月内的门诊次数为0，非贫困组的该比例为52.62%。从过去三个月的就诊次数来看，就诊次数大于4的患者比例在贫困组和非贫困组都开始变得非常小。从过去一年的住院天数来看，无论是贫困组还是非贫困组住院天数小于10天的患者所占比例都是最高的。我们还可以发现，样本中存在就诊次数非常大的极端值，最高就诊次数高达30次，最高住院天数则高达365天。样本的这些特征要求选择适当的计数模型来对样本进行更好的拟合。

表 13—1　农村患者医疗需求数量的影响因素及其描述性统计

变量	总体	非贫困组	贫困组	变量	总体	非贫困组	贫困组
年龄				交通工具			
1：0～30岁	25.16%	27.41%	21.92%	0：不拥有	33.98%	26.16%	45.89%
2：31～45岁	24.43%	23.76%	25.40%	1：拥有	66.02%	73.84%	54.11%
3：45～60岁	29.15%	30.31%	27.49%	社会医疗保险			
4：60岁以上	21.15%	18.52%	25.19%	0：不拥有	3.49%	3.23%	3.88%
性别				1：拥有	96.51%	96.77%	96.12%
0：男性	50.95%	51.09%	50.74%	商业医疗保险			
1：女性	49.05%	48.91%	49.26%	0：不拥有	96.80%	96.04%	97.89%
文化程度				1：拥有	3.20%	3.96%	2.11%
1：文盲及半文盲	21.73%	18.68%	26.00%	自评健康状况			
2：小学	25.24%	25.78%	24.47%	1：健康	12.10%	14.35%	10.28%
3：初中	37.78%	38.80%	36.34%	2：比较不健康	51.83%	47.02%	55.71%
4：高中及以上	15.25%	16.74%	13.18%	3：一般	22.60%	23.31%	22.03%
婚姻状况				4：不健康	11.77%	13.22%	10.60%
0：未婚[a]	12.04%	12.34%	11.59%	5：很不健康	1.70%	2.10%	1.38%
1：已婚	87.06%	87.66%	88.41%	疾病史			
家庭规模	4.96	4.98	4.94	0：否	31.52%	32.51%	30.87%
家庭财产指数	2.00	2.47	1.26	1：是	68.48%	67.49%	69.13%
家庭人均纯收入				行动障碍			
1：0～5 000元	58.52%	31.28%	100%	0：否	73.44%	77.88%	64.45%
2：5 000～8 000元	17.03%	28.22%	0%	1：是	26.56%	22.12%	35.55%
3：8 000～16 000元	14.37%	23.81%	0%	地区变量			
4：16 000元以上	10.08%	16.69%	0%	甘肃省	32.63%	25.04%	44.19%
家庭医疗负担				河南省	33.77%	32.13%	36.27%
1：最低	25%	32.29%	13.92%	广东省	33.60%	42.83%	19.55%
2：次低	25%	30.62%	16.42%	患病样本量	2 915		
3：次高	25%	22.30%	29.10%				
4：最高	25%	14.78%	40.56%				

a. "未婚"分组中包括未婚、离异或丧偶三种婚姻情况。

表 13—2　　　　三个月内农村患病居民的就诊次数频率

门诊次数	样本总体	贫困组	非贫困组
0	54.58	58.21	52.62
1	22.31	23.28	21.83
2	9.04	6.17	10.48
3	6.91	6.40	7.16
4	2.17	1.40	2.56
5	1.51	0.81	1.86
6	1.28	1.16	1.34
7	0.47	0.81	0.29
8	0.39	0.47	0.35
大于 8	1.44	1.29	1.51

表 13—3　　　　一年内农村患病居民的住院天数频率

住院天数	样本总体	贫困组	非贫困组
1~10	68.40	66.26	69.21
11~20	15.97	15.95	15.97
21~30	8.07	9.20	7.64
31~40	1.51	1.23	1.62
41~50	1.18	1.23	1.16
51~60	1.85	1.84	1.85
61~90	1.18	1.23	1.16
大于 90	1.85	3.07	1.39

五、实证结果及分析

（一）模型的选择

上文中提到，门诊和住院消费量往往存在过度分散问题，这时采用泊松模型会降低其拟合优度。所以，检验门诊和住院消费量数据是否存在过度分散对于模型的选择至关重要。本文通过采用 Cameron (2005) 检验 $\{(y-\hat{\mu})-y\}/\hat{\mu}$ 对 $\hat{\mu}$ 的回归系数是否显著为 0 来判断数据是否存在过度分散。[①] 结果发现，回归系数显著不等于 0，因此样本数据存在显著的过度分散。以往研究结果表明，对于过度分散的数据而

[①] $\hat{\mu}$ 代表泊松回归的残差，y 代表泊松回归的因变量。该检验的原假设为回归系数等于 0，若检验结果显示回归系数显著不为 0，那么该数据存在过度分散。

言，采用负二项分布回归模型和负二项分布栅栏模型的拟合优度会更好。为了进一步验证这一结论，本文通过比较表 13—4 中给出的三个拟合优度指标来比较三种计数模型的优劣。其中，对数似然值越大表明拟合优度越好，而按照参数个数、样本个数进行调整后的 Akaike's Information Criteria（AIC）和 Bayesian Information Criteria（BIC）[①] 越小则表明模型拟合程度越好（韩华为，2010）。结果表明，三种拟合优度指标均认为泊松回归模型的拟合程度最差，对数似然值和 AIC、BIC 三个指标都支持负二项分布栅栏模型的拟合程度最好，该模型得出的结论也更为可靠。因此，下文中着重分析负二项分布栅栏模型的估计结果。

表 13—4　　　　　　三类计数模型的拟合优度标准

模　型	待估参数个数	对数似然值	AIC	BIC
门诊需求量				
泊松回归模型	34	−1 147.418	2 364.837	2 518.962
负二项分布回归模型	34	−1 110.635	2 293.269	2 451.798
负二项分布栅栏模型	67	−935.482	1 942.965	2 101.434
住院需求量				
泊松回归模型	34	−5 507.785	11 085.570	11 236.800
负二项分布回归模型	34	−1 393.020	2 858.039	3 013.587
负二项分布栅栏模型	67	−983.197	2 038.396	2 169.118

（二）门诊需求量估计结果的分析

表 13—5 显示了采用三种计数模型拟合患病样本过去三个月门诊消费量的估计结果。上文中提到，泊松回归模型和负二项分布回归模型都没有考虑个体就诊的两阶段特征，负二项分布栅栏模型可以很好地弥补这一缺陷。并且，通过比较拟合优度指标可以发现，负二项回归栅栏模型同时还具有最高的拟合优度，因此这里主要就该模型的估计结果进行分析。

---

① AIC$=-2\ln L+2k$，BIC$=-2\ln L+k\ln N$，其中，k 表示模型中自变量个数，N 表示样本个数。

在负二项分栅栏模型中,显著影响个体门诊需求数量的解释变量包括性别、文化程度、婚姻状况、家庭财产指数、家庭人均纯收入、是否拥有社会医疗保险、疾病史、地区变量以及人均纯收入、自评健康和疾病史三个变量与贫困项的交互项。以下就部分显著影响样本患者门诊需求数量的变量做详细讨论。

与韩华为(2010)、Deb et al.(2002)的研究结论相一致,本文的实证分析结果表明,那些拥有社会医疗保险的患者倾向于增加其门诊服务消费的数量。一方面,这一情况可以被解释为医疗保险间接降低了门诊服务的实际货币价格,导致患者门诊需求量的上升;另一方面,也可能归因于医疗保险引致的道德风险,从而造成患者增加门诊的过度消费。值得注意的是,社会医疗保险的影响在第一阶段的 Logit 回归中并不显著。[①] 一种可能的解释是新农合在运作过程中存在逆向选择问题(蒋远胜等,2009)。然而,要想更严格地识别这个关系,还需要利用多个时期跟踪调查形成的面板数据。

表13—5中的回归结果显示,被医生诊断患有某种慢性病或传染性疾病的农户倾向于增加其门诊消费的数量,这与 Gerdtham(1997)、Cameron et al.(1988)的研究结论相一致。这是因为,有疾病史的农户生病后对自己的身体状况更为敏感,他们往往担心慢性疾病的恶化或者某种疾病的复发,因此,可能经常去熟悉他们身体状况的卫生室或居住地附近的私人诊所进行复查,进而增加了门诊消费的数量。

回归结果中一项让人费解的结论是:收入水平处于最高组和家庭财富水平较好的样本患者却选择较少的门诊消费量。一种可能的解释是:那些收入非常高、家庭财富水平较高的患者或许更看重医疗服务的质量而非数量,因此他们可能消费,次数较少但质量较高的门诊服

[①] 由于文章篇幅所限,负二项分布栅栏模型第一阶段的估计结果不在本文中汇报,读者如有需要,请向作者索取。

务。为了验证这一推测，本文进一步对不同收入组的样本患者就不同层级医疗服务的选择进行了描述性统计分析，发现虽然收入处于最高组的患者过去三个月的人均门诊消费数量（2.04次）小于收入处于最低组的患者（2.43次），但前者中有16.79%的个体去县级及以上医疗机构看过门诊，而后者只有10.55%的个体去县级及以上医疗机构看过门诊。同时，负二项分布栅栏模型的第一阶段Logit模型的回归结果显示，收入最高和次高的个体患病后去正规医疗机构就诊的比例更高。

表13—5中交互项的回归结果表明，收入水平、疾病史、和自评健康水平对患者门诊需求数量的影响因患者是否为贫困农户而异。变量"收入分组"与"贫困项"的交互项通过了显著性检验，且系数符号为负。这说明与非贫困农户相比，贫困农户随着收入水平的提高仍然倾向于减少其门诊服务利用的数量。"自评健康程度—不健康"与"贫困项"的交互项通过了显著性检验，且系数符号为负。结合表中的数据可知，与非贫困农户相比，自评身体状况处于"不健康"的贫困患者倾向于减少其门诊服务利用的数量。以上结论表明，经济约束是有医疗需要的贫困患者选择充分医疗服务的重要障碍。变量"疾病史"与"贫困项"的交互项通过了显著性检验，且系数符号为正，这表明疾病史对患者门诊需求数量的影响因患者是否贫困而有所不同。对于曾被医生确诊患有某种慢性病或传染性疾病的贫困农户而言，他们比非贫困农户更倾向于增加门诊服务利用的数量。一种可能的解释是，对于那些被医生确诊患有某种慢性病或传染性疾病的贫困农户而言，他们往往会对疾病状况给其劳动能力带来的影响更为担忧，为了改善其健康状况，他们可能需要不断地去门诊咨询医护人员，因而增加了其门诊消费的数量。表13—5中的回归结果显示，行动障碍对患者门诊需求量的影响没有通过显著性检验，但其影响效应的符号仍然与理论推测一致，即患有行动障碍的患者倾向于增加其门诊服务的利用。

除此之外，与韩华为（2010）、Cameron et al.（1988）的研究结

论相一致，本文的实证结果显示，患者的人口社会学特征也会显著影响其门诊需求数量。与未婚、离异或丧偶的患者相比，已婚患者的身体健康状况往往会得到更多家庭成员的关注，在出现疾病症状后他们在配偶或其他家人的陪同下去正规医疗机构就诊的几率更高，因而他们倾向于增加其门诊服务利用量。那些文化程度较高的农户往往由于具备较高的健康意识，在出现疾病症状后更愿意寻求正规医疗服务，因此倾向于增加其门诊消费的数量。

表 13—5　　农村患者近三个月门诊需求量的模型估计结果

变量	泊松回归模型 系数	标准差	负二项分布回归模型 系数	标准差	负二项分布栅栏模型 系数	标准差
年龄						
31~45 岁	−0.167	0.130	−0.138	0.153	−0.154	0.288
45~60 岁	0.132	0.120	0.157	0.143	0.391	0.269
60 岁以上	0.050	0.133	0.067	0.158	0.190	0.300
性别（女性）	0.160***	0.058	0.153**	0.069	0.261**	0.127
文化程度						
小学	0.041	0.070	0.030	0.084	0.009	0.152
初中	−0.027	0.082	−0.017	0.098	−0.021	0.179
高中及以上	0.178*	0.103	0.192	0.123	0.396*	0.225
婚姻状况（已婚）	0.385**	0.172	0.375*	0.197	0.970*	0.396
家庭规模	−0.015	0.015	−0.013	0.018	−0.015	0.035
家庭财产指数	−0.086***	0.022	−0.082***	0.027	−0.125**	0.051
家庭人均纯收入						
次低	0.008	0.081	0.010	0.097	0.032	0.179
次高	0.130	0.086	0.120	0.105	0.172	0.194
最高	−0.143**	0.126	−0.143**	0.149	−0.248**	0.266
家庭医疗负担						
次低	0.030	0.089	0.025	0.107	0.013	0.200
次高	0.111	0.090	0.095	0.109	0.072	0.204
最高	0.200**	0.101	0.191	0.123	0.270	0.234
交通工具情况	0.061	0.064	0.064	0.077	0.111	0.142
社会医疗保险	0.076**	0.237	0.055*	0.278	0.036*	0.506
商业医疗保险	0.079	0.151	0.082	0.182	0.126	0.345
自评健康状况						
健康	0.003	0.094	0.019	0.112	0.086	0.210
比较不健康	0.141**	0.092	0.153	0.111	0.287	0.203
不健康	0.062	0.090	0.083	0.110	0.226	0.202

续前表

变量	泊松回归模型 系数	标准差	负二项分布回归模型 系数	标准差	负二项分布栅栏模型 系数	标准差
很不健康	−0.133	0.207	−0.129	0.248	−0.189	0.459
疾病史	0.295**	0.248	0.309*	0.298	0.729*	0.558
行动障碍	0.060	0.085	0.066	0.104	0.123	0.198
人均收入×贫困项	−0.485	0.366	−0.642	0.528	−1.191*	0.821
自评健康×贫困项						
健康×贫困项	−0.198	0.163	−0.053	0.398	−0.374	0.369
一般×贫困项	−0.332	0.168	−0.177	0.404	−0.657	0.384
不健康×贫困项	−0.245	0.160	−0.099	0.400	−0.399*	0.367
很不健康×贫困项	−0.154	0.337	0.149	0.396	−0.327	0.727
疾病史×贫困项	0.605*	0.338	0.613	0.394	1.387*	0.743
行动障碍×贫困项	−0.074	0.134	−0.077	0.164	−0.093	0.310
河南省	0.173**	0.088	0.172*	0.101	0.400**	0.190
广东省	0.764***	0.091	0.754***	0.108	1.358***	0.206
常数项	0.096	0.406	0.111	0.481	−1.310	0.911
样本量	604		604		603	
对数似然值	−1 147.418		−1 110.634		−935.482	
LR test	231.21		145.20		130.71	

说明：* $p<0.1$。
　　　** $p<0.05$。
　　　*** $p<0.01$。

（三）住院需求量估计结果的分析

表13—6给出了采用三种计数模型拟合样本患者过去一年住院天数的估计结果。负二项分布栅栏模型的回归结果显示，对个体住院需求量有正向影响的因素包括年龄、文化程度、家庭财产指数、家庭人均纯收入、家庭医疗负担、社会医疗保险、行动障碍与贫困项的交互项。同时，自评身体状况处于"很不健康"的农户较其他健康状况的农户倾向于增加住院服务的利用量。相反，已婚农户与未婚农户相比倾向于减少住院服务消费量。与非贫困农户相比，自评身体状况处于"很不健康"的贫困农户倾向于减少其住院服务消费量。

表13—3中实证分析的结果表明,与年龄处于30岁以下的患者相比,中老年患者住院服务的需求量显著增加。这也进一步验证了,随着我国老龄化社会进程的加剧,农村居民的医疗服务需求量尤其是住院需求量将会逐步增加。已婚患者相对于未婚、丧偶或离异的患者倾向于减少住院服务消费量,一种可能的解释是,已婚患者可以在症状好转后依照医嘱在家人的陪护下在家中继续进行自我治疗。

与门诊服务估计结果相同的是,那些拥有社会医疗保险的患者倾向于增加其住院消费的数量。与门诊服务估计结果不同的是,在控制其他变量的情况下,收入水平处于次高组和家庭财富水平较好的样本患者倾向于增加住院消费量。可能的解释是,那些家庭收入水平较高和家庭财富水平较好的患者或许会在需要时选择充分的住院服务,因此其住院消费量也较高。

表13—6中交互项的回归结果表明,收入水平、行动障碍和自评健康水平对患者住院需求数量的影响同样因患者是否为贫困农户而异。"自评健康程度—很不健康"与"贫困项"的交互项对住院消费量的影响显著为负。这表明,与非贫困农户相比,自评身体状况处于"很不健康"的贫困患者仍然倾向于减少其住院消费数量。结合前文对门诊需求量的分析,这里进一步验证了经济约束是贫困患者选择充分医疗服务的重要障碍。与门诊需求量估计结果不同,变量"疾病史"与"贫困项"的交互项对住院需求量的影响并不显著,而"行动障碍"与"贫困项"的交互项对住院需求量的影响却显著为正。由于这里没有控制疾病严重程度这一变量,一种可能的解释是,有行动障碍的贫困农户其所患住院疾病症状较非贫困农户严重,导致他们消费了更多的住院服务。为了验证这一解释,我们选择了有行动障碍且最近一年有住院经历的农户,就其"最近一次住院疾病"的疾病严重程度区分贫困组与非贫困组进行描述性统计分析,发现汇报所患疾病非常严重的贫困组患者比例为78.72%,非贫困组的这一比例为68.30%;汇报所患疾病"不

严重"的贫困组患者比例仅为7.87%，非贫困组的这一比例为16.16%。由此可知，有行动障碍的贫困患者所患住院疾病的严重程度较高。

表13—6　　　　农村患者过去一年住院需求量的模型估计结果

变量	泊松模型 系数	标准差	负二项分布回归模型 系数	标准差	负二项分布栅栏模型 系数	标准差
年龄						
31～45岁	0.331***	0.069	0.314	0.347	0.497	0.260
45～60岁	0.657***	0.066	1.021***	0.376	0.801***	0.259
60岁以上	1.044***	0.069	1.346***	0.417	1.082***	0.292
性别（女性）	−0.453***	0.033	−0.200	0.222	−0.244	0.154
文化程度						
小学	0.294***	0.042	0.597**	0.292	0.364*	0.201
初中	0.430***	0.045	0.338	0.297	0.095	0.210
高中及以上	−0.187***	0.064	−0.147	0.349	−0.313	0.246
婚姻状况（已婚）	−0.813***	0.072	−1.127**	0.538	−1.171***	0.391
家庭规模	0.009	0.010	−0.021	0.067	−0.023	0.044
家庭财产指数	0.030**	0.015	0.155*	0.091	0.113*	0.064
家庭人均纯收入						
次低	0.112**	0.054	−0.057	0.289	0.144	0.212
次高	0.771***	0.051	0.481	0.345	0.425*	0.243
最高	0.452***	0.086	0.325	0.471	0.152	0.324
家庭医疗负担						
次低	−0.712***	0.063	−0.313	0.310	−0.365	0.236
次高	0.105**	0.053	0.425	0.310	0.194	0.224
最高	0.721***	0.054	0.998***	0.369	0.465*	0.258
交通工具情况	0.022	0.039	−0.211	0.229	−0.097	0.164
社会医疗保险	1.298***	0.260	1.306*	0.739	0.697*	0.696
商业医疗保险	−0.833***	0.142	−1.122**	0.563	−0.543	0.447
自评健康状况						
健康	−0.169***	0.054	0.067	0.353	−0.009	0.248
比较不健康	−0.135**	0.065	−0.167	0.402	−0.098	0.271
不健康	−0.600***	0.068	−0.370	0.392	−0.141	0.268
很不健康	0.236***	0.090	0.413	0.662	1.098**	0.488
疾病史	−0.352	0.097	−0.426	0.551	−0.064	0.375
行动障碍	0.179***	0.056	−0.248	0.318	−0.208	0.227
人均收入×贫困项	−1.970***	0.170	−1.026*	1.019	−0.850*	0.708
自评健康×贫困项						
健康×贫困项	0.269***	0.098	−0.218	0.683	0.171	0.490

续前表

变量	泊松模型 系数	标准差	负二项分布回归模型 系数	标准差	负二项分布栅栏模型 系数	标准差
一般×贫困项	0.394***	0.097	0.185	0.617	0.359	0.436
不健康×贫困项	0.305***	0.108	0.441	0.710	0.156	0.478
很不健康×贫困项	−0.200	0.149	−0.699	1.192	−1.498**	0.762
疾病史×贫困项	1.450***	0.156	0.442	0.885	0.468	0.608
行动障碍×贫困项	0.981***	0.078	1.169**	0.529	1.134***	0.373
河南省	−0.393***	0.045	−0.331**	0.285	−0.484**	0.210
广东省	−0.321***	0.053	−0.347***	0.332	−0.817***	0.235
常数项	1.289***	0.298	1.373***	1.177	2.805***	0.961
样本量	556		556		279	
对数似然值	−5 507.785		−1 393.020		−983.197	
LR test	3 285.400		80.07		104.66	

说明：＊$p<0.1$。

＊＊$p<0.05$。

＊＊＊$p<0.01$。

六、结论和政策建议

基于严格的实证方法，本文分析了中国农村患者门诊服务和住院服务需求数量的影响因素。通过在计数模型中加入相关变量与"贫困项"的交互项以研究贫困群体，分析不同因素对贫困群体医疗需求量的影响。与以往采用 CHNS 数据的研究不同，本文采用 2010 年的三省实地调查数据分析中国农村居民的门诊和住院需求行为，以期得到更切合实际的结论。根据实证分析，本文得出以下结论和政策含义：

首先，家庭经济条件是制约患病个体消费门诊和住院服务的重要因素。负二项分布栅栏模型的回归结果表明，那些收入水平处于次高组群的患者住院消费量更高，而那些自评身体状况处于"不健康"和"很不健康"的贫困患者仍然倾向于减少其门诊和住院消费数量。贫困农户在出现疾病症状后更倾向于选择自我治疗。针对不选择正规医疗服务作为初次就诊选择的贫困农户，我们通过调查发现，32.7%的贫困患者回答是由于经济困难。这说明支付能力仍然是制约贫困患者医疗服务选择的重要因素。切实提高农村居民的收入水平才是满足农村患者就医需要的根本方法。另外，门诊需求量的实证结果显示，收入处于最高组群的患者以及家庭财富水平较高的患者倾向于消费更少的门诊服务。结合笔者对居民就诊机构选择作出的描述性统计分析，本文认为，这可以归因于他们在后续就诊中用质量来代替数量的医疗消费策略。

其次，社会医疗保险对农村患者消费门诊和住院数量有显著的正向影响。由此可见，提高医疗保险的覆盖会促进农村患者消费更多的门诊和住院服务，对于消除农村患者尤其是贫困患者的就医障碍具有重要意义。同时我们可以推测，医疗保险可能会引起患者对门诊服务的过度消费。因此，如何发挥医疗保险在促进医疗服务普遍公平享有方面的积极作用，并且消除其所带来的医疗服务过度利用问题，将是下一阶段中国卫生政策面临的挑战。

最后，医疗需要是影响农村贫困患者门诊和住院需求的重要因素。本文的实证结果显示，有疾病史的农村患者倾向于增加其门诊消费的数量；有疾病史的贫困患者其门诊需求量较非贫困患者更高；有行动障碍的贫困患者其住院需求量较非贫困患者更高，且所患住院疾病往往比较严重。可以预见，国家近期实施的"大病补贴"等一系列减轻居民医疗负担的举措将有利于降低贫困患者因病致贫的程度。但是，政府更应考虑防患于未然，即确保贫困农户在患病初期得到充分及时的救治，这就需要针对低收入群体设计合理的新农合报销比例，适度提高针对低收入人群的补贴标准，以更有效地促进农村贫困患者的医疗需要转化为医疗需求。另外，通过预防保健等公共卫生项目，提高居民健康水平也会减轻医疗需求上升给卫生系统造成的压力。

参考文献

1. Cameron, Trivedi (1986), "Econometric Models Based on Count Data: Comparisons and Applications of Some Estimators and Tests" [J], Journal of Applied Econometrics, Vol. 12, No. 1.

2. Cameron, Trivedi, Milne, Piggot (1988), "A Microeconometric Model of the Demand for Health Care and Health Insurance in Australia" [J], Review of Economic Studies, Vol. 55, No. 1.

3. Cameron, Trivedi, "Regression Analysis of Count Data" [M], Cambridge: Cambridge University Press, 1998.

4. Cameron, Trivedi, "Microeconometrics: Methods and Applications" [M], Cambridge: Cambridge University Press, 1998.

5. Cameron, Trivedi, "Microeconometrics Using Stata" [M], Texas Stata Press, 2009.

6. Deb, Trivedi (2002), "The Structure of Demand for Health Care: Latent Class Versus Two-part models" [J], *Journal of Health Economics*, Vol. 21, No. 4.

7. Karim, Tripura, Gani, Chowdhury (2006), "Poverty Status and Health Equity: Evidence from Rural Bangladesh" [J], *Public Health*, Vol. 120, No. 3.

8. Gerdtham, U. L. F.-G (1997), "Equity and Health Care Utilization: Further Tests Based on Hurdle Models and Swedish Micro Data" [J], *Health Economics*, Vol. 6, No. 3.

9. Gertler, Sturm (1997), "Private Health Insurance and Public Expenditures in Jamaica" [J], *Journal of Econometrics*, Vol. 77, No. 1.

10. Hakkinen, Rosenqvist (1996), "Economic Depression and the

Use of Physician Service in Finland" [J], *Health economics*, Vol. 5, No. 5.

11. Kobetz, Daniel, Earp (2003), "Neighborhood Poverty and Self-reported Health among Low-income, Rural Women, 50 Years and Older" [J], *Health and Place*, Vol. 9, No. 3.

12. Pohlmeier, Ulrich. (1995), "An Econometric Model of The Two-part Decision Making Process in the Demand for Health Care" [J], *Journal of Human Resources*, Vol. 30, No. 2.

13. Zachary Zimmer (2008), "Poverty, Wealth Inequality and Health among Adults in Rural Cambodia" [J], *Social Science & Medicince*, Vol. 66, issue 1, p57 - 71.

14. 高梦滔. 新型农村合作医疗与农户卫生服务利用 [J]. 世界经济, 2010 (10).

15. 韩华为. 中老年患者门诊需求行为及其决定因素——来自浙江、甘肃两省的经验证据 [J]. 中国人口科学, 2010 (5).

16. 王俊, 昌忠泽, 刘宏. 中国居民卫生医疗需求行为研究 [J]. 经济研究, 2008 (8).

17. 卫生部统计信息中心. 中国卫生服务调查：第四次国家卫生服务调查分析报告 [M]. 北京：中国协和医科大学出版社, 2008.

18. 张华初, 吴种健. 新型农村社会养老保障财政投入分析 [J]. 经济评论, 2013 (2).

图书在版编目（CIP）数据

从增长到发展/（印）森（Sen，A.）等著 .—北京：中国人民大学出版社，2015.1
ISBN 978-7-300-20446-8

Ⅰ.①从… Ⅱ.①森… Ⅲ.①经济增长-研究②经济发展-研究 Ⅳ.①F061.2②F061.3

中国版本图书馆CIP数据核字（2014）第297677号

从增长到发展
[印] 阿马蒂亚·森　刘民权　夏庆杰　王小林　等 著
Cong Zengzhang dao Fazhan

出版发行	中国人民大学出版社		
社　　址	北京中关村大街31号	邮政编码	100080
电　　话	010-62511242（总编室）	010-62511770（质管部）	
	010-82501766（邮购部）	010-62514148（门市部）	
	010-62515195（发行公司）	010-62515275（盗版举报）	
网　　址	http://www.crup.com.cn		
	http://www.ttrnet.com（人大教研网）		
经　　销	新华书店		
印　　刷	北京中印联印务有限公司		
规　　格	165 mm×245 mm　16开本	版　次	2015年5月第1版
印　　张	16.5	印　次	2015年5月第1次印刷
字　　数	203 000	定　价	46.00元

版权所有　侵权必究　印装差错　负责调换